心理教育与人文素质培养

罗娅萍 著

哈尔滨出版社
HARBIN PUBLISHING HOUSE

图书在版编目（CIP）数据

心理教育与人文素质培养 / 罗娅萍著. — 哈尔滨：哈尔滨出版社，2023.6
ISBN 978-7-5484-7290-2

Ⅰ. ①心… Ⅱ. ①罗… Ⅲ. ①心理健康－健康教育－研究②人文素质教育－研究 Ⅳ. ①G444②G40-012

中国国家版本馆 CIP 数据核字（2023）第 100266 号

书　　名：**心理教育与人文素质培养**
　　　　　XINLI JIAOYU YU RENWEN SUZHI PEIYANG

作　　者：罗娅萍　著
责任编辑：韩伟锋
封面设计：张　华
出版发行：哈尔滨出版社（Harbin Publishing House）
社　　址：哈尔滨市香坊区泰山路 82-9 号　邮编：150090
经　　销：全国新华书店
印　　刷：廊坊市广阳区九洲印刷厂
网　　址：www.hrbcbs.com
E - mail：hrbcbs@yeah.net
编辑版权热线：（0451）87900271　87900272
开　　本：787mm×1092mm　1/16　印张：10.75　字数：230 千字
版　　次：2023 年 6 月第 1 版
印　　次：2023 年 6 月第 1 次印刷
书　　号：ISBN 978-7-5484-7290-2
定　　价：76.00 元

凡购本社图书发现印装错误，请与本社印刷部联系调换。
服务热线：（0451）87900279

前 言

　　大学生心理素质教育课的内容更多指向大学生关于自我意识、人格发展、人际关系、个人成长、生命等主题的意识活动。心理素质教育课程的意义在于满足大学生来自精神层面的心灵追求，让学生懂得修身是齐家、治国、平天下的基础，是促进社会和谐发展之根本；让学生懂得"唯有心灵的满足，才是真正的幸福"。大学生心理素质教育课体现了人文素质教育的灵魂——对人心灵的培养，可以加强大学生对人生意义、生命价值的认识。因此，大学生心理素质教育课就成为人文素质教育中最重要的部分。

　　人文素质主要包括人文知识、人文精神、人文行为三个方面。人文素质教育不仅应该包括"知"——了解人文知识，更应包括"行"——践行人文精神、修正人文行为，这样才能符合人的全面发展思想的科学内涵，帮助大学生在接受人文教育的同时深入思考人生的本真，进而实现自我的升华。大学生心理素质教育课作为一门注重体验、讲究应用性与实践性的课程，不仅有利于人文知识的普及，更有利于人文知识的实践。

　　人文素质体现着一个人对自己、他人及社会的认知态度和行为准则，是一个人文明程度的综合体现。它的最高表现形态就是人文精神，主要是通过一个人的人生观、价值观、世界观、人格特征、审美情趣等体现出来。人文素质教育的目的是要教会学生"如何做人"。在这一点上，人文素质教育与心理素质教育课是相通的。大学生心理素质教育课并非心理学的专业课程，不以讲授心理学专业知识为目的，而是根据大学生心理发展的特点，从教育与发展模式出发，让不同年龄的大学生了解成长过程中可能遇到的问题，掌握处理心理问题的态度与方法，引导大学生形成正确的精神需要，指导大学生发挥自身潜能，最终获得心灵的成长、学业的成功。

　　由于本人水平有限，加之时间仓促，书中不足之处在所难免，望各位读者、专家不吝赐教。

目 录

第一章 心理学基础 ·············· 1
第一节 什么是心理学 ·············· 1
第二节 认识过程 ·············· 5
第三节 人 格 ·············· 11

第二章 大学生心理健康教育概述 ·············· 18
第一节 健康与心理健康 ·············· 18
第二节 大学生的心理健康教育 ·············· 22

第三章 大学生心理健康教育的主要内容 ·············· 26
第一节 大学生心理健康教育的覆盖内容 ·············· 26
第二节 大学生心理健康教育方式的发展 ·············· 35
第三节 大学生心理健康教育的发展趋势 ·············· 46

第四章 心理健康教育的基本方法 ·············· 54
第一节 精神分析疗法 ·············· 54
第二节 行为疗法 ·············· 59
第三节 以人为中心疗法 ·············· 64
第四节 理性情绪行为疗法 ·············· 68
第五节 后现代疗法 ·············· 73

第五章 心理障碍与心理健康 ·············· 80
第一节 大学生常见情绪与情感问题 ·············· 80
第二节 常见心理障碍类型 ·············· 86
第三节 心理健康问题 ·············· 89

第六章　人文素养基础理论 ········· 91
第一节　大学生人文教育导论 ········· 91
第二节　现代人文主义技术哲学 ········· 98
第三节　道德的发展和教育 ········· 105

第七章　人文素质教育的价值与功能 ········· 118
第一节　人文素质教育的个体价值 ········· 118
第二节　人文素质教育的社会价值 ········· 125
第三节　人文素质教育的社会功能 ········· 128

第八章　人文素质教育的原则、途径和方法 ········· 134
第一节　人文素质教育的原则 ········· 134
第二节　人文素质教育的途径 ········· 139
第三节　人文素质教育的方法 ········· 149

第九章　人文素质教育与健康心理培养 ········· 154
第一节　心理健康教育课中人文素质教育 ········· 154
第二节　心理素质教育中提升大学生人文素质的途径 ········· 157
第三节　大学生思想政治教育中的人文关怀和心理疏导 ········· 159

参考文献 ········· 162

第一章　心理学基础

健康心理学的基础是心理学，每一个人若想维护心理健康也必须遵循心理学的科学原理及心理活动的客观规律。所以，在掌握心理健康的方法和技巧之前，对心理现象是什么，心理现象的发生、发展及活动、变化的基本知识必须要有一定的了解。对人的认识过程、情绪情感过程、意志行为过程及个性特征等概念、含义、作用较为熟悉以后，对心理学的各个分支及各个领域中的应用也就容易掌握了。

第一节　什么是心理学

一、心理的本质

什么是心理？心理的本质是什么？有关心理学这方面的认识，中国是比西方还要早的，明代著名医学家李时珍早在16世纪就提出"脑为元神之府"。而西方医生布洛卡是在1861年发现了脑损伤的病会人出现言语功能障碍，从而确定了脑功能与心理功能的关系。

心理的本质是脑对客观现实的反映。而且，人的心理反映的客观现实，既有事物的客观性，又可以反映出反映者的主观特性，如选择性、经验性、能动性等等。例如，古人创作的文学作品《西游记》，其中的任何一个人物都不会提出想看电视，是因为在古代的历史条件下，客观上没有电视机，也就是说人的心理活动是受到其所处的历史条件制约的。但是《西游记》里的孙悟空又能够上天入地，无所不能，这些又都是人们心理活动的主动性、能动性的体现。又如，人在嘈杂的环境下，能够听到所能听到的各种声音，这是人的心理活动中的感、知觉的客观性反映，但人在这种环境下想听到或想听清某一个人的话，就能够较清晰地听到某人说的话，而对其他人的话，则听得就比较模糊了，这就是心理反映的选择性。类似的现象还有很多，不能一一列举。总之，心理的实质是人脑对客观现实的反映，但这个反映本身又是主观的、有选择性的、能动的。

二、心理学是一门特殊的科学

心理是脑对客观现实的反映，但是，这个反映极为特殊。以物理学为例，镜子能够原原本本地反映客观世界，但它只符合物理学原理，而心理学原理所囊括的心理活动要比普通物理学复杂得多。

首先，我们知道，心理是脑的机能，而到目前为止，我们的所有的科学研究对生命体本身，对其活动的奥秘所未知的最多的方面，就是脑。因为脑的活动最丰富、最复杂。也因为脑的生命活动方式最为独特，所以研究也最难。虽然我们也知道，动物也有心理活动，但对动物的心理的研究并不能等同于人类。更何况即使是对动物的心理研究也进展缓慢，有时数年、数十年才能有一点点在某一个方面的进展。

在历史上，人们对心理现象很早就感兴趣了，但由于历史原因及认识水平所限，科学探索始终伴随着宗教的纠缠和困扰。例如，泛灵论和图腾就是人们的认识在一定水平时产生的违背科学的结果，同时它们又说明了人们对认识自然与生命的强烈企盼。人类早期，人们具有了对自然的初步认识以后，希望能够理解、预言和控制自然界，同时人们也具有早期的自我意识、自我认识，也希望能深入探究和解释人类当时的科学水平和认识能力，但是，人们想要实现理想，也就是说真正掌握和如实反映自然的客观规律在当时是不可能的，人们只能以假想来解释自然，以盲目的崇拜和图腾来说明自己无法解释的自然现象和寄托自己的企望。掌管图腾的祭司就是经常把族人的企望告知图腾，同时又把图腾的旨意告知族人的神圣的人。他们是早期人类沟通神灵与人类之间的媒介和使者，所有这些构成了早期的神灵与宗教。

在那时，人们认识到神灵是不可冒犯的，所以人们只能约束自己的言行以符合神灵的旨意，以免遭祸灾。随着宗教的发展，人们越来越严格地约束自己，以免因触怒神灵而使其降下疾病或灾难惩罚自己。可是神灵降下的灾难及惩罚仍然是随意的、没有规律的、武断和独裁的。以后随着人类对自然科学不懈的探索，人们发现了越来越多的科学规律和奥秘。而科学对自然界的认识一定是理性的、冷静的、细心的和有规律性的。这包括物理学、化学、生物学、医学等等，以目前的科学发展水平，人们揭示的自然界之谜越来越多，在生命科学领域，除了脑科学以外，对大部分的生命现象人们都有了非常深入的认识与了解。而在脑科学方面，则其科学研究仍主要体现或停留在物理学、化学、电子学等水平上，而对脑的生命现象的重要内容和形式——心理现象的认识，还不能像对其他生命现象的研究那样理想，不过我们目前的实验研究能够证实和说明的心理学研究结果，仍然帮助人们认识和解决了过去很多不能认识和解决的问题。这是心理学在自然科学发展水平方面的特别之处。

不过另一方面，心理学作为一门科学，在科学本质上又有它的特殊性。心理学是人的科学，具体说，是人认识科学的科学，这就与对人的本质的认识息息相关、密不可分了。人的本质是什么？在对人的心理进行实证的科学实验研究之前，哲学家们已经研究争论几千年了。例如，在我国古代，就有"人之初，性本善"之说，与"人之性恶，其善者伪也"的不同观点的争论。哲学家黑格尔认为，人的本质是"有意识"，有认识能力和"自我意识"，而人的自我意识从何而来呢？是由"绝对精神"演化而来的，而"绝对精神"是先于人类和先于自然界而存在的。这种观点显然是一种唯心论的观点，是不客观的，是错误的。费尔巴哈认为，不能把人归结为抽象的"自我意识"，认识现实的人，是有血有肉的人，是单独的"生物个体"的人，这种观点虽然批判了黑格尔的哲学观点，但过于强调和注重人的生物个体性，所以也是片面的。马克思认为，人的本质，在其现实性上，"它是一切社会关系的总和"。这是马克思批判费尔巴哈的观点以后下的论断。马克思的观点是对的，当然，需要特别说明，就其哲学理论框架来说，马克思的观点是在不排除其生物属性和精神属性的前提下提出的"社会关系总和"这一概念，既包括人的自然属性，也包括人的精神属性，而其突出的是社会属性。这就是人的本质。

纵观人类历史的发展，无不是在这三种属性范畴内的矛盾的推动下交替发展。人的心理活动的主要特征，人与动物心理活动的主要区别，其特征的根本性，就在于自然界发展造就的人脑和人类社会的基本特征，以及由此产生的人的独特的心理活动和意识特征。

心理学的另一个独特之处，是自从科学心理学诞生以来，就有较多流派，各个流派在解释人类心理与行为的本质方面，历来是从各自不同的学科背景为出发点，提出各自不同的心理学的理论观点，在心理学的论坛之上争奇斗艳，互相争论、互相促进，虽各自自成一家，又对立统一，共同组成了心理学的完整的科学体系，成为心理学的独特的学科大观。

例如，精神分析学派由奥地利的精神科医生弗洛伊德于19世纪末20世纪初创立，其理论的创立来自弗洛伊德的临床实践经验和他对精神病人的心理活动的理解及由此建立的人类心理活动的理论模型。他创立的"意识—前意识—潜意识""自我—本我—超我""心理防御理论体系"等心理学概念和观点，不但为引导心理学向深入研究发展提出了方向，也对人类的心理发生、发展提出了独特的研究概念。精神分析心理学还是研究变态或病理心理的利器，同时也使心理学和医学有了极为独特而紧密的联系。

行为主义心理学之中的相当多的心理学的概念的提出和建立，为心理学的实验研究奠定了坚实的基础，其强化、消退、操作性条件反射等，解释和解决了诸多人类行为的学习、建立、治疗等多种问题，在心理发展的研究上，在教育方法的发现和研究方面，在病态行为的矫治方面，都独树一帜，影响深远。在解释人类行为和心理的研究方面至今仍是最重要的规范化的心理学基础，也是说明人类心理及认识规律本质的必须理解和读懂的心理学基础理论。

行为主义心理学对健康心理学的贡献也是巨大的，这方面的一些研究和基本概念的确立，为我们对某些健康行为或不健康行为提出了认识模型，也为心理学工作者在健康心理学中的工作方法指明了方向。例如，解释某些不健康行为习惯的形成是强化的结果，如饮酒行为就是因为饮酒后产生的轻松和快感，作为强化刺激，使饮酒行为增加。负强化的作用则相反，例如，社交恐惧症患者通过回避社交活动减轻焦虑，行为强化的是回避行为。

"消退"也是健康心理学中的行为主义心理学的概念和方法，例如，儿童心理的某一良好的健康行为如果长期不能得到积极关注和鼓励，即使是良好的健康行为，也会消退。

社会学习理论，又称为行为学习理论，也可以说是行为主义心理学的分支学派，这种理论主要对教育学有较大影响，另外对健康心理学影响也很大。这一理论由班杜拉提出，主要研究示范作用和模仿作用。例如，很多不健康行为都是对模型的观察、模仿而习得的。如口吃、腹痛、哮喘、呻吟等都是。一个少女看到同伴因痛经而腹痛，自己也很快会在经期腹痛，就属于这种情况。

人本主义心理学是在以上心理学之后发展起来的新兴心理学学派，他明确反对以病人为研究对象的精神分析学派，也不赞成强调环境作用的行为主义心理学，主张研究的是对人类具有积极意义的人的尊严、人的需要、人的价值、人的自我和自我意识等等。

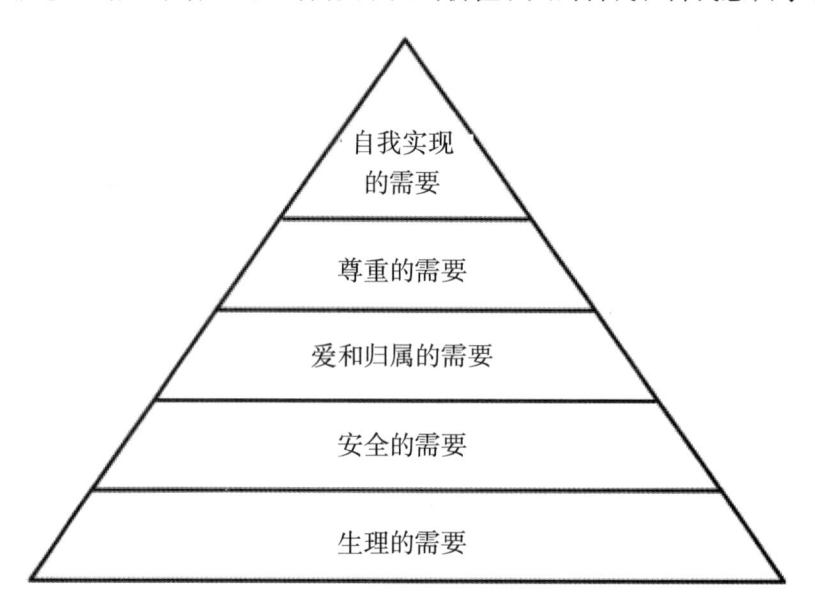

图 1-1 人的需求层次理论

"自我实现"和"需要层次论"是人本主义心理学家马斯洛的心理学理论的主要内容。马斯洛认为个体生命的最高形式是"自我实现"。所谓自我实现，是指一个人的理想自我和其身心各方面的潜能得到充分发挥以后的结果。一个人达到了自我实现，虽然不是完美的人，但他们尊重自己，并对自己感到满意。人本主义心理学认为，每一个人都有自我实现的需要，但这种需要是一个人实现理想的高级形式。人有不同的需要，按照"需要层次理论"的观点，人的需要是人类活动的动机或动力的来源，而不同层次的需要，既体现了一个人心理和行为动机产生的顺序，也体现了其个体人格发展的境界和程度。人的需要按照由低到高的顺序排列，分别是生理需要、安全需要、爱和归属的需要、尊重的需要、自我实现的需要。一般来讲，人在低层次的需要满足以后会产生高层次需要，如果人的某一层次的需要得不到满足，则会产生焦虑或行为问题，也可能消耗较多能量来寻求需要的满足，或者产生病态的心理和行为。

人本主义心理学还有一些概念和观点，如"自我""潜能"等等，例如，人本主义心理学家罗杰斯认为，一个人的自我的概念和经验与现实发生矛盾或冲突时，个体就会因感到受到了威胁而产生焦虑、烦躁等心理失调的现象。而人本主义心理学的工作目标就是调整和消除那种内化的、非自我的、造成焦虑的那部分自我，建立和培养应属于应有的自我的情感、价值体系及行为模式，这样才能充分发挥个体的"潜能"，成为一个完善的、完美的、愉快的、健康的人。

人本主义心理学掀起了一代心理学新思潮，也就是我们现在大家都愿意接受的积极心理学，它特别关注人的本性和存在价值，特别重视人性的积极方面。它注重研究创造性、积极性和心理健康、人格尊严等等。它重视人的思想感情和自由表达、自我实现的能力的培养，特别重视人的心理健康所需要的和谐、积极、尊重、自然的环境的营造。所以，这个心理学流派受到了特别多的人的欢迎。

三、心理学的分支

心理学家艾宾浩斯说过："心理学有一个长久的过去，但只有一个短的历史。"在心理学家冯特1879年在莱比锡大学建立世界上第一个心理学实验室之前，心理学是哲学家思辨和讨论的内容。随着现代科学和现代医学的发展，生理学、生物学、物理学、医学促进了科学心理学的发展，以后，病理学、医学、实验心理学和心理测量学诞生了。现在，心理学的分支大致有两个大的分类，一个是基础心理学和实验心理学，这个大类主要集中于研究心理现象及其心理活动的本质和规律；另一个大类是应用心理学，主要强调的是心理学研究的实践应用，目前其范围也非常之广泛。

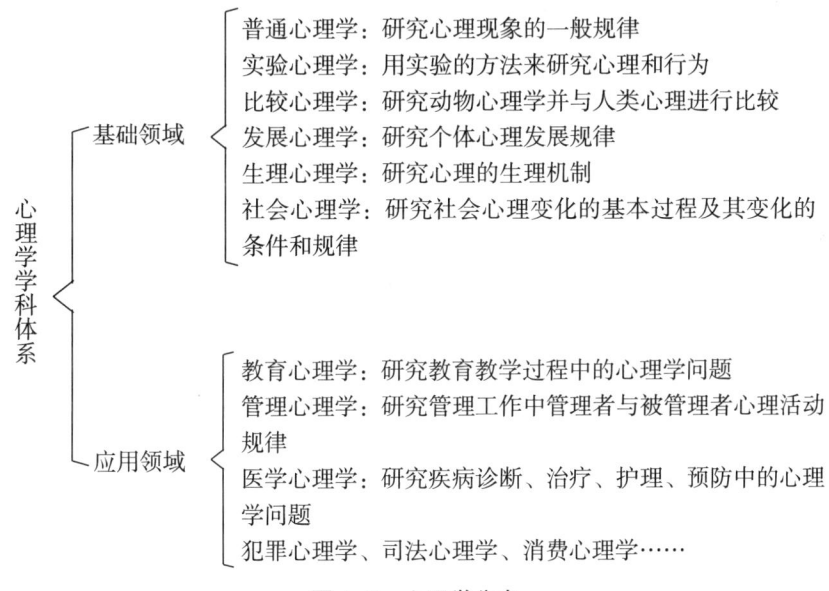

心理学学科体系
- 基础领域
  - 普通心理学：研究心理现象的一般规律
  - 实验心理学：用实验的方法来研究心理和行为
  - 比较心理学：研究动物心理学并与人类心理进行比较
  - 发展心理学：研究个体心理发展规律
  - 生理心理学：研究心理的生理机制
  - 社会心理学：研究社会心理变化的基本过程及其变化的条件和规律
- 应用领域
  - 教育心理学：研究教育教学过程中的心理学问题
  - 管理心理学：研究管理工作中管理者与被管理者心理活动规律
  - 医学心理学：研究疾病诊断、治疗、护理、预防中的心理学问题
  - 犯罪心理学、司法心理学、消费心理学……

图 1-2　心理学分支

第二节　认识过程

人的心理现象及其活动的规律是心理学研究的基本内容，这个内容主要包括心理过程

（认识过程、情绪情感过程以及意志和行为）、需要与动机、能力和气质、性格等。

认识过程主要包括感觉、知觉、记忆、想象、思维、注意。这是人对客观世界的反映和对其本质认识的核心，也是心理学研究的最基础的核心。

一、感觉

感觉是人脑对直接作用于感觉器官的客观事物的个别属性的反映。一个人认识事物，都是从感觉开始的，对任何事物，不论是看到的颜色、听到的声音、感受到的温度还是闻到的气味，这都是个体的感觉器官对事物个别属性的反映，这就是感觉，也是认识过程的开始。形成感觉的核心是客观事物作用于感觉器官，引起客观现实对感官的刺激，并通过神经反射来完成。

感觉是最基础的心理过程，是一切认识和知识获得的开端，是心理活动的基本条件和基础。人的高级的、复杂的心理活动，如想象、思维、记忆等等，都是以感觉的正常活动为基础的。

一般根据客观事物的来源的性质，感觉被分为外部感觉和内部感觉。

外部感觉：外部感受器接收外部刺激而产生的感觉，包括视觉、听觉、嗅觉、味觉和皮肤觉。

内部感觉：机体内部感受器接收机体内各种刺激而产生的感觉，包括运动觉、平衡觉、机体位置觉等。

对感觉的特性的研究，心理学家们进行得非常广泛而深入，结果发现，感觉如下一些特性在心理学中具有重要作用。

（一）感受性与感觉阈限

感受性是指感受器对适宜刺激的感受能力，感觉阈限则是指刚刚能够引起某种感觉的最小刺激量。一般来说，感觉阈限低，感受性高，感觉灵敏。例如一个人健康受到损害，视力下降了，能够辨别的事物的信号需要加强、加大，说明他对事物的感受的阈限提高了，而感受性则下降了。所以，感受性和感觉阈限是成反比例关系的。

（二）感觉的适应

感觉的适应是指感觉器官在持续接受刺激的情况下感受性发生变化的情况。例如"入芝兰之室，久而不闻其香；入鲍鱼之肆，久而不闻其臭"，说的就是嗅觉的适应，长时间的嗅觉刺激，嗅觉变得不敏感，感受性下降。而从强光的环境一下子进入暗室，光线的刺激减少了，"暗刺激"增多了，视觉减退了，一会儿慢慢地又能看见暗室中的物体了，这是视的适应，感受性提高了。只是一般嗅觉的适应产生得较早，用时较短；视觉的适应产生得较晚，用时较长。

（三）感受性的补偿和发展

感受性补偿是指当某种感受器受到损伤或限制时，其他感受器的感受性补偿性地得到提高的情况。例如盲人的听觉、触觉、嗅觉特别灵敏就是这样的。感受性的发展是指人的某种感受性经过训练或培养以后得到较大的提高和发展。如印刷工的出色的辨色能力、品酒师的嗅觉和味觉的特有的灵敏感受性、音乐家的优秀的辨音能力等等。

感觉的特性还有很多，不一一列举了，它们和很多心理活动的形成及特性有关。

二、知觉

知觉是人脑对直接作用于感觉器官的客观事物的整体属性的反映。知觉与感觉既相同又不同，相同的是二者都是客观事物作用于感觉器官，所不同的是知觉是整合了感觉的信息而形成的整体属性的结果，但它不是感觉的简单相加，而是对感觉信息有选择的、主动的、有经验参与的认识过程。根据事物的空间、时间、运动等特性，知觉可分为空间知觉、时间知觉、运动知觉。

知觉的特性包括选择性、整体性、理解性、恒常性等等。

错觉是在客观事物刺激作用下产生的对刺激的主观歪曲的知觉。错觉产生的原因有环境、主观经验、习惯、情绪等。例如比较一斤铁和一斤棉花，虽然重量实际上是一样的，但由于视觉和经验的作用，总会觉得铁更重一些。在一些情境之下，对时间知觉也会不同，心理学上称为时间错觉，例如"度日如年""光阴似箭"就是如此。情绪可以使人产生错觉，例如"杯弓蛇影""草木皆兵"都是很生动的例子。

三、记忆

记忆是过去的经验在人脑中的反映。如感知过的事物、思考过的问题、经历过的情感、操作的行为等。记忆不似感、知觉反映的是当下的事物的刺激，而是人脑对过去经历的反映，记忆包括识记、保持、再认及回忆等过程。这个过程因人而异，差别较大。另外，记忆分类也从不同角度反映出记忆本质的特点。

（一）记忆的分类

1. 根据记忆的不同内容，记忆可分为形象记忆、语词记忆、情绪记忆、运动记忆。

形象记忆：以感知过的事物的形象为内容的记忆。

语词记忆：以概念、判断、推理及事物本身意义和性质为内容的记忆，也是理解意义的记忆。

情绪记忆：以曾经体验过的情绪情感为内容的记忆。

运动记忆：以过去经历过的运动或动作、形态为内容的记忆，属于操作性记忆。

2. 根据记忆编码方式不同、信息贮存时间长短，记忆又分为瞬时记忆、短时记忆、长时记忆。

瞬时记忆：信息存储保持时间很短，只有 1 秒钟左右，也称为感觉记忆。

短时记忆：能在脑中保持 5 秒至 1 分钟左右的记忆，这种记忆的容量又很小，要想保持住对其内容的记忆，必须要经过反复加工才行。

长时记忆：从 1 分钟以上到能够保持终身的记忆都属于长时记忆。长时记忆的容量也是非常大的。

（二）对记忆的研究较多的还有"遗忘"

遗忘还是存在很多健康问题或疾病时的重要症状表现，如痴呆症。

遗忘的规律和特点如下：

1. 不经重复或复习的内容，认为不重要、没有引起足够注意的内容，容易被遗忘。
2. 遗忘的进程不均衡，是先快后慢。

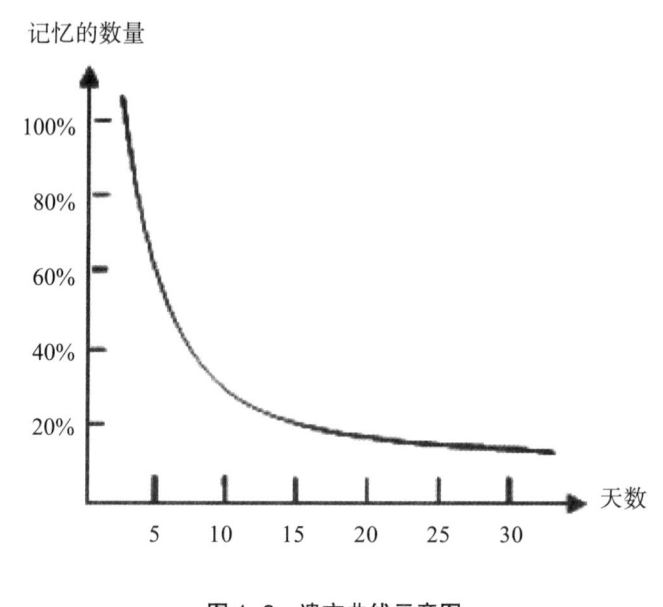

图 1-3　遗忘曲线示意图

3. 抽象材料比形象材料更容易被遗忘，无意义材料比有意义材料更容易被遗忘。

4. 前摄抑制和倒摄抑制。抑制对遗忘有重要影响，前摄抑制即先前学习的材料或接受的信息对后面学习的材料有影响；倒摄抑制是指后学习的材料对先学习的材料有影响。

四、思维

思维是人脑对于客观事物的间接和概括的反映。思维是认识过程的核心，是将感知觉对事物的感性认识的内容条理化、逻辑化的心理活动，思维所反映的是事物的本质属性和内在联系，属于理性认识。

思维可以用于分析事物、判断问题和解决问题，是认识过程的高级形式，学习新知、完成工作、解决困难、创新都是思维的成果。

（一）思维的分类

思维的分类有几种，各自分类的依据不同。

1. 根据思维的凭借物分类

（1）动作思维。动作思维是一种依据实际动作来解决问题的思维，也是幼儿在初级的思维形成时的主要形式类型。在人们操作机械或仪器时，在尝试某些形象问题的具体解决时，也要靠动作思维。

（2）形象思维。形象思维是凭借事物的表象或具体形象进行的一种思维形式。在这类思维中，表象是材料，思维是对表象进行概括、加工或创造的过程。例如《西游记》中的猪八戒一角，就是形象思维的艺术创造。日常工作中的各种设计、加工、改造都离不开形象思维。

（3）抽象思维。抽象思维是以概念、推理、判断的形式进行的。其思维的本质特征是反映客观事物的规律及内在联系，认识事物的外在与实质的关系。抽象思维借助语言符号，凭借物是信息的符号和概念，具有程序性和逻辑性的特点。科学研究，分析、解答数理化问题，实验论证等都属于抽象思维。

2. 根据思维活动是否遵循逻辑规律分类

（1）逻辑思维。遵循逻辑规律，进行分类推导，最终检验其思维结果是否符合逻辑的思维即是逻辑思维，这种思维使人认识事物更加缜密、准确。

（2）非逻辑思维。这类思维不依靠分析过程和逻辑程序，而是靠灵感及顿悟直接、快速做出判断和结论。常有广阔性、发散性、启发性。很多观念的产生、理论的提出、新思想火花的迸发，都是非逻辑思维的结果，创新性思维很多也是非逻辑思维形成的。

3. 根据思维活动的指向性分类

这种分类可分为求同思维和求异思维，也称为聚合思维和发散思维，其区别如分析和总结、内含和外延、开放和深入、微观和宏观、归纳和演绎等都是，就不一一列举了。

（二）思维的作用及影响问题解决的因素

思维的主要作用是分析问题和解决问题，这也是大部分智力活动的本质性特征。心理学家将解决问题的思维过程分为四个阶段，即提出问题、分析问题、提出假设、检验假设的过程。

但思维在解决问题的过程中也会出现各种问题，影响问题解决的心理因素有很多，心理学家将影响问题解决的心理因素进行了大量研究，认为如下几个方面的因素影响最大，其中不乏心理健康方面的影响因素。

1. 定式

定式又称思维定式，即人们解决当前问题时，发现可以延用以往的现成的方式。人们具有一定的解决某一问题的经验以后，会更容易受定式的影响。思维定式对于人们解决问题既有积极作用,也有消极影响,如果定式可以使人们轻松提高解决问题的效率,定式的作用肯定是积极的,但如果定式使人们解决问题时减少对问题的分析和认识,甚至放弃对问题的探索和研究,以至于降低解决问题的效率,或者无法解决问题,同时也阻碍了用其他方法解决问题,就是消极的了。

2. 迁移

心理学家发现,人们已经获得的知识和技能对学习新知识和技能会产生影响,这种影响就称为迁移。迁移对人的作用有正、负两种,正迁移是指一种知识或技能的掌握对另一种知识或技能的掌握有促进作用,如学习过哲学对再学习心理学有帮助。负迁移是指一种知识或技能的掌握对另一种知识或技能的掌握起干扰作用,如已经掌握的仪器机械操作系统对新型的电子操作系统的学习掌握形成干扰。

3. 功能固着

这是说一个人解决问题的思维会受到某一事物、物体、工具的惯常性作用限制,无法想象其他用途的现象。例如,一个小朋友玩的皮球掉到一个水缸里了,旁边有一根木棍和几桶水,小朋友用木棍反反复复都不能打捞起皮球,就没有想到把水桶里的水舀到水缸里也能解决问题。这就是对水的功能理解的固着。

4. 情绪状态

一般来说,积极的情绪状态如愉快、喜爱、向往等均有利于问题的解决,而消极状态,如焦虑、厌烦、不满、怨恨等不健康的情绪状态则不利于问题的解决。

五、注意

注意是人们熟悉的一种特殊的心理现象,在认识过程的心理活动中,无论是感知还是思维,都有注意的心理成分,但注意不是单独的某一个心理过程,而是伴随心理活动而体现的一种属性或特征,是指人的心理活动对一定对象的指向或集中。所以,指向性和集中性是注意的两个基本特点。

(一)注意的分类,依据有无目的及是否需要意志努力分为三类

1. 无意注意

无意注意是指没有预定目的也不需要意志努力的注意,如突然出现的声音或偶然、无计划出现的人把别人的注意吸引过去的,就是无意注意。虽然无意注意是人的被动心理现象,但人与人在这方面还是有很大差距的,这取决于个人兴趣、性格、职业训练、刺激物的强度、环境或背景情况特点等等。

2. 有意注意

有意注意是指有预定目的且需要意志努力的注意,如学习、工作、比赛等,有些还需要精神高度集中。经过训练,可以提高一个人的有意注意程度,而较好的有意注意可以帮助一个人提高心理活动效率,从而更有成就。影响有意注意的因素有:意志力、抗干扰的

努力和效果、任务的明确性、兴趣、工作或学习要求、对所进行的活动的社会需要性说明等。

3. 有意后注意

有意后注意是指有自觉目的，但不需要意志努力的注意，它的基础是有意注意。人们能够熟练地完成某种劳动动作，如驾驶汽车，都是有意后注意。人们在一些活动中如果长时间保持有意注意，心理上会高度紧张，产生疲劳感，因此在熟悉的活动中的有意后注意，就可以缓解这种紧张，利于较长时间地劳作，有特别重要的意义。

（二）注意的品质

注意的品质主要有注意的广度、注意的稳定性、注意的分配和注意的转移。

1. 注意的广度

注意的广度是指在单位时间内能够注意到的客体的数量。根据心理学实验研究发现，成年人的注意对象为4~6个，幼儿只能注意到2~3个。在现实生活中，人的注意广度有明显的个体差异，同时，影响个体注意广度的因素也较多，如客体的颜色、排列的复杂程度和客体之间的关系都会影响到个体的判断。另外，环境因素、知识、经验、情绪状态也是影响因素。

2. 注意的稳定性

注意的稳定性是指在一定的时间内保持注意的指向和集中。这是保证人们完成某项活动的基本保障，如学习、工作都需要在持续一定时间后完成。个体的个性、活动的积极性、意志力等都是个体维持注意稳定性的基本条件。

3. 注意的分配

注意的分配是指人们在同一时间内同时完成或进行两种及两种以上对象（操作）活动的特性。如同学们可以边听课边记笔记，司机可以同时完成观察路况、手握方向盘、脚踩油门或刹车等，都是日常常见的注意分配现象。但心理学家特别指出，这样的活动虽然可以提高活动的效率，但必须是非常熟练地掌握，而且其中最多只能有一种活动不熟练。

4. 注意的转移

注意的转移即根据活动的目的，主动从一种活动的注意转移到另一种活动中去的特性。这种心理活动的品质特征因人而异，如过度紧张、心理状态不稳定、注意力集中较慢等都会形成人与人之间的较大差异，或一个人在不同时间点的较大差异。个体神经活动的灵活性差异等也会影响到注意的转移，从而影响到人们工作、学习的范围和效率，对环境的适应等。

第三节 人 格

人格也称个性，指戏剧舞台中人的身份，心理学借用并引申为一个人在心理上的独特性，是其特有的、区别于他人的心理特征。一个人的人格具有其独特性、稳定性、整体性、功能性、社会性，体现了一个人独特的思想、情感及行为特征。

一个人人格的形成与先天遗传、环境、教育等有关。另外，心理学家还特别提出"童年早期经验"的概念，认为幼年、童年发生的事情、人生经验、亲子关系等对行为模式的形成，对成年以后行为、性格的塑造有非常重要的作用。

心理学家们历来重视对人格心理的研究，专业著述很多。健康心理学也与其密切相关，尤其是人格的分类和构成。

对于人格的结构或称人格的构成，心理学家们的认识也是逐步发展的，很多心理学家又将其分为人格倾向性和人格心理特征两大部分。有的心理学分类中将需要、动机、兴趣等也逐个纳入人格部分，但本章中主要论及气质、能力、性格。而且，目前这被公认为是人格的核心部分。

一、气质

气质是指体现为一个人心理与行为活动的速度、强度、灵活性及神经调控特征的心理特征。

气质所体现的虽然是一个人的动态的心理特征，但它同时又是一个人在心理的活动和行为上的典型的稳定的特征。这种典型特征极具个体性，即此个体区别于所有其他个体的独特性。尽管心理学家对此进行了细致的分类，但类型相同的人与人之间也还有非常多的细微差别，并最终导致了人与人的千差万别。

不同的气质类型的人之间差别是非常明显的，例如易于急躁和激动的人，绝大多数情况下都难以控制自己的情绪；而沉静稳重的人多能遇事不急、沉着应对、心平气和。

气质的这种特征性在一个人身上相对稳定，不会轻易改变，当然，生活经历、社会实践、教育等的长期作用，在一定程度上可以使一个人发生改变。影响气质形成的因素有遗传、高级神经活动类型、成长环境、教育实践等方面。

虽然心理学家们对气质做了以上概念上的界定，但分类方法仍主要集中在体液学说和高级神经活动类型学说两种。

体液学说。 气质的体液学说是由古希腊医学家希波克拉底提出的，希波克拉底认为人体除骨骼、肌肉、器官等以外，是由血液、黄胆汁、黏液、黑胆汁四种体液组成的。四种体液在人体中的比例各不相同，由此形成了人的各自不同的气质，而每种气质都体现了某一种最主要的体液所代表的气质类型。这四种气质类型分别是多血质、胆汁质、黏液质和抑郁质。多血质的人温润、热情、活跃、灵敏；胆汁质的人火热而躁动、易急躁、有紧迫感，情绪具有爆发性，情感也猛烈和迅速，且有较强的好胜心；黏液质则具有湿寒、冷黏的特点，性情沉稳、坚定、韧性很强，做事专注而持久，虽然情绪激发很慢，但不会轻易改变，情感持久；抑郁质则有冷硬、脆而敏感的特点，大多聪明、有灵气、思维敏捷，外表高冷，实则内心敏感而丰富，感情细腻而多情，但脆弱也是他们的特点。

经现代医学研究证实，希波克拉底虽然对人的生理特点的认识和解释不符合现代医学对人的研究结果，不过在人的心理特点尤其是气质分类的研究解释和学说方面，至今虽有众多的研究结果，但仍然没有能较之更加理想和完善的。尤其是体液学说非常生动、形象，仍是现代心理学家一致推崇的学说。

高级神经活动类型学说。此学说是由苏联神经生理学家巴甫洛夫提出的，巴甫洛夫在通过动物实验研究条件反射时发现，不同动物在条件反射的形成上有差异，进一步研究发现，动物的神经系统活动具有三个基本特征，即兴奋性–抑制的强度、平衡性、灵活性。这三个特征基本概括了神经系统活动的特征。巴甫洛夫由此认为，人作为高级生物体和动物一样，其心理活动的基础是由神经生理的活动组成的，神经生理的活动的基本单位是条件反射，也就是说，条件反射构成了人和动物心理活动的生理基础和基本单位。而神经生理活动主要是由兴奋和抑制组成的。神经系统的兴奋和抑制的力量特性即强度特性，神经系统兴奋和抑制的力量是否相当，即平衡与不平衡特性，是谓平衡性。神经系统对应刺激的反应的速度以及兴奋–抑制转化的敏捷性，即灵活或不灵活，是谓灵活性。

巴甫洛夫认为，以上这三种特性在个体身上的不同组合，可以构成多种神经类型，最常见的基本类型有：强而不平衡型（兴奋型）；强而平衡且灵活型（活泼型）；强而平衡不灵活型（安静型）；弱型（抑郁型）。

以上四个基本类型是气质的生理基础，气质是神经系统类型的心理表现。这四个类型活动的基本类型所表现的心理活动的行为特点还可以与希波克拉底提出的体液学说的气质的四种类型有对应关系（见图1-4）。

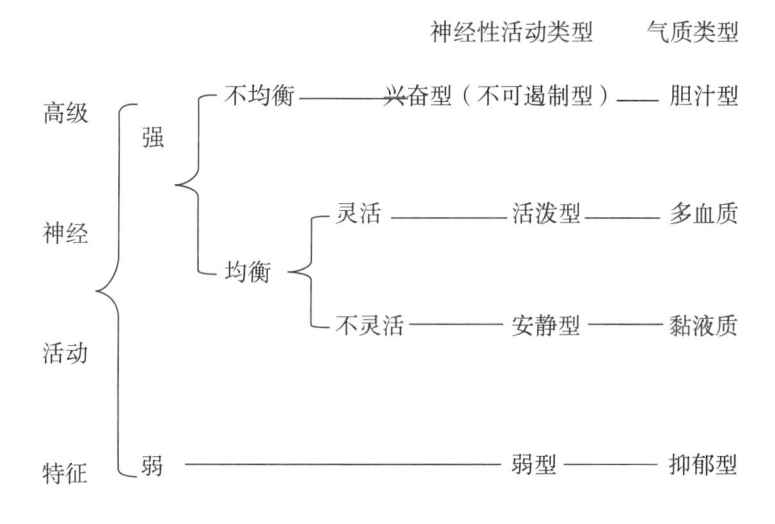

高级神经活动特征			神经性活动类型	气质类型
强	不均衡		兴奋型（不可遏制型）	胆汁型
强	均衡	灵活	活泼型	多血质
强	均衡	不灵活	安静型	黏液质
弱			弱型	抑郁型

图1-4 高级神经活动类型与气质类型的对应关系

虽然人的气质既受到生物遗传因素的影响，又具有相对稳定的特点，但认识这些特征和分类不仅仅是认识其心理学本质，更在教育、管理、健康等方面有重要意义。

一般来说，某些气质类型可能更容易接受某种教育或者更适合从事某种职业，例如，胆汁质的人特别适合做那些需要魄力、勇气、决心才能完成的工作，却不如黏液质的人更适合做守卫、实验研究等工作，而多血质的人做那些需要速度、灵活性的训练或工作，成绩会比较突出。而胆汁质的人情绪不稳定、性子急、易冲动，则可能是高血压、冠心病的易感者。癔症、强迫症等心理疾患，抑郁质和黏液质占有较大比例，所以，从心理健康的角度出发，注意克服气质特点的消极因素，对身心健康大有裨益。

二、能力

能力是人能够胜任某种工作或顺利完成某种活动或任务所具备的主观条件。这种条件可以是经过遗传获得的，也可以是经过学习和实践获得的，特别是在解决一些专业领域问题或某些涉及知识和经验的实际问题时尤其如此。

一个人的能力是从小经过学习和训练获得和逐步发展的，但一个人的能力有大小、水平有高低，这又是怎么回事呢？这和哪些因素有关呢？一般来说，和一个人的遗传因素以及知识的学习、社会实践等因素有关。遗传是能力发展的前提，知识和技能是能力发展的基础，学习和社会实践是能力发展和形成的重要条件。能力的本质是运用知识和技能解决面对的实际问题，所以，所掌握的知识技能的难易程度决定了能力的大小或高低。而学习和实践的主动性更是决定一个人的能力能否提高的关键。例如，一个人如果在学习或钻研某些难题时有较强的主动性和主观愿望，那他的能力肯定会在原有的水平上有较大提高，相反，如果一个人遇到难题只想偷懒或逃避，那他的能力肯定难以提高，他也只能是平庸之辈了。

能力的发展和形成，实践活动是重要条件，而有意识的学习和培养某种能力，可加快这种能力的发展。从事某项活动，尤其是科学创造性活动，能力是基本的条件和保证，同时，活动本身也可激发和培养能力。例如，完成一项实验需要实验者具备一定的观察能力、理解能力、思维能力等等。而在完成或解决实验难题的过程中，实验者又可以培养和提高观察力、理解力、记忆力、思维创新能力等等。

一个人从事一项活动，可能同时需要应用多种能力，如印刷工人要完成工作任务，就需要具备掌握工艺的能力、技术操作能力、颜色辨识应用能力等等。而画家的艺术创作，则需要观察力、想象力、形象记忆力、色彩鉴别力、色彩表现力等多种能力的协调和综合运用。

（一）能力的种类

心理学家根据对能力的研究，将能力分为一般能力和特殊能力两大类。

1. 一般能力

解决一般问题都需要的能力被称为一般能力，包括观察力、注意力、记忆力、想象力等。在日常的解决多种问题的实践中，需要这些能力的综合运用，不论所面对的实际问题是简单还是复杂。智力是能力的核心，包括学习能力、抽象概括能力、记忆力、注意力等。智力测验是一种对能力的综合性测定，但是，测验具有一定的局限性，对一个人能力的真正检验还应该是一个人的实践活动和处理、解决问题的实际效果。

2. 特殊能力

这个定义是指能够从事某项专门活动的能力。一般来说，任何一项专业性活动都需要具备与此项活动相适应的能力，但特殊能力与一般能力的不同之处在于该种能力只体现在这种专项活动中。一个人从事某种职业，接受某种专业训练，可以发掘和提高其特殊能力水平。但大多数的特殊能力的获得，还是在其具有一定先天性遗传素质的基础上得以完成的。如某奥运冠军，他的能力的获得是先天遗传素质和专业训练共同作用的结果。

特殊能力的种类主要有机械能力、计算能力、运动能力、音乐能力、绘画能力等。

（二）能力的发展和差异

通过了解能力的种类可以知道，人们在特殊能力方面本来就是有明显差异的，无须再进一步说明。而一般能力虽然是每个人都具备的，但仍有诸多差异。通常说的智力的差异，说的就是一般能力的差异。例如，有的人善于记忆，而有的人富于想象，有的人归纳、整理较为擅长，而有的人言语、反应敏捷、迅速。

除了以上所说的能力种类和表现上的差异以外，能力的发展水平也有差异，有部分儿童智力发展较快、较好，心理学上称为智力超常；有部分儿童智力发展较慢、较低，称为智力低下；而大多数儿童智力发展在一个相对既不超常也不低下的范围内，称为智力正常。

另外，智力发展的早晚也有明显差异，有人早慧，有人晚熟，有人幼年时即聪明绝顶，令人赞叹，如李白"五岁诵六甲，十岁观百家"。而有的人一生平平淡淡，但到老年时却有所成就。

（三）影响能力发展的因素

影响能力发展的因素很多，主要有遗传与先天素质；营养，尤其是孕期及幼儿时期营养；早期经验、教育；家庭及生存环境；社会实践；个人的勤奋与努力。

三、性格

性格是指一个人对客观现实的稳定的态度，以及与其相适应的已习惯了的行为方式。

性格是人格中最具特征性的部分，也就是说一个人与另一个人的差异是由人格的差异来表现的，而其中根本性的差异则是由一个人的性格来决定的。心理学针对性格的研究著述非常多，但至今仍然不能将性格问题包罗穷尽和论述完全。

（一）性格的特征

在心理学上，有关性格的研究非常广泛和丰富，有关人物性格的描述最早见于文艺作品。在戏剧、小说、评话中有许多极端行为的描写。所以较早得到心理学性格描述的是自制、自立、决断、与人为善等心理特征。其评价也总有品质优良、品质恶劣之说。现代心理学家一般对性格特征的描述如下：

1. 性格的态度特征

其中有对社会、集体、他人的态度，如爱国、爱集体、富有同情心、正直、热情、礼貌，相反的有自私、冷漠、孤僻、虚伪等；对学习、工作、劳动的态度，如勤奋、刻苦、爱学习、有创造性，相反的有懒惰、粗心大意、保守、墨守成规等；对自己的态度，如谦虚、自尊、自信，相反的有骄傲、自卑、羞怯等。

2. 性格的情绪特征

如有的人情绪强烈、自控力差，有的人则平和、稳定、自控力好，有的人开朗、振奋、快乐，有的人多愁善感、阴郁、沉闷等。

3. 性格的意志特征

有的人果敢、镇定、善于决断、顽强、富有献身精神，有的人犹豫、软弱、怯懦。一些形容词如严肃认真、持之以恒、虎头蛇尾、见异思迁等都是这方面的描述用语。

4. 性格的理智特征

性格的理智特征即性格在认识活动中表现出来的心理特征，包括自主性、独立性、主动性、逻辑性等等。尤其在解决问题中表现出来的，如有的人擅于思考、富于创造、富于想象，有的人则表现相反。

（二）性格的分类

性格的分类至今在心理学界尚无公认的、合理的划分方法，根据各心理学家的研究，提出的分类常见的有以下几种：

1. 机能类型

根据知、情、意的各自优势不同分为理智型、情绪型、意志型，还有中间型。

2. 独立－顺从型

这个类型也就是人们常说的主－从型，顺从型易受暗示，随他人意见行事。由此还可以继续分出优越型、自卑型、开拓型、保守型等等。

3. 向性型

向性型即人们最常引用的"内向型""外向型"，社会影响也最大。社会学、伦理学、美学、法学都受其影响，认为外向型开朗、活泼，对外界关心，独立性强，情感外露，善交际，内向型则相反。不过也有相当多的人属于中间型。不过要注意这种观点也有可能片面，很多有成就的人就是内向的人，包括政治家、思想家、学者，以及有工艺技术、艺术造诣的人。

4. 文化－社会类型

由德国心理学家斯普兰格和狄尔泰提出，其6种类型对人才预测及选拔具有参考价值，由理论型、艺术型、经济型、社会型、权力型、宗教型组成。

5. 特质型

最初由奥尔波特从相关词中筛选出14种，以后卡特尔参照此方法提出16种人的性格特质，如乐群性、聪慧性、幻想性、独立性、敢为性、稳定性、敏感性等。

（三）形成性格的影响因素

一般认为性格形成的影响因素以环境和经历为主，如家庭环境、经济条件、家长的行为和教养方式、家庭人际关系等。其次是家庭教育、学校教育、文化灌输和熏陶、教育方式等，也对人性格的形成与发展有较大影响。最后是个人经历，尤其是职业的从业经历、社会实践对一个人性格的形成和发展有不可替代的重要影响。

第二章 大学生心理健康教育概述

第一节 健康与心理健康

一、健康

（一）健康新概念

健康是人类生存极为重要的内容，它对人类的发展、社会的变革、文化的更新、生活方式的改变，起着决定性的作用。那么，一个人怎样才算健康呢？传统观念里，人们普遍认为身体健康是健康概念的全部，身体没病也就意味着健康。但随着社会的发展和生活水平的提高，人们的健康观在不断发生变化，对健康的理解趋向于"整体健康观"，即健康是由心理尺度、医学尺度和社会尺度来决定的，健康的概念已从传统的生物医学模式走向生物–心理–社会医学模式，这是健康概念的第一次转向。

世界卫生组织成立时，在章程中对健康下了这样的定义："健康乃是一种生理、心理和社会适应都日臻完满的状态，不仅仅是没有疾病和虚弱的状态。"在此突出了健康概念的多元化。

世界卫生组织进一步把健康定义为"躯体健康，生理健康，社会适应良好"。此定义突出强调了人的生理与心理、自然性与社会性的不可分割性。当然，这也是世界公认的健康的标准定义。

世界卫生组织在对健康定义进行阐述的基础上增加了"道德健康"。所谓道德健康，即健康还包含着道德标准，符合其所处社会认可的行为规范和价值标准。道德水平发展到较高阶段，进一步将健康的焦点转向道德健康，使健康的内涵由对精神生命的关注指向对精神成长的提升，标志着健康概念的第二次转向。

后来，世界卫生组织又提出"合理膳食，戒烟，心理健康，克服紧张压力，体育锻炼"的促进健康的新准则，将健康的概念进一步细化。

世界卫生组织关于健康概念的不断完善，体现了现代社会对健康较为全面的认识。在此基础上，我们总结出衡量健康的四个层面：

1. 躯体情况

其主要包括身体发育是否良好、是否有生理疾病或缺陷等，这是健康概念的基础。

2. 心理发展状态

其包括是否有心理疾病，是否有持续且积极的心理状态等。

3. 社会适应程度

其包括掌握多少生活知识和技能，是否有正确的生活目标，能否遵守社会生活规则、顺利融入社会群体、承担社会角色、适应社会生活等。

4. 道德文明水平

其包括道德认知水平和道德行为状况等，道德健康的最高标准是无私奉献，最低标准是不损害他人利益。

（二）健康新内涵

随着社会的进步和医学的发展，人们对健康的含义的理解也越来越深刻。近年来，世界卫生组织重新提出了健康的十条新内涵。内容如下：

第一，有充沛的精力，能从容不迫地应付日常生活和工作的压力而不感到过分紧张。

第二，处事乐观，态度积极，乐于承担责任，不论事情大小，做到不挑剔。

第三，善于休息，睡眠良好。

第四，应变能力强，能适应外界环境的各种变化。

第五，能够抵抗一般性感冒和传染病。

第六，体重适当，身材匀称，站立时头、肩、臀位置协调。

第七，眼睛明亮，反应敏锐，眼睑不发炎。

第八，牙齿清洁、无空洞、无痛感，牙龈颜色正常，无出血现象。

第九，头发有光泽、无头屑。

第十，肌肉和皮肤有弹性，走路感觉轻松。

由此可见，健康是生理健康与心理健康的统一，二者相互联系、密不可分。人的生理疾病会影响人的心理健康，容易使人产生烦躁不安、情绪低落等心理不适的现象；长期的心情抑郁容易引起身体的不适。因此，健全的心理依靠健康的身体，健康的身体同样离不开健全的心理，二者是相互依赖、相互促进的。

二、心理健康

（一）心理健康的概念

心理健康主要是相对于生理健康而言的。《心理学百科全书》中有关"心理健康"的解释是，心理健康也叫心理卫生，其含义主要包括两个方面：一是指心理健康的状态，即没有心理疾病，心理功能良好，能以正常稳定的心理状态和积极有效的心理活动，面对现实的、发展变化着的自然环境、社会环境和自身内在的心理环境，具有良好的调控能力、适应能力，保持切实有效的功能状态；二是指维护心理的健康状态，即有目的、有意识且积极自觉地按照个体不同年龄阶段身心发展的规律和特点，遵循相应的原则，有针对性地采取各种有效的方法和措施，营造良好的家庭环境、学校环境和社会环境，通过各种形式的宣传、教育和训练，达到预防心理疾病的目的，提高心理素质，维护和促进心理活动的良好的功能状态。

实际上，现代社会对心理健康的标准还没有一个公认的尺度，而且对它的评价还受到种族、社会、文化、信仰等因素的影响。古希腊哲学家苏格拉底认为，正常状态与人的自我认识有关，即没有一个完全正常的人，因为自我认识永远不能完备，人格永远是在发展之中的。而且，生活中的挫折本无休止，心理无时不在寻找某种平衡，就如同体操运动员在平衡木上的动作一样，心理上的完美，也就在于在动中取得平衡，在平衡中求动。

第三届国际心理卫生大会对心理健康的定义为："在身体、智能以及情感上，在与他人的心理健康不相矛盾的范围内，将个人心境发展成最佳状态。"

世界卫生组织明确规定："健康不仅是身体没有疾病，还应当重视心理健康，只有身心健康、体魄健全，才是完整的健康。"

心理健康是一种持续的心理情况，当事者在一定情况下能进行良好的适应，具有生命的活力，而且能充分发展其身心的潜能，这才是一种积极的、丰富的情况，而不仅仅是免于心理疾病。

心理健康是指在成长和发展过程中，认知合理、情绪稳定、行为适当、人际和谐、良好适应变化的一种完好状态。心理健康是健康的重要组成部分。心理健康是指人的心理，即知、情、意活动的内在关系协调，心理内容与客观世界保持统一，并能促使人体内、外环境的平衡，促使个体与社会环境相适应的状态，并由此不断发展健全的人格，提高生活质量，保持旺盛的精力和愉快的情绪。

当今，"健康就是无病"的传统观点逐渐被抛弃。现在，人们倾向于接受这样一些观点：

第一，心理健康是一种相对的、持续的且积极发展的动态心理状态，并非指"十全十美"。

第二，心理健康是指在较长一段时间内持续的心理状态，异常心理或行为偶尔出现以及轻微情绪失调，如能恢复正常，则不能认为是一个人心理不健康。

第三，心理健康可以用一系列具体标准来描述，但这种描述通常是一种全面的理想要求，不一定要全部做到。

第四，对心理健康的理解渐趋于多元模式，造成心理不健康的因素并不是单一的，而是生物、心理和社会多因素共同作用的结果。

因此，我们认为，心理健康可以从广义和狭义两个方面进行理解。从广义上讲，心理健康指一种高效而满意的、持续的心理状态；从狭义上讲，心理健康指人的基本心理活动的过程内容完整、协调一致，即认识、情感、意志、行为、人格完整和协调，能适应社会，与社会保持同步。这样，心理健康就寻求到了一种平衡，从而达到了心理上的"完美"。

（二）心理健康的标准

随着时代的发展、科技的进步，人们个体经历或经验的差异使人们对心理健康有着不同的理解，对心理健康标准的判定也不尽相同。心理健康也不能像生理健康那样能给出精确和绝对的标准。

关于心理健康的标准，世界卫生组织明确提出了四个方面：①身体、智力、情绪十分调和；②适应环境，在人际关系中彼此谦让；③有幸福感；④在工作和职业中，能充分发挥自己的能力，过高效率的生活。

美国学者坎布斯认为心理健康的人应该有四种特质：①积极的自我观念；②恰当地认同他人；③面对和接受现实；④主观经验丰富，可供利用。

心理健康的十条标准：①充分的安全感；②充分了解自己；③生活目标切合实际；④与现实环境保持接触；⑤能保持人格的完整与和谐；⑥具有从经验中学习的能力；⑦能保持良好的人际关系；⑧适度的情绪表达与控制；⑨在不违背社会规范的条件下，对个人的基本需要做到恰当的满足；⑩在不违背团体要求的情况下，做出有限度的个性发挥。

心理健康是一种能够表现出良好个性和良好人际关系的心理特质结构，它是在正常发展的智能基础上形成的。另外，需要指出的是，对于心理健康的标准，我们只能把它视为一个人们努力追求的理想目标，不能将这些标准当作至理来苛责自己；当然，也不能因为忽视这些标准而忽略了自己真正存在的心理健康隐患。最终，我们要将这些标准当作辅助性的工具，使自己的心理健康达到较好的状态。

三、大学生的心理健康标准

大学生是社会中较为特殊的一个群体，学者对大学生心理健康标准的界定没有一个最终的定论。结合我国大学生群体的生理、心理特点以及社会对其角色的特定要求等实际情况，通常采用以下七条标准评判大学生的心理健康：

（一）能保持对学习有较浓厚的兴趣

一般来讲，学生的主要任务就是学习，因此，大学生对学习的兴趣及求知欲就显得特别重要。心理健康的大学生对学习应有正确的态度，求知欲强，有浓厚的学习兴趣，有较高的学习效率，能够自觉克服学习中遇到的各种困难，并从学习中体验到快乐与满足。

（二）能保持正确的自我意识，接纳自我

正确的自我意识是大学生心理健康的重要条件，能正确了解自己、接纳自己，做到自尊、自强、自爱、自制，摆正自己的位置，勇敢面对挫折和困难，正视现实，积极进取。根据自己的个性特点和能力状况设置合理的人生目标，做一个接纳自我、发展自我的人。

（三）能协调与控制情绪，保持良好的心境

情绪，是人们各种感觉、思想和行为的一种综合的心理，是对外界刺激所产生的心理反应。每个人都有丰富的情绪体验，大学生也是如此。一个心理健康的大学生，在多数情

况下都应保持情绪的稳定和良好的心境，应富有朝气和活力，对生活充满希望，对未来充满憧憬；善于调控自己的情绪，既克制又合理地宣泄自己的情绪，情绪的表达既符合社会的要求又符合自身的需要；在困难和挫折面前，能保持积极、乐观的心态等。

（四）能保持完整统一的人格品质

人格品质完整是指个体的所想、所说、所做都是协调统一的，人格结构的各要素，即气质、能力、性格、理想、信念等方面能平衡发展，使其保持整体统一，具有积极的人生态度与价值观。

（五）能保持和谐的人际关系，乐于交往

和谐的人际关系是心理健康十分重要的条件。大学生要乐于与人交往，交往动机端正，不卑不亢，关心和帮助他人，交往中保持完整独立的人格；能够客观公正地评价别人，评判事件；取人之长，补己之短。

（六）能保持良好的环境适应能力

心理健康的大学生对周围的事物和环境有正确的认识和评价，能够正确地认识和正视现实，善于将自己融入不同的环境，积极地适应环境，积极投身生活，善于在生活中感受到乐趣。当发现自己的需要、愿望与社会发生矛盾时，能迅速进行自我调节，力求与社会环境协调一致。

（七）心理行为符合年龄特征

人类的生命有着不同的发展阶段，且都有着相对应的心理行为表现。大学生思维敏捷、精力充沛，在行为上表现为勤学好问、积极探索、勇于挑战。如果整天萎靡不振、喜怒无常，那么肯定是出现了心理问题，其心理行为也不符合大学生的年龄特征。

第二节　大学生的心理健康教育

一、大学生心理健康现状及常见的心理问题

（一）大学生心理健康现状

在我国社会发展的历史进程中，随着经济的快速发展，利益格局差距日益加深，急剧的社会变迁所引发的心理问题也逐渐增多。随着我国教育的不断发展，越来越多的适龄青年都有机会进入大学，接受高等教育。同时，大学生们也渐渐走出了"天之骄子"和"栋梁之材"的神话，回归到了现实生活中。大学生活将承载着更多理想与现实的冲突。

因此，大学生心理健康问题必须引起全社会关注，然而我们发现，当前我国大学生的心理健康状况不容乐观，提升大学生心理素质迫在眉睫。

（二）大学生常见的心理问题

1. 环境不适应

环境不适应在大学新生中较为普遍。尤其是初次离家过集体生活的学生都需要经历一个从不适应到逐步适应的过程。在这一过程中，从小受溺爱或过度保护的人，性格孤僻、内向或暴戾的人不易合群，难以适应生活的变化，在孤独感、无助感的折磨下，个别人容易抑郁。

2. 学习的压力

近年来，青年学生因学习压力加大而轻生的事例也较为常见，其大多是学生进入大学后，由于学习目标不明确，学习方法不适应或所学专业与自己的学习兴趣、思维方式相左，使学生的学习成绩明显滞后，甚至面临留级、休学等问题所导致的。

3. 情感的挫折

在大学生活中，大学生们既有对友情、爱情的追寻和渴望，也有情感的困惑和失落，稍微处理不当，就会受到压抑、抑郁等情绪的困扰。当今的大学生相当一部分为独生子女，在家里受到家长无微不至的关心和照顾，享受到家庭的温暖和父母无私的爱。进入大学后，由于离开家乡和父母，一些学生感到难以适应大学生活，不能及时进入大学的学习状态，产生情绪波动；渴望关爱和友情、苦闷、孤寂、烦恼等情绪时时会袭扰学生们的内心。

4. 人际关系问题

大学生的感情世界丰富而敏感，他们渴望与人交往，获得友谊、尊重和理解。不同的地域、不同的生活习惯、不同的兴趣爱好等造成的差异使得一些同学对人际交往产生了心理戒备，甚至形成封闭心理。这种渴望交往与心理封闭的矛盾，在心理上形成一个矛盾，即一方面渴望与同学们真诚、平等地进行交往；但另一方面，在与人交往的过程中，却怀有多疑、戒备、封闭的心理。对人际交往的期望值越高，在人际交往过程中的猜忌、戒备心理也越强，自我封闭的状态也就日益严重。反过来，自我封闭越严重，内心的孤独感也就越强，因而更加渴望与人交往，更加渴望真情和理解。封闭与交往的冲突，也是当前一些同学产生失落和自卑心理的重要原因之一。

21世纪对人才的要求更高，除了要有好的身体、一定的文化知识和技能，还要有良好的心理素质、健全的人格。作为一名大学生，要妥善地处理自身问题。当然，大学生心理健康教育的目标也是帮助大学生追求一种更积极的人生境界，从而得到更全面的发展。

5. 就业的困扰

很多大学生对未来和前途充满困惑。经济的转型和波动，无疑使就业形势难上加难。如何在就业困难的环境中实现自我发展，成为当代大学生必须面对的问题。

二、加强大学生心理健康教育的方法

加强大学生心理健康教育是高等教育的内在要求。当前，社会、学校和家庭都认识到了大学生心理健康教育的重要性。高校也从自身特点出发对学生进行心理健康教育。加强大学生心理健康教育的方法有多种，从目前各高校的做法看，主要有以下五种：

（一）积极优化校园环境，创造良好的心理社会环境

心理学家发现，环境对人的心理影响很大，由此可见，营造文明健康的校园文化氛围已成为培养大学生心理健康的重要内容之一。学校应通过心理健康案例分析、心理科普宣传等方式，普及心理健康知识、传播心理健康理念，教会学生关注自身心理健康，积极预防心理问题的产生。社会各界应利用各种传播媒介对大学生心理健康方面进行潜移默化的影响，普及心理健康知识，以引起大学生对提高心理健康水平的自觉要求。

（二）开设心理健康教育课，定期举办相关讲座

大学生心理健康教育的最终目标是培养大学生良好的心理素质，心理素质的提高离不开对心理学知识的了解，学校应开设心理健康教育课，让学生系统地学习心理健康知识。另外，学校定期举办相关讲座也是十分必要的，这对于普及心理健康知识，提高大学生对心理健康教育的认识具有重要意义。

（三）设立心理教育和咨询机构，积极开展学校心理咨询服务

通过开展心理咨询服务，防治大学生心理疾病，保障大学生心理健康。高校的心理咨询工作主要以预防为主，采取灵活多样的形式，如通过个体咨询、电话或网络咨询、小组咨询、挫折考验训练等帮助大学生解除心理困惑；建立大学生心理档案，进行跟踪了解。

（四）将心理健康教育与德、智、体、美、劳的教育紧密结合起来

从心理学角度入手，运用心理手段消除学生的心理障碍，辅之以其他方面教育的引导，使大学生克服不健康的心理和偏激的观点，进而取得最佳的整体效应，实现全面发展。

（五）鼓励大学生建立心理健康教育社团

大学生组建自己的心理社团可以说是实现大学生心理健康教育较为有效的方式之一。通过大学生的自发组织，可以强化其自我教育意识，使追求心理健康成为一种自觉行为。例如，广东某高校的一些学生就成立了一个心理健康协会，并将该协会发展成该学院最大的学生社团，每一位会员都会为传播大学生心理健康知识贡献出一份力量。

三、加强大学生心理健康教育的意义

心理健康的特殊性决定了心理健康教育的重要性，因而加强大学生心理健康教育有其内在的重要意义。

（一）心理健康教育可以起到保证身体健康的作用

人的心理健康和身体健康是相互依存、密不可分的。生理健康是心理健康的基础，心

理健康反过来又能促进生理健康。同学们都有这样的体验：当身体有疾病时，会情绪低落、焦躁易怒；当面临压力时，会头痛失眠、食欲不振。因此，加强对大学生的心理健康教育有助于达成大学生心理健康和身体健康的和谐。

（二）心理健康教育可以预防精神疾病的发生，提高心理素质

大学生是民族的希望，其身心健康状况不仅影响自己、家庭、学校，更重要的是关系到我国现代化事业的兴衰成败。在高校开展心理健康教育，既可以预防学生心理问题的发生，又可以使其暴露出来的某些心理健康问题被及时地解决，这对大学生的健康成长无疑会起到积极作用。

（三）心理健康教育是塑造大学生良好个性和优良思想品德的先决条件

性格健康是心理健康的必备条件。一个人的性格体现着一个人的品德和世界观，即人的性格特征和人的思想品质是紧密地联系在一起的，没有健康的性格就谈不上优良思想品德的形成。也就是说，培养健康的性格和优良的思想品德是同一教育过程中的两个不同的方面。可见，心理健康教育对大学生个性的形成及思想和品德的训练均能起能到积极的促进作用。

（四）心理健康教育是促进大学生智力发展的基础

在日常学习过程中，若一个大学生朝气蓬勃、心情愉快，就会调动其智力活动的积极性，易于在大脑皮层形成优势兴奋中心，形成新的暂时神经联系和使旧的暂时神经联系复活，进而促进智力的发展。反之，若是在烦恼、焦躁、担心、忧虑、惧怕等情绪状态下学习，则会压抑智力活动的积极性和主动性，使感知、记忆、思维、想象等认知机能受到压抑和阻碍。那些被感情等问题搞得忧心忡忡致使成绩一落千丈、因控制不住自己的情绪冲动而违法违纪、因缺乏学习动机而厌学的大学生，都表明了心理是人的一切活动的根本。

（五）心理健康教育对于建设社会主义精神文明有着重要的意义

心理健康教育不仅对个体有意义，而且对群体也有不可忽视的作用。加强大学生心理健康教育有助于帮助大学生克服消极心理状态，缓解人际冲突，改善交往环境；有助于其塑造良好的形象，发展健全的品格，提高道德水平；还有助于提高大学生的积极性和创造力，从而使其更好地投身社会主义现代化建设。可见，心理健康教育是社会主义精神文明建设的重要组成部分。

第三章 大学生心理健康教育的主要内容

第一节 大学生心理健康教育的覆盖内容

一、网络环境下的大学生心理健康教育

21世纪，互联网技术突飞猛进，网络技术已经广泛应用到各个领域，网络给我们带来前所未有的便利，例如网上购物、浏览新闻资讯、网上办公、视频聊天等，网络已经成为我们日常生活的重要组成部分。但任何事物都有双面性，网络技术也不例外，其中不良信息也在不知不觉中影响着网民。高校大学生是网民中的主要群体，由于大学生社会经验和生活经历欠缺，很难辨别网络中的不良信息，且容易受其影响，这一阶段也是他们心理发育走向成熟的阶段，所以加强网络环境下大学生心理健康教育尤为重要。目前，很多高校已经充分认识到网络环境对大学生心理健康的影响，如何引导大学生正确利用网络，如何辨识不良信息已经成为大学生心理教育的重要研究课题，高校应探索出一套完整的在网络环境下进行大学生心理健康教育的体系，提高大学生心理健康素质。

（一）网络环境下大学生心理健康现状

网络是大学生进行学习、科研、娱乐和社交的主要途径之一，大学阶段正是大学生世界观、人生观和价值观形成的重要阶段，大学生的心理容易受到网络中各种复杂信息的影响。通过实际调查发现，大学生的心理状况主要表现在如下几个方面：

1. 盲目好奇

大学生正处在心理素质形成的重要阶段，而他们有了解外面世界的强烈愿望，但是由于他们缺乏经验和阅历，所以很容易受到周围环境的影响。网络技术的迅速发展，网络包含的信息量越来越大，现在已经成为大学生了解外部世界的重要方式。他们怀着强烈的好奇心在复杂的网络环境中获取新的信息，有些信息中充斥着大量的不良内容，而大学生还没有形成辨别复杂信息的稳定能力，所以在接受新鲜事物的过程中极易受到不良信息的影响，例如网络诈骗信息等。

2. 感情空虚

随着生活节奏加快，人与人之间的交流和沟通越来越少。大学生从父母身边来到一个

陌生的环境，部分人因为过分依赖父母、人际交往能力差而导致内心空虚无助，网络作为一个虚拟的世界，成为他们释放自我、寻找情感慰藉的平台，他们将现实生活中渴望得到的情感寄托于网络世界中。久而久之，许多大学生沉迷于网络而不能自拔。

3. 自卑心理

大学生的家庭条件不尽相同，许多来自贫困家庭的大学生在学习和生活中会产生自卑心理，不愿和他人交流，压抑自己的感情，喜欢一个人独处。网络对他们来说是一个陌生的世界，在这里没有嘲笑和自卑，他们可以肆意地放纵自己，从而获得心灵的解脱。

4. 冒险心理

近些年网络游戏发展迅速，但监管不力，导致一些充满暴力、赌博和色情内容的游戏得以发展，许多大学生想在虚拟世界中寻求刺激，从而沉迷于这些不良游戏中，严重影响大学生的学习和生活。

5. 浮躁心理

现在社会上存在一些浮躁的现象，许多人想一夜暴富或一夜成名，而现在流行的"网红"就是一个鲜活的案例。许多大学生受到这些信息的影响，只想更容易、更快地赚到钱去享受生活，但是现实生活中没有不劳而获，每个成功人士的背后都有一段令人敬佩的努力过程。

（二）加强大学生网络心理素质的培养

大学生沉溺网络是心理原因所致，对大学生在网络中所产生的心理负面效应当采用指导疏通的方法。

1. 加强网络认知教育

许多大学生最初上网是缘于好奇和发展自我的愿望，但其对网络没有一个全面的认识，不能有效识别网络良莠不齐的海量信息，加之一些大学生意志力薄弱、自我约束力较差，会在不知不觉中陷入网络的"大网"。基于此，要在引导他们正确认识网络的本质的同时，指导大学生恰当地利用网络资源，正确地辨别网络信息，自觉抵制各种不良信息的侵蚀，加强自己的自我约束能力，遵守网络规范，做遵纪守法的文明网民，从而有效增强认知驱动力。

2. 培养自我教育的能力

随着网络时代的到来，现代教育已经不是过去那种无选择或很少选择的消极灌输，而是以积极摄取、自主选择为特征的主动接受。互联网信息成分庞杂，虚假信息充斥其间，而网络信息传播的开放性、自由性、多元性更需要大学生有较高的鉴别能力和自控能力。面对教育模式的改变和纷繁复杂的信息选择，大学生的自我教育能力有待提高。一方面，我们要相信现代大学生的思想觉悟和自我选择、自我判断及自我约束的能力；另一方面，自我教育不是自由教育，教育工作者应积极介入网络，在学生自我教育中发挥积极的引导和指导作用。值得注意的是，大学生年级的高低与上网率成反比，即一、二年级大学生上网比例最高,而毕业阶段的大学生则非常低。这主要是因为低年级的大部分学生由于不成熟的心理及离家在外的孤独感,使他们时常与网络为伴;而高年级的学生由于心理日趋成熟及学业、求职的压力较大,对网络失去了兴趣。因此,大学生的自我教育的开展应把握住一、二年级的关键时期,防患于未然。

3. 重视网络时代大学生闲暇生活教育

如果把人的生活放在时间维度上予以考察,大致可分为三部分:生理时间、学习工作时间和闲暇时间。闲暇时间是个人身心放松、陶冶情致、开阔视野、丰富生活,按自己意愿所支配的自由时间。闲暇生活是每个人生活中重要的组成部分,是促进个人身心健康、提高生活质量必不可缺的重要因素。学生上网的主要活动是聊天、玩游戏和收发邮件,下载软件和学习知识只占很少的比例,这说明在大学生网民中,大部分并不是因为学习的需要而接触网络,网络是当代大学生课余闲暇时间中的一种主要的娱乐休闲方式。大学生沉溺网络,一方面是网络本身的诱惑与吸引,另一方面也与其闲暇时间没有充实而丰富的活动安排相关。一些大学生网络行为失控的根本原因在于其个人发展空间的狭小。如果大学生不能在学业中自我肯定,就应当倾向于从体育、文艺、社会活动、业余文化等闲暇活动中寻求充实和愉快,不然,就会沉醉于虚拟空间中的成功、自信、满足而不能自拔。积极的闲暇生活给大学生带来的不仅是当时的感官享受和精神享受,而且能在劳逸结合、张弛有度、身心愉悦中为他们的未来发展打下坚实基础。而消极无序的闲暇生活影响个人身心健康发展,甚至导致个人的消沉、堕落甚至犯罪。随着大学生自主性的增强、自由空间的增多,网络时代大学生闲暇生活教育是促进大学生健康成长不容忽视的重要环节。

二、大学生生命教育探究

(一)对大学生生命教育的思考

20世纪中叶,生命教育开始在世界范围内流传且日益彰显出其重要的作用。随着科技生产力的高速发展,人类社会不断前进,我们的物质和精神生活水平都有了显著提高,征服自然的能力也明显改善。随之而来的却是,人类遭到了各种挑战,如环境问题日益凸显、自然灾害频发、资源短缺、人口急剧增多等等。另外,世界上还有人一直处于贫困状态、疾病高发、忍饥挨饿。这些都直接或间接地威胁着人类的生命安全。让很多人对未来的世界感到无所适从,迷茫感油然而生。于是,生命教育的重要性越来越多地被有识之士提及,以期唤醒人类对生命的正确认识,使人类尊重生命存在的价值和意义。生命教育逐渐成为社会发展的必然趋势,这也可看成是人类在面临生命威胁和销蚀时的一种深刻反思。

20世纪末期,我国开始在学校教育中推广生命教育。我国大学生生命教育研究自21世纪以来才引起人们的重视和肯定。大学生生命教育的提出有其深刻的时代背景。近年来,随着我国科技的进步、经济的发展、社会体制的转型、改革开放的不断深入,大学生在面临着前所未有的发展机遇的同时,也陷入了前所未有的竞争、压力、冲突、困惑、迷茫等生命困境。现代科技的迅猛发展带来了经济繁荣和物质的昌盛，但也带来了环境的破坏、资源的枯竭、人们生存危机的加重和生命尊严的销蚀，人们在追求生命存在意义的历程之中越来越忽视生命本身。从社会体制转型来看，大学生正处于我国社会主义市场经济的转型和建设时期，面对社会价值观念的多元化、人们思想观念的转变、工作机会的激烈竞争、传统生活方式的改变，大学生承受的身心压力不断增大，一些大学生既无法适应社会发展的新变化，也无法从以往观念文化中找到行为的方向和准则，而正在全世界泛滥的"后现代文化"又提出要消解一切事物的本质、规则与意义。这让一些大学生陷入空前的迷茫、焦虑、压力和困惑中，不少大学生彷徨、无奈、消沉，感到"活得艰难，没意思"。

（二）生命在意义中安居

1. 对生命意义的关注源于大学生意义缺失的现实

大一学生为"现实中的大学与想象中的"象牙塔"不一样"而郁闷，大二学生为"敏感的校园人际关系"以及"校园内部贫富差距显露的社会不公"而郁闷，大三和大四学生则开始因为"考研、就业与恋爱带来的一系列问题"而郁闷。

部分大学生的郁闷感受其实是生活无意义、内心空虚的表现。现代生活的变化、竞争和压力使许多大学生普遍具有一种想要努力把握，却又把握不住自己、把握不住生活的感觉。他们常常陷入一种空虚、无聊、困惑、迷茫、浮躁的情绪状态。心有渴望，又不知渴望什么；感觉很忙，又不知忙些什么；内心空虚，却又不知道如何去充实，觉得干什么都没有意思，感到生活没有意义。这实际上就是对生活的否定，发展到极端就会产生对生命的否定。

2. 人类生命的三重维度

生命是一个有机联系的复合体，对于"万物之灵"的人类来说，人类生命有物质生命、精神生命和社会生命三重维度。

物质生命：生命首先是一个自然赋予的物质存在，即自然的生理性的肉体生命。尽管物质生命的存在是人与动物所共有的，但物质生命仍然是人类得以存在和发展的首要物质前提和基础，脱离了物质生命，人类就失去了生命得以存在和发展的物质载体。当代社会，部分人表现出对物质享受的过度追求与摄取行为，其实也是人之物质生命的极端表现。

社会生命：人总是处于一定的社会关系中，并承担一定的社会角色和责任。"人的本质并不是单个人所固有的抽象物，在其现实性上它是一切社会关系的总和。"人的社会生命意味着人有对社会权势的渴望、对社会地位的关注、对社会关系的重视、对社会期望的回应；也意味着人必然承担社会责任、社会义务、社会道德、社会规范、社会良心。社会生命对人的物质生命和精神生命具有某种决定和制约作用，它决定人们生物本能的冲动和释放，制约着人们精神生命的自由和有序。

精神生命：人"是有意识的存在物"，具有精神生命。"有意识的生命活动把人同动物的生命活动直接区别开来。"精神生命的存在使人超越了动物的本能，而获得人性的自由和尊严。对个体的精神表现,"'精神'在常识上可以这样讲——是由做出或遇到各种不同事情的人们身上表现出来的。从认识或知觉方面讲,他们有知觉、回忆、想象、抽象和推理的活动;从心理情绪方面讲,他们有快乐的感觉和痛苦的感觉,他们还有情意和欲望;从意愿方面讲,他们可按照自己的意愿去做一件事情或不做一件事。所有这些表象都可以划入'精神'的事件范围之内。"可见,人的精神生命是一个相对于物质生命和社会生命而言,表现于主观意识层面的理性的认知、丰富的情感及坚决的意志追求。正因为精神生命的存在,人们才会超越尘世的繁杂而执着于生命意义的思考和追问,才能在精神富足、对生命自由的向往追求中感受到快乐和满足,才能在精神守望与理想追寻中固守坚韧与恒久。人的精神世界发展如何,是人的发展水平高低的主要标志,人与人之间存在差别,主要是由于精神发展不均等。作为精神生命的存在,人的存在总有值得存在的理由。而且,人能够超越当下的存在而追求更理想的存在,如对美好未来的憧憬、对个人发展的向往、对人生磨难的抗拒、对生命意义的追寻。人总是要有点儿精神的。这实际上就是对人类精神追求、理想信仰、道德操守的肯定与张扬。人是精神的存在,人性区别于动物性的地方就在于人的生命具有高于生命的意义和目的。如果一个人沉迷于欲望,失去了对个人理想的追求和守望,必然感到存在的虚空和精神的萎靡。从个人生存来讲,没有必要的物质条件不行,没有精神层次的理想、追求和信念也不行。只有不断追求精神生命的人,超越了动物的本能而获得人性的自由和尊严,才可能获得真正的快乐、幸福与满足。

3. 生命在意义中安居何以可能

"生命意义是什么?"和"生命的存在对我有什么意义?"是两个十分相似却又有着截然不同意蕴的问题,前者是一个根本性问题,即生命本身就是意义,活着就是意义;后者则是一个具有价值指向性的相对性问题,生命之于人类而言,并非仅仅意味着生存、活着,意味着吃饱穿暖、代际延续,而且意味着人对物质生命的超越,意味着社会生命的发展,意味着对精神生命的诉求,意味着自我价值的实现及生命独特个性的彰显。

"人不仅仅为了面包而活着",他要讲究活着的意义和价值。对此,很多人存在一个误区,以为只有做出具体而显赫的物质和精神产品贡献才是生命意义的体现。其实,每个人可以向世界提供的有价值的东西是非常多的,对万物生命的尊重、对亲人朋友的关爱、对生活目标的执着、对艰苦环境的超越;或者一个农民生产出粮食、一个工人生产出零件、一个科学家做出发明物以及一个教师桃李满天下的幸福、一个学生乐观向上的精神,在本质上都是一样的,都为自己的生命赋予了崇高的意义。人除了通过发挥其力量,进行生产、生活而赋予生命意义外,生命就没有意义了吗?生命意义是关于生命的积极思考和追求。对每一个个体而言,生命意义可从两个方面去理解:一是对生命存在的敬畏;二是对生命价值的追求,既包括对社会生命所赋予责任与义务的遵从,也包括精神生命所蕴含的对个体自由与价值实现的瞩目。

而安居自然是一种生存状态,透射着一种舒适与自在、轻松与安享。对于追求精神幸福与心灵自由的人来说,安居并非简单占有一个住处,它更是一种精神层面的栖居与安宁,其本质应是生活的和谐与精神的自由。安居是一种能够感受个体价值存在的幸福体验；安居蕴含着生命三维的协调相融，指向人与自然、人与社会、人与自身的共在与相融；安居是指属于人性彰显与本质需要的精神自由与心灵惬意的自在存在。人是寻求意义的动物，无法忍受无意义的生活。弗兰克尔指出，人们对生命意义的探寻是生活的基本动力。人生是有意义的，健康的人便生活在对生命意义的追寻和实现生命意义对心理健康的积极影响之中。对生命意义的探索和情绪健康正相关——对生命意义的认识能够减缓消极生活事件对个体的影响；而缺乏对生命意义的理解则与心理问题正相关。弗兰克尔坚信，人有寻求意义的需要，无论生活在多么恶劣的环境中，人都能为自己的存在寻找出意义。而人一旦具有生存的意义，就能健康地生活。为了应对生存挫折，人们必须为自己的生活发现意义与价值。人在苦难中需要意义以求生存，人在优越的生活环境中同样需要意义以求生存和发展，否则就都有可能被不同程度的心理问题所困扰。而当代大学生中流行的"郁闷"感觉可以说就是对存在空虚感的形象概括。

对意义的追寻是人类存在的根本考问，"人类参与社会生活的最终根源，是对意义和尊严的渴望，而非表面上所看到的游戏带来的利益"。只有澄清生命的意义问题才能使我们的生存超越罪恶、混乱、虚夸、躁动，才能在繁华纷乱的世界中实现诗意的安居。意义是因人而异的，对一些人有重要意义并且孜孜以求的事情对另一些人也许毫无价值。对人生意义理解不同实质是人们价值观念不同的展现。笼统地说，意义可分为一般社会标准的生存意义和自我生活意义，每个人在追寻和确立自己的人生意义时总是以外在社会标准为依据，更以内在价值认可为准绳。如果二者达至相对统一就会使人目标明确、主动积极、内心充实；如果人违背自己内心意愿，被外界驱使去实现所谓人生的意义，那么他一定从另一个方面否定或回避这一意义，并陷入迷茫、混乱、郁闷、空虚、烦躁和无所适从的低潮状态。因为这不符合人存在的事实，对意义的追求更是精神层面上的主动选择。在当前社会，人们生存意义日趋多元化，多元化的意义取向使许多人产生严重的心理失衡，一方面希望坚持自己认可的人生价值导向，另一方面又不自主地为外在标准所左右。在这种矛盾挣扎中，如果缺乏一定的自我调控、自我肯定和自我认同能力，自我生活意义将被外在意义所否定，而对自己生活意义的否定必将导致对自己当前生存状态的否定，甚至对自己生命的否定。许多人寻求心理疏导，也许并不是出于某一明显的身心病症，而是出于对人生的绝望和自我存在意义的混乱和受挫。这种混乱和受挫必将导致人的存在的虚空。

三、大学生职业生涯规划心理健康教育

大学生职业生涯规划指导是伴随我国高校就业体制改革而开展的教育新内容。职业生涯规划理论传入我国较晚，在大学生职业生涯规划实践中存在诸多现实困难与心理误区，开展大学生职业生涯规划指导是我国大学生心理健康教育走向并融入生活的新发展。

（一）开展大学生职业生涯规划指导的必要性分析

大学生职业生涯规划指导起源于20世纪初发达国家的职业指导运动。而纵观学校心理健康教育的发展历程，20世纪初发达国家的职业指导运动也恰是学校心理健康教育的萌芽与源起。帕森斯作为"职业指导之父"的同时，亦被誉为"心理辅导之父"。大学生职业生涯规划与指导是当今发达国家学校心理健康教育的重要内容，也将逐渐成为我国大学生心理健康教育的重要方面。

1. 大学生职业生涯规划现状诉求

因职业生涯规划理论传入我国较晚，对大学生职业生涯规划的推进与研究还缺乏有力的理论及实践经验的指导与支持，当前大学生职业生涯规划开展存在许多问题。

首先，大学生的职业规划意识淡薄，求职缺乏理性的职业规划。

其次，大学生在职业生涯规划中存在诸多心理误区。一方面表现为大学毕业生在择业过程中的过度焦虑、自负、自卑、依赖、怯懦、攀比、冷漠等不良心理状态；另一方面表现为当前大学生对职业生涯理解不足、职业自我意识认识不够、职业方向与需求模糊、职业期望过高、职业规划制订得急功近利等方面。

再次，大学生对自身职业生涯规划与指导存在很强的渴望的同时，对它也感到陌生；职业生涯方面的知识来源途径少，并无专门的职业生涯规划咨询机构。大学生对职业生涯规划方面的知识和服务的需求，对学校教学和管理部门提出了较高的要求，然而这种需求与高校目前的有限供给或低层次供给形成了矛盾。

最后，大学生职业生涯规划指导工作有待加强。我国大学生职业生涯规划指导主要表现为学校就业指导中心的就业指导工作，目前我国高校的就业指导工作主要是负责毕业生落实工作，包括为毕业生收集需求信息、联系用人单位、组织校园招聘、推荐学生就业，进行就业管理，工作对象多为毕业班学生，这与职业生涯规划的本质与主旨有一定差距。

2. 职业生涯规划有利于大学生身心健康和最优发展

大学阶段是迈向成人的关键时期，这一时期，大学生们面临着许多关乎未来发展的重大抉择，如学业、交友、择业、就业、婚姻、人生发展等问题，对这些问题的选择与态度是影响大学生身心健康的重要因素。从大学生的年龄与心理发展特征看，其正处于心理变化最为激烈的时期，是从幼稚向成熟发展的时期，这一时期的大学生往往情绪多变、敏感脆弱、渴求发展又易脱离现实，在面对一些问题时因缺乏经验及相应的处理能力而易产生困惑、焦虑、急躁、愤怒等不良情绪，引发许多心理矛盾，一些大学生的心理问题恰恰就缘于自我定位不足、决策能力不够、奋斗目标模糊、生活感受空虚、职业选择冲突、未来发展迷茫等发展规划不足等问题，良好的职业生涯规划有利于帮助大学生克服这些心理弱点。根据职业生涯发展理论，大学生正处于生涯探索期和生涯建立期的关键阶段。这一时期，大学生可以通过学校生活、社会实践开始对自我能力和角色、各种可能的职业选择及个人能力与职业的匹配等方面进行不断的探索与尝试。职业生涯规划的目的绝不只是协助大学生按照自己的资历条件找一份合适的工作,提高高校就业率和社会满意度,更重要的是通过生涯探索与建立的求索历程帮助大学生真正了解自己,了解职业,增长生涯认知,认清发展方向,明确发展目标,制订行动计划,更好地规划学习、生活与未来,有利于大学生在思维模式、情感方式、主体意识、规划能力、发展观念、职业生涯意识等方面从传统的文化心理素质向现代的文化心理素质转变,促进大学生身心健康发展。

职业是自我价值的延伸,是一个人寻求自我发展与自我实现的基本途径。大学生的职业生涯规划得完整与否,不仅影响个体的心理健康,也关系其一生的发展。一个人所从事的工作与其职业兴趣相吻合,能发挥其全部才能的80%～90%,并能长时间地保持高效率的工作而不疲劳;反之就只能发挥全部才能的20%～30%,还容易感到厌倦和疲劳。大学生正处在个人职业生涯的探索阶段,在这个阶段,大学生通过对自己的兴趣、爱好、能力、特点及客观环境的综合分析与权衡,通过对各种职业角色的了解和尝试,有利于大学生充分认识自己,实现合理的职业匹配,积极发挥自身优势;有利于大学生树立务实可行的职业发展目标与职业理想,合理利用学习时间和学习资源,不断地进行自我增值、自我提高。与此同时,通过合理的职业规划,个人与职业的契合度越高,大学生未来的职业生涯就越有可能获得广阔的前景,从而实现个体的全面最优发展。

3. 心理特征与个体职业的双向选择

不同的个体依据个性特征的不同,有最适合的职业,同时提出了现实型、研究型、艺术型、社交型、创新型和传统型六种职业个性的类型。在大学生个性心理的发展过程中,个体的兴趣、能力、气质、性格、价值观等个性心理特征都在很大程度上影响着大学生职业方向和类型的选择与匹配。兴趣是大学生进行职业生涯选择的依据,不同的兴趣适合不同的职业类型,从事适合兴趣的职业能有效提高工作效率,它是大学生职业生涯发展过程中的精神动力,以此推动大学生锲而不舍地追求某一职业目标,并保持职业生涯规划过程中的稳定性和连贯性。能力是个体能够胜任某项工作的主观条件,是职业规划的重要依据。而不同的气质类型也极大地影响着大学生的职业类型。一般来说,胆汁质的大学生适合从事开拓性的职业,多血质的大学生更喜欢灵活性较大的工作,而黏液质的大学生适合从事稳定、细致、持久性的活动,抑郁质的大学生则适合精细、敏锐的工作。价值观是一种内心尺度,其在人们的职业生涯发展中起着极其重要甚至是决定性的作用。由于个人的身心条件、兴趣爱好、教育背景、社会阅历等方面的不同,人们在职业选择中目标和要求也是不同的。在职业定向与选择过程中,对自己的职业价值观有深入了解的大学生更能为自己选择理想的职业导向,能从职业生涯中获得内心的愉悦与充实。

(二)大学生职业生涯规划指导的内容选择

大学生职业生涯规划指导是以大学生职业心理发展特点为依据,以大学生职业生涯规划内容为基础,以大学生职业能力开发、自我潜能展现及职业生涯发展为着眼点的教育活动。从心理健康教育的视角来衡量大学生职业生涯规划指导的内容,可做以下分析:

1. 结合大学生心理发展特点开展职业生涯规划指导

发展心理学认为，个体的任何一个发展阶段都受其年龄、心理的影响。人在不同的职业发展阶段中，对职业的需要以及追求发展的方向和采取的行为方式也存在着较大的差异。个体的职业心理发展划分为幻想期、尝试期和现实期三个阶段，揭示了个体早期职业心理的发展对其未来职业选择的影响。大学生正处于职业生涯发展的探索阶段，他们兴趣广泛、思维活跃、勇于尝试、渴求发展，对未来充满期望，但同时容易出现自我评价不足、社会认识不够、情绪变化较快、面对挫折承受能力不强等现象。同时，在不同的年级发展阶段，大学生的思想观念、行为方式、生活内容、职业取向、价值目标也会发生相应变化。因此，在大学生职业生涯规划指导中要充分考虑他们的心理发展特点及不同年级大学生的学习任务及心理发展的不同，增强大学生职业生涯规划意识，在不同年级都要开展侧重点不同的职业生涯规划指导工作，而不能只是在毕业学年才去做。

2. 积极开展职业心理咨询，缓解大学生职业心理困惑

在大学这一职业生涯发展的探索阶段，因部分大学生对职业生涯规划了解不足，职业生涯规划能力尚待提高，再加上大学生特定的心理特点及种种的不确定性，大学生在职业生涯规划以及求职就业过程中会产生心理困惑和误区，这就要求我们在进行全面职业生涯规划教育的过程中，积极开展大学生职业心理咨询工作，运用专业心理咨询的方法和手段帮助大学生缓解和消除在职业探索过程中的心理困惑与问题，促使其职业心理的成长及职业规划能力的提高，协助大学生职业生涯规划顺利开展。职业心理咨询可以采用个别咨询和团体咨询两种模式。个别咨询主要针对来访大学生个体职业生涯探索过程中产生的困惑与问题进行直接的心理帮助；团体咨询主要以分组的形式，针对职业生涯探索过程中某一类问题进行指导与帮助，采取团体咨询辅导模式还可使大学生在专业设计的职业生涯规划团体活动中获得良好的实践锻炼和经验感受。

3. 科学开展职业心理测评工作，做好大学生职业定位辅导

职业定位是指要为职业目标与自己的潜能以及主客观条件谋求最佳匹配。良好的职业定位是以对自己的需要、兴趣、能力、气质、性格、价值观等个性心理特征准确把握为依据的，在职业定位过程中谋求个体专业、特长、能力等与职业的良好结合是大学生做职业生涯规划的重要目标。自我心理特征的充分了解必须借助于科学的职业心理测评，通过科学的职业心理测评使大学生对自己有一个全面准确的认识，即有一个实事求是、恰如其分的评价，从而协助他们对自己的职业潜能倾向和职业适宜性有一个清晰的了解。在大学生职业生涯规划指导工作中，职业心理测评不是目的而是一种过程，是为了帮助大学生更好地自我探索与澄清，了解自己的职业兴趣、技能、价值观和人格特点，以便更好地针对个人职业生涯展开规划与设计。在对大学生开展职业心理测评工作时，要注意使用科学、合理、有效的测量工具与方式，以提高职业心理测评的科学性。

4. 以教育发展性为指导，开展持续动态的职业心理辅导

职业选择是一个动态过程，不是一次性完成的"选择"，它往往伴随着人们身心发展

的历程而不断发展完善。在职业选择与定向的整个发展过程中,可以分为几个连续的阶段,每一阶段都有其特定的发展任务,如果前一阶段的任务没有很好地完成就会影响后一阶段的职业发展任务。从这个意义上讲,大学生职业生涯指导所涉及对象的外延就不仅是毕业生,而是全体大学生;教育内容则不仅限于职业心理困惑的指导,而是以教育的发展性为指导,在尊重个体和年级差异的基础上,开展持续动态的大学生职业心理指导工作。在这个动态的指导过程中,主要包括三个方面:一是大学生求职择业的心理准备,即大学生在就业前对求职择业目标的自我定位,对择业过程中可能出现的各种情况所做的估计与评价,以及为了解决这些问题而建立的思想观念和心理活动。大学生择业的心理准备是一个长期的过程,贯穿于整个大学生活,如大学生竞争意识与能力的培养、良好的择业心态的养成、社会适应能力的提高、职业方向与理想目标的定位等。二是大学生求职择业中心理矛盾的指导与调适。因大学生特定的年龄心理特征、学校相对封闭的环境以及社会改革的深入,大学生在择业中常常会出现一些矛盾心理及误区,如因自我认识不足而在择业过程中产生的盲目自卑心理、因双向选择赋予大学生选择机会的增多而产生的"鱼和熊掌兼得"的欲望心理等等。这些矛盾心理与心理困惑是大学生职业心理指导中需要及时调节与指导的重要内容,如果不能及时疏导宣泄,可能发展成影响大学生整个职业生涯规划的心理障碍。三是社会适应期心理指导与调适。主要是针对毕业大学生的心理辅导,即大学生走向社会,在具体的职业岗位上对社会环境适应的心理调适指导,如指导学生形成适应未来工作环境的积极的心理倾向,强化学生面对社会现实保持积极乐观的心态并培养良好的职业道德的意识等。大学生走向社会的适应期长短因人而异,实践证明,谁能较快地适应社会谁就能较快地取得成才的主动性。良好的社会适应是大学生在新的工作环境及社会生活中取得进一步发展的重要基础,也是大学生整个职业生涯规划得以持续发展的必经阶段。

第二节 大学生心理健康教育方式的发展

一、大学生心理咨询的发展

(一)心理咨询是大学生心理健康教育的重要内容和途径

心理咨询是指咨询师运用心理咨询的相关理论与方法,通过特定的人际关系,帮助来访者解决心理困扰、保持心理健康、提高适应能力、促进个性发展与潜能发挥的帮助活动。心理咨询包括个性化心理咨询与团体心理咨询,就当前我国大学生心理咨询实践而言,主要以个性化心理咨询为主要形式。个性化心理咨询的一个重要特征为其是一对一的咨询关系,前去咨询的主要是有一定困扰和心理问题的大学生,相对于整体大学生的数量而言,他们是少数。这一特征就决定了大学生心理咨询帮助对象的有限性,不可能使所有人受益,而教育理应是面向全体和大多数的，所以心理咨询有必要发展为面向更大的范围，即走向心理健康教育。尽管国际上一般不提心理健康教育，或者说把大学生心理健康教育称为大学生心理咨询，但心理健康教育不等于心理咨询。虽然大学生心理健康教育从心理咨询发展而来，但心理健康教育的内涵要比心理咨询丰富得多。在学校生活中，心理健康教育除了要面向部分出现心理困扰、心理问题的学生，还要面向全体大学生；不仅要有特定心理咨询工作，而且还包括大量的课程教育、课外活动，甚至还要担负起向全社会宣传心理健康教育以及指导家庭、社区开展心理健康教育的任务。因此，大学生心理咨询应该定位于大学生心理健康教育体系中必不可少的重要内容和主要途径，而并非大学生心理健康教育的全部。

（二）大学生心理咨询的发展性价值取向

从心理咨询的价值取向来看，主要包括障碍性心理咨询和发展性心理咨询两种发展取向。前者主要是为各种有障碍性心理问题的人提供援助、支持、矫正和治疗，其更符合心理治疗的范畴；后者旨在根据大学生的身心发展特点，帮助大学生妥善解决心理矛盾，更好地认识自己和社会，开发潜能，促进个性的全面发展和人格完善。根据我国高校的育人特点和主要目的，我们提倡在大学生心理咨询工作中坚持发展性价值取向。

心理咨询的对象不是全体学生，而是带有一定"心理问题"的来访大学生，由此，许多人认为心理咨询主要是以"心理问题"的消除和防治为主旨的障碍性心理咨询。在此，有必要对"心理问题"做简要分析："心理问题"有广义与狭义之分；广义的"心理问题"既包括心理疾病、心理障碍，又包括学习、生活、社交中产生的心理困惑与苦闷，是心理问题的泛化；狭义的"心理问题"只指心理障碍、心理疾病。部分文章为了强调心理健康教育的重要性，人为夸大学生"心理问题"的严重程度，动则冠之以"心理障碍""心理疾病""心理异常"等名称，将狭义的"心理问题"等同广义的"心理问题"，将"一般性的心理问题"与严重的心理问题相混淆，对此必须要有清醒的认识。在高校确实也有部分同学存在着不同程度的心理障碍和人格缺陷，相对于大多数大学生来说，这些只是很少的一部分。事实上，真正有严重心理障碍的学生毕竟是少数，更多的大学生面临的是成长与成才、情感与事业，以及其日常生活事件处理等成长性心理问题，这些问题并不是构成心理疾病的主要方面，但它们却直接影响着学生的心理健康与发展成长。因此，许多带着"心理问题"前来求询的大学生并非"异常学生"，而是寻求发展性问题帮助、渴望自身成长与发展的大学生。

坚持大学生心理咨询的发展性价值取向，并非鼓励全体大学生有事没事都去咨询，也并非意味着所有大学生都需要咨询，其意在坚持一种发展性的咨询理念。通过这种咨询理念的坚持和倡导，一是激发和培养大学生的求助意识，避免许多寻求自我发展的大学生因心理咨询的"障碍性"而对高校心理咨询机构望而却步；二是倡导咨询老师对求助学生及其问题以帮助发展为宗旨，并非以消除症状、矫正治疗为取向，避免咨询中出现一些错误倾向。"心理不健康"与"有不健康的心理和行为表现"不能等同，心理不健康是指一种持续的长时间不健康状态，一个人偶然出现的某种异常行为和情感体验往往是正常的应激反应，说明这个人的心理反应是正常的。很多心理测试量表题目反映的只是受测者接受测验前某一段时间的心理状态，如"最近一周我时常感到焦虑"，但在结果分析时却有人将其看作是持续的、特质的、泛化的异常心态的范畴。对于大学生这一群体来说，适度的应激状态是大学生应对应激事件的正常表现，如考前轻度的焦虑有利于大学生集中注意力，提高学习效率，这是一种特定情境下正常的应激反应，与那些焦虑性人格特质的人相比，这在本质上是不同的。要避免将大学生成长问题理解为心理异常。成长问题是指在心理发展过程中必然会出现的暂时的具有一定年龄特征的异常现象，如青春期逆反现象。在咨询中，如果来访者的问题属于成长问题，则不要人为严重化，并将其划为异常之列。事实上，大学生来咨询的许多问题往往会随着大学生年级的提高、年龄的增长而逐渐化解。

倡导发展性心理咨询取向并非对障碍性心理咨询的忽略和否定，结合目前我国大学生心理咨询现状，障碍性心理咨询的技术水平还十分欠缺，亟待提高，对少数出现严重障碍性心理疾病的大学生应及时转至专业卫生机构以免延误治疗。因此，我们提倡在有效提高高校心理咨询的专业水平的基础上，坚持发展性咨询取向，将发展性心理咨询贯穿于学生成长的始终。

（三）大学生心理咨询应坚持"价值参与"

在心理咨询领域中，"价值"问题是一个既敏感又棘手的问题，存在着"价值中立"与"价值参与"两派纷争。"价值中立"是人本主义心理咨询理论的指导原则和核心思想，强调在心理咨询中咨询师应超然于双方价值观念的冲突，一切以来访者的价值体系为中心，对来访者的价值观念要无条件接受，咨询师不能以个人和社会任何价值尺度对来访者做价值判断和加以影响。此原则一经提出即在心理咨询界产生了很大反响，并在我国广为传播。随着实践的深入，人们逐渐发现，在咨询中，价值问题是无法回避的，完全的"价值中立"是不切实际的，也是难以真正做到的。"价值参与"相对于"价值中立"而言，是指在咨询时咨询师将一定的价值观念渗透于咨询过程中，引导来访大学生树立积极的价值观念，进行合理的价值评判，以缓解内心冲突，做出合理选择和积极行为的过程。

大学生心理咨询如何进行"价值参与"？关于"价值参与"的实践探讨也有多种观点，如价值澄清、价值归因、价值评判、价值选择、价值认同、价值灌输等。大学生心理咨询中处理价值问题的关键不是对"价值中立"与"价值参与"的简单肯定或否定，而在于对"价值参与"之"度"的把握。高校心理咨询中的"价值参与"应以价值尊重为前提，以价值澄清为基础，以价值引导为中心，避免两个极端。价值尊重是指咨询师应理解和尊重来访者的价值观念，不排斥、不批评、不评价，并予以真切理解，为来访者创设一个安全、轻松的人际氛围，让他自由地表达。当然，价值尊重并不等于顺从来访者不合理的价值观念和价值取向，理解是为了更好地"参与"，感同身受方能"助人自助"。价值澄清是在价值尊重的前提下，通过讨论、对比、实例等多种方式帮助来访者明确自己有什么样的价值观、自己真正向往什么样的价值取向、社会价值取向与自己所持价值取向是否存在矛盾、导致自己价值冲突的根源何在。价值澄清的本质就是协助来访者对自我内在冲突做理智的思考和客观的分析，为价值引导奠定基础。价值引导是"价值参与"的目的所在，即在价值尊重的前提下，在价值澄清的基础上，引导（而非替代）来访者进行适宜的价值选择。如前所述，我们应承认和尊重来访大学生的多元化价值取向，但这种承认和尊重不是放纵和无度，如果来访大学生所持价值取向的主流属于反社会或边缘性价值的时候，咨询师有责任予以必要的价值引导和参与。在进行"价值参与"时要避免两个极端，即绝对价值中立和完全价值干预。完全否定大学生心理咨询中的价值参与，坚持绝对的价值中立不正确；但置来访大学生原有价值观于不顾，为来访者做出替代性价值选择也不足取，甚至适得其反。实际上，"价值中立"原则为科学的"价值参与"提供了一个实践参考坐标，避免价值参与在实践中走向价值干预的极端，由此在"灌输"和"中立"之间实现动态的平衡和协调。

二、大学生心理健康教育课程的发展

（一）大学生心理健康教育课程的定位

结合当前我国大学生心理健康教育实施现状，通过课程形式对大学生进行心理健康教育是学校心理健康教育的主要渠道。课程教育既可以避免心理咨询帮助对象的局限，又可以缓解我国现有学校心理辅导人员的不足，同时解决心理讲座的系统性不足的问题，更能从预防和发展的角度对多数大学生进行心理健康教育，提高其心理素质。

作为一门新兴课程，因研究的滞后及师资方面的原因，学校对心理健康课的课程定位比较模糊，出现了一些偏差，主要表现有：学科化倾向，单纯注重心理健康知识的传授；德育化倾向，模糊德育与心理健康教育的本质不同；娱乐化倾向，过度强调形式的活泼与多样。因此，对课程的适当定位将是心理健康教育课程保持长久生命活力、促进我国大学生心理健康教育顺利发展的必要条件。

首先，心理健康教育课程内涵的界定。目前比较一致的看法是：心理健康教育课程不是特指某一种课，它是一类课的总称，是为实现心理健康教育的目标而组织的各种教育活动及各种教育性经验的总称，包括心理健康教育学科课程、心理健康教育活动课程、心理健康教育隐性课程。在此，其更倾向于对心理健康教育课程做狭义理解，即面向全体大学生，根据学生身心发展特点，有计划、有组织地开展的以培养学生良好心理素质、促进学生身心全面发展为目的，以心理知识传授、心理品质培养为内容的专门课程，主要包括心理健康教育学科课程和心理健康教育活动课程，即心理健康教育显性课程。

任何一门课程因受其专业限制，不可能面面俱到，只能完成自己的特定任务，心理健康教育课程也不例外。根据《关于进一步加强和改进大学生心理健康教育的意见》（以下简称《意见》），大学生心理健康教育的主要任务是帮助大学生树立正确的心理健康知识，介绍保持心理健康的途径，解析心理异常现象，传授心理调适的方法。结合高校心理健康教育课程的特质，可做如下理解：

1. 心理健康教育课程应重视心理健康意识的培养

《意见》中将心理健康意识放在首位，这一定位极其准确，对大学生个体来说，自觉完善心理健康不仅仅是大学阶段的任务，且是终身学习的任务。心理健康教育的知识是丰富而不断发展的，增进心理健康的途径方法也是多样而不断变化的，不可能完全通过课堂教育获得，只有当大学生真正具备了心理健康意识，才可能在今后的学习、工作、生活中不断丰富心理健康知识，自觉提升心理素质。

2. 心理健康教育课程不仅在于理论知识的传授

心理健康教育课程不是单纯的知识传授的学科课程，其主要侧重于实际调适的综合应用。心理健康教育课程所承担的主要职责不是解决知与不知的矛盾，在一定"知"的基础上影响和干预学生的现实心理状态，使学生学会自我分析、自我调控，学会排除学习和生活中的实际问题，提高大学生整体心理健康水平。尽管心理健康教育课程内容不可避免地要涉及许多心理学及心理健康理论知识，并且只有在掌握一定"知"的前提下才能有更好的"行"，但心理健康教育课程的重点不在于理论知识的多少，而在于知识应用的能力。若过于注重大学生对理论知识掌握的准确与详尽，则可能丧失心理健康教育的本质所求，有可能使学生对心理学理论、心理健康水平的提高望而生畏并失去兴趣，而且学生在面临现实的心理问题时，依然会束手无策，且不知所措。

3. 心理健康教育课程应立足于发展教育模式

心理健康教育课程面向的主体是健康的大学生，意在通过开课的形式普及心理健康知识、培养学生良好的心理品质、提高学生整体的心理健康水平，使之在各自现有的基础上均有所获益。由此可见，心理健康教育课程应立足于发展教育模式，矫治学生的各种异常心理和问题行为则主要由障碍性咨询和心理医院等来诊断和治疗。

4. 心理健康教育课程具有活动课程的性质

心理健康教育课程不仅具有学科课程的性质，其自身也具有活动课程的性质；它可以以学科课程的形式进行，也可以以活动课程的形式出现，但这两种形式不是截然分开的，而是相互补充、相互融合的，甚至是在同一课堂交织呈现，统一于心理健康教育课程总体目标与规划中的。

高校心理健康教育课程和其他课程一样是学校课程教育的有机组成部分，它和德育、智育、体育等课程相互联系、相互渗透，同时又有着自己的独立目标、内容和方法。

心理健康教育课程与其他课程密切联系。无论是学科课程形式还是活动课程形式，心理健康教育课程可以说都是一门跨学科的课程，其内容涉及心理学、教育学、社会学、生理学、伦理学等多个领域，是综合社会科学、自然科学以及技术科学等相关知识的一门综合性课程，在理论及实践层面与这些课程存在着相互渗透、相互促进、相互补充的密切联系。一方面，在这些学科课程内容中蕴含着丰富的心理健康教育资源。如社会心理学知识的学习，可以让学生了解社会对个体的影响、个体社会心理的养成、个体与群体的关系处理等，从而帮助大学生增强适应社会发展变化的能力；自然科学学科课程的学习需要人们观察力、记忆力、注意力、想象力、思维力等认知能力的参与，这些能力的参与与提高本身就是个体心理品质的培养与完善的过程。另一方面，各学科的有效开展和运行需要以大学生健康的心理素质为基础。如德、智、体、美的全面发展是大学生综合素质的内在规定，即大学生所应具备的思想政治素质、科学文化素质、身体素质、心理素质。其中心理素质是人才素质的基础，渗透于思想政治素质、科学文化素质和身体素质之中。心理素质是大学生思想政治素质形成的基础，这也是大学生科学文化素质形成的必备前提，是大学生健康身体素质的重要保证。

（二）大学生心理健康教育课程目标定位与发展

心理健康教育课程目标是指在一定时期内心理健康教育课程所要达到的预期结果。它是心理健康教育课程开展的出发点和归宿，规定着课程教学活动的方向，指导着课程教育的内容、方式、手段、评价的选择与运用。与其他传统课程相比，心理健康教育课程还处于起始阶段，并没有形成统一系统的课程目标，存在许多分歧。如课程目标混乱，从高校间到高校内不同教师间等多个层面上均存在一些分歧；课程目标与心理健康教育目标界限不清，相互等同；课程目标缺乏可操作性，仍停留在一般目标的描述性层面等。课程教学是高校开展大学生心理健康教育的主要途径，课程目标的分歧与混乱对心理健康教育课程教学及其质量产生了不利影响，进而影响到大学生心理健康教育工作整体水平的提高，因此，对高校心理健康课程目标的定位及发展予以关注是大学生心理健康教育顺利发展的重要内容。

首先，是心理健康教育课程目标与心理健康教育目标关系的定位。心理健康教育课程目标与心理健康教育目标关系密切，但存在层次差异。心理健康教育目标是心理健康教育课程目标的上位概念，内涵较之后者更为丰富和宽泛——心理健康教育目标包含了心理健康教育课程目标；心理健康教育课程目标是心理健康教育目标在课程方面的具体表现，但它不能包括心理健康教育目标的所有内容。在实际运用时人们常常不自觉地将其混淆。

其次，是心理健康教育课程目标体系的层次构建。课程目标的混乱及可操作性缺乏与课程目标体系的层次构建不足紧密相关。一般情况下，对心理健康教育课程目标的阐释主要表现为"提高心理健康水平、培养良好心理素质、开发心理潜能、增强心理健康意识、促进心理健康"等描述性概括层面，这些提法作为心理健康教育的一般目标或心理健康教育课程的总体目标无可厚非，但怎样予以理解，在实际教学中如何运用和展现却缺乏足够的具体性、操作性和层次性。心理健康教育课程目标是一个总概念，包括心理健康教育学科课程目标和活动课程目标以及隐性课程目标。心理健康教育课程目标的实现依赖于各种具体形式的课程目标的实现，各种课程目标的实现有赖于各个教学单元目标的实现，各个教学单元目标的实现又有赖于各个具体课时目标的实现，由此可见心理健康教育课程目标必然具有自身的层次结构。

值得注意的是，在当前心理健康教育课程目标取向上存在侧重理论化和侧重技能化两种错误取向。侧重理论化即过分关注对大学生心理健康教育知识理论素养的提高，对其实际问题的调适和解决能力有所忽略；侧重技能化即过分强调心理健康教育课程教学的实践技能性目标，注重大学生应对当下各种心理问题的实践技能的提高，而对大学生的心理健康理论素养予以忽视。对于心理健康教育课程而言，直接把情感、意志、个性等当作教学目标，关注的焦点虽然不在于大学生理论知识的多少与正误，但知为行之先导，行为知之外现，心理健康教育课程教学不仅在于帮助大学生提高科学应对当前生活中可能遇到的各种心理冲突和心理问题的实际技能，而且还要使他们具备一定的关于身心发展及各种心理现象、心理问题的理论常识，服务于他们当前及未来的发展。因此，在心理健康教育课程目标价值取向上应建构理论与技能相结合的课程教学目标，而心理健康教育学科课程目标和活动课程目标其实就是理论与技能相结合的价值取向的具体展现。

（三）大学生心理健康教育课程内容及方法的选择与运用

课程内容是课程目标的具体化与载体，心理健康教育课程目标要通过选择相应的课程内容来予以实现。在课程史上，主要有三种方式作为选择课程内容的依据：一是以人为尺度，即以人的兴趣、需要和人的社会生活为依据选择课程内容；二是以社会为尺度，结合社会的实际需要来选择课程内容；三是通过人与社会两者的辩证统一来选择。

心理健康教育课程不同于其他专业课程，不是向学生传授具体的理论知识和专业技能，而是帮助学生树立积极的健康观念，调适现实生活中遇到的心理困惑和矛盾，帮助他们更加有效地学习、更加快乐地生活，直接触及学生的"心灵"，因此课程的内容一定要满足学生的兴趣和需要。一般来讲，学生心理健康发展的需要包括两个层次：一是发展性需要，即处在某一年龄阶段的大学生普遍存在的心理和行为发展上的需要；二是适应性需要，即大学生寻求对社会发展、人际关系、学习环境、生活变化的适应需求，以及由于特定环境或特殊事件的冲击和压力而产生的解除心理困境、渡过心理危机的需要。大学生适应性需要往往具有鲜明的时代性和社会性，个人的发展离不开社会，人要生存，就得适应社会。一方面，社会的发展给心理健康教育提出许多新的内容，现代社会的发展需要大学生培养和具备现代人格特征及心理品质；另一方面，当前大学生出现的许多心理困惑主要体现为社会适应的不足。因此，高校心理健康教育课程内容的选择在依据大学生兴趣需要的基础上，也应以社会的需要为依据。可见，心理健康教育课程是以直接满足学生维护和发展自身心理健康的需要、促进学生心理健康发展为目的的，课程内容与学校其他课程内容表现出显著的区别，即其并非独立于学生生活之外的知识或理论体系，而是与学生学习生活、社会发展变化密切相关的各种理论知识、实践经验及生活事件，在其内容选择上既要贴近学生生活实际，根据学生生活和发展的逻辑选择和安排课程内容，又要以社会发展为尺度，坚持个人与社会的辩证统一。

高校心理健康教育课程教学方法的运用存在多种选择。其中，案例教学法比较受推崇。它既符合大学生具备一定知识层次、文化内涵、思维能力的理论素养和追求自主与个性的年龄特征，又符合高校心理健康教育课程追求大学生理论知识与实际技能并重的本质特性。

　　案例教学法起源于19世纪20年代，由美国哈佛商学院所倡导，其是一种很独特的案例形式的教学方法，这些案例都是来自商业管理的真实情境或事件，透过此种方式，培养和发展学生主动参与课堂讨论，实施之后，颇具成效。

　　案例教学方法中有一个基本的假设前提，即学员能够通过对这些过程的研究与发现来进行学习，并在必要的时候回忆出并应用这些知识与技能。案例教学法非常适合于开发分析、综合及评估能力等高级智力技能。这些技能通常是企业管理者和其他的专业人员所必需的，案例还可使受训者在个人对情况进行分析的基础上，提高承担具有不确定结果风险的能力。为使案例教学更有效，学习环境必须能为受训者提供案例准备及讨论案例分析结果的机会，必须安排受训者面对面地讨论或通过电子通信设施进行沟通。但是，学习者必须愿意并且能够分析案例，然后进行沟通并坚持自己的立场。这是由于受训者的参与度对案例分析的有效性具有极大的影响。

　　案例教学法是以学生对案例的分析讨论为中心的教学方法，其目的不在于单纯寻找问题的答案，而在于寻找答案的思考过程。案例教学在高校心理健康教育课程教学中的应用充分体现了心理健康教育课程的本质特性。

　　首先，案例教学体现了心理健康教育课程教学过程的开放性。教学过程的开放性体现在教师和学生双边交流活动之中。教师是开放教学过程中的活跃者，一方面，心理健康教育课程知识内容的选择从来就不是一成不变的，而是随着时代的发展而不断变化的；另一方面，在案例教学的师生互动中，学生处于活跃的动态过程中，凭借自己的个性、视野去衡量和理解体验中的现实问题，可以在接受知识的同时审视和评判、应用、转化已有的知识和结论。这样，案例教学为心理健康教育课堂创造一个高度自由和相对开放的思维空间和实践空间，在这种相对开放的空间中，学生通过自己富有个性特征的审视批判，去理解和吸收知识，并创造性地把知识转变为自己的智慧和能力。

　　其次，案例教学体现了心理健康教育课程教学活动中的参与性。心理健康教育教学过程的参与性主要是指在教师的引导下，学生积极参与到教学过程中，并在参与的过程中促进理论知识提升、自我调适能力的增强、心理机能的提高等自我教育过程的实现。案例教学模式的本质特征就是以学生为中心，以学生参与为形式，以周密的课堂教学设计为条件，以探究问题为手段，以思维训练为核心，以训练学生发现问题、思考问题、解决问题的能力为目的，以培养学生创新素质、创新精神和创新能力为基本价值取向。因此，案例教学是心理健康教育课程参与性的具体展现。

　　再次，案例教学蕴含着心理健康教育课程教学的体验性。美国课程专家古德莱德将课程分为观念的课程、正式的课程、学校的课程、教学的课程和体验的课程五种，他认为在所有课程中最重要的课程是被内化和体验了的课程。心理健康教育课程应是一门体验性的生活课程，以学生为主体，以学科知识为基础，以精神感受为驱动，注重学生在教学过程中联系生活实际的心理感受、情感体验等心路历程，在大学生的课程体验中达至课程目标的实现。案例教学为学生提供了现实体验的模拟空间。典型案例往往取材于大学生实际的学习生活，由一个或几个问题组成，代表着某一类问题或现象的本质特征，大学生在对案例的解读和理解中很容易产生熟悉和亲近的感觉，由此自觉进行案例提供的模拟现场体验，并在体验和总结中获取相关问题的感性知识、直接知识和实践知识。其实，个体心理品质的形成并非靠单纯的知识传授，也不靠简单的接受学习，它还是个体经历生活经验逐步积累、建构的过程，而案例教学则通过适当的案例展现赋予大学生对多种生活事件的经验和感悟。

最后，案例教学实现了心理健康教育教学活动中师生的主动性。心理健康教育过程实际上是师生互动的一种交往过程，必须摒弃传统教学模式中"我讲你听，我写你记，我说你做"及管制与被管制的师生交往状态，充分调动师生双方的主动性，在和谐平等、积极主动的教学氛围中实现教学相长。主动性是学生受教育过程中十分重要的意识和行为，是学生在学习过程中表现出来的对学习的热情、兴趣和积极性。教师的主动性体现在如何灵活主动地处理好课堂教学，不固定于教材与教法的限制。在案例教学中，典型案例的选取与设计、案例分析的设置、学生讨论分析的组织、实例与理论的融合、案例启示性总结等都是教师主动性教学的展示。大学生往往对发生在自己身边的事情十分关心，因此一些贴近学生实际的学习生活典型案例的课堂运用，将引起学生心灵的共鸣，并能极大调动学生的兴趣与主动性，学生在融入问题、思考问题、提出问题、讨论问题和解决问题的过程中，由被动接受知识变为主动接受知识与运用知识、更新知识与探索知识并举，从而使学生对知识的广度和深度有新的开拓，并在案例思考和分析中进行一系列积极的创造性思维活动，主动性得以激发和彰显。

对案例教学的推崇并不代表对学科理论知识传授的否定。案例教学法不能替代系统的理论学习和讲授，若要使案例教学充分发挥其功能，还需要用足够的理论知识来支撑，在课时安排上兼顾理论讲授与案例教学的相融。其实，良好的案例教学本身就是心理健康教育学科课程理论知识传授与活动课程情感体验的融会与贯通。

三、大学生心理健康教育方式的发展

（一）开设心理健康教育课

高校开设心理健康教育课，充分发挥了课堂教学在大学生心理健康教育中的重要作用。开设与大学生心理健康教育有关的宣传普及和心理科学的基础知识课程，并列为学生选修课；周期性举办各种形式的心理专题讲座和报告会，使大学生系统了解自身心理发展的变化规律，了解心理卫生的一般知识及保持心理健康、提高心理素质的途径和方法；在思想道德修养课中，将有关心理健康教育的内容安排进去。

（二）建立学生心理档案

有的高校对刚入学的新生进行心理健康状况的普查，采集的数据信息经整合和统计后再建立特殊学生群体的心理档案库，有的放矢地对心理问题较严重的学生进行跟踪、疏导、治疗。这有助于高校的教育管理者及早地干预，从而避免一些惨剧和极端事件的发生。

（三）建立心理健康专栏

有的高校充分利用学校广播、计算机网络、校刊校报、橱窗等开设心理健康专栏或专题节目。可利用这些传播媒介，向广大同学宣传心理卫生知识，或是选择一些典型的心理问题在报刊、广播或橱窗中讨论或请专家给予答复；利用网络，还可以开设心理健康交流的论坛，结合一些问题进行讨论、引导、答复，及时发现学生思想的发展动态。

（四）开展心理健康咨询

由学校专门的心理辅导或咨询机构进行。展开心理咨询，可以采用多种方式方法。对有心理问题需要帮助的学生，可以采用个别咨询、门诊咨询；对存在着一些共同问题的学生，可以开展团体咨询；针对部分不愿到心理咨询机构求助的学生，设立心理咨询信箱，便于书信咨询，也可以利用网络，开展网络咨询；另外，心理咨询机构还可在一定时期，深入学生，开展现场咨询，如在新生进校之后、重要考试之前进行。

（五）加强教职员工心理健康知识的培训

心理健康教育工作是学校德育工作的重要组成部分，需要全体教职工参与，并以此保持心理健康教育的一致性、渗透性和连续性。学校除了积极开展对从事大学生心理健康教育工作专、兼职教师的培训，通过培训不断提高他们从事心理健康教育工作所必备的理论水平、专业知识和技能，并将他们作为学校心理健康教育工作的骨干外，还要重视对各科教师、辅导员以及其他从事学生思想政治工作的干部、教师进行有关心理健康方面内容的业务培训。

（六）开展心理健康教育活动

心理来源于实践，实践也将促进心理的发展。对学生有针对性地开展各种心理健康教育活动，可以让他们在实践中调整自己的心理行为，达到保持心理健康、提高心理素质的目的。多开展社会实践与调查、学术交流、科技服务、电影展播、心理沙龙、实践训练、心理游戏等，不仅能使大学生在"玩"的过程中增长才智、发挥特长，还可以激发其参与意识和兴趣、缓解紧张情绪、调整心态，更快乐、健康地成长与成才。

四、运用新媒介开展大学生心理健康教育

大学生的心理问题与新媒体的发展有非常重要的联系。因此，在开展大学生心理健康教育工作时，要积极结合新媒体技术，全面促进大学生心理健康教育工作的开展。

（一）运用新媒体思维，设计心理工作平台

之前的大学生心理健康教育工作只是局限于课堂以及心理咨询室之间，由于时间和空间的限制，阻碍了心理健康教育的有效性。但是随着新媒体时代的到来，大学生的生活、娱乐以及学习大多依赖网络，因此在心理健康教育工作开展的过程中也要积极利用新媒体技术，开拓新的网络工作平台。在新的大学生心理健康教育工作中，首先可以利用网络，推广心理健康教育知识。教师通过新媒体等网络平台，如网站、微博、微信等，与学生互动，加强师生联系，在和谐的氛围中使学生更好地接受心理健康知识。其次，高校心理咨询教师也可通过校园论坛、贴吧等形式加强与学生的互动，主动与学生交流，谈论一些大学生存在的共性问题，为大学生解答思想、精神上的困惑。同时也可以通过即时通信软件，为学生提供一对一的咨询服务，在保护学生隐私的情况下，可使学生畅所欲言。最后，高校心理健康教师也可创建一些网络体验游戏，在体验游戏中，学生的压力得以舒缓，消除大学生患上心理疾病的隐患。

（二）发挥新媒体优势，把握网络舆论导向

完善网络舆论引导监督机制，通过订立制度、配备人员加强校园网络监督管理，把握大学生的思想动态和心理健康状况，对大学生所存在的心理健康问题做到及时发现，从而有针对性地开展分析、引导和教育工作。重点把握以下两点：第一，强化舆论引导。加强对大学生的思想引领，帮助大学生树立正确的世界观、人生观和价值观。第二，加强治理管控。网络的开放性和虚拟性，为虚假和不良信息的肆意传播提供了条件，为了保持网络环境的洁净，必须设立网络监督巡查制度，及时有效地控制不良信息的传播，以免误导大学生，使大学生保持正确的舆论认知。

（三）引入新媒体技术，创新课堂教学模式

在新媒体环境下，大学心理健康教育课程可积极地进行变革，利用"网络慕课"的形式开展有针对性、专门性的教学活动。例如，开展针对人际交往、学习压力、求职、感情等方面的课程，通过简洁的"慕课"形式，向大学生传授心理健康知识，提升大学生心理调节能力。这种简单、短小的"慕课"教学形式，有利于提高学生学习的积极性，大学生易于接受，从另一层面上讲也提高教学效率。同时，心理辅导老师也可以开通"微博"，通过网络平台，加强学生与辅导老师之间的交流，及时解决学生的心理问题。

（四）提升新媒体应用能力，加强队伍建设

随着信息技术的不断发展、网络技术的普及，社会发展对大学生心理健康教育队伍提出了更高的要求，以适应新媒体时代的发展。各大高校的心理健康教育队伍即心理医生、心理辅导员、朋辈辅导者等，不仅需要拥有专业的心理知识，还需要具备熟练应用新媒体的能力。高校还可以组织专门的培训，提高心理健康教育工作者的综合素质，使工作者能够熟练地应用新媒体平台开展心理健康工作，通过新媒体平台，传播心理健康教育工作内

容，实现线上与线下的相互配合，实现对大学生的全面辅导，切实提高心理健康教育工作效率。大学生心理健康教育工作的开展，离不开高素质教育工作队伍的扶持，在新媒体的发展背景下，务必保证专业技术和信息技术的结合。

第三节 大学生心理健康教育的发展趋势

心理健康教育是一个多层次、多因素，涉及多学科领域的综合性发展的系统教育工程。其综合性发展主要体现在心理健康教育自身内涵的丰富及运行实践的综合性发展趋势上。

一、大学生心理健康教育内涵的综合性发展

大学生心理健康教育内涵的综合性发展主要体现在教育目标的综合完善、教育内容的丰富多样及教育功能的拓展等方面。

（一）教育目标的综合完善

大学生心理健康教育是一项有组织、有目的、有计划的教育活动。其教育目标的结合与完善是开展该项工作的基本前提，直接关系到心理健康教育的内容选择、方法取舍、评估指标及教育成效，在整个心理健康教育体系中居于核心地位。

大学生心理健康教育目标构建受多种因素影响和制约，既要符合素质教育总目标的指向与要求，又要体现大学生心理健康教育的特定价值与关怀；既要从学生心理素质结构一般特征出发，符合其心理素质发展的整体要求，还要从学生个体的差异性及现代心理健康标准着眼，体现出心理健康教育的层次性和针对性。由此，大学生心理健康教育目标应是一个既能反映社会、时代客观要求，又能满足学生个体现实需要及成长发展，且具有一定层次性的综合体系。

从层次性来看，大学生心理健康教育既具有教育发展的总目标，又具有在总目标指引与统合下的具体目标。大学生心理健康教育的总目标既能反映国家和社会的总体要求，又能体现大学生心理健康教育培养目标的具体内容。总体来讲，大学生心理健康教育的总目标即通过心理健康教育，引导大学生树立正确的心理健康意识，预防、缓解和消除多种心理问题，培养良好心理品质，增强心理调节能力，提高心理健康水平，充分实现心理潜能，促进大学生思想道德素质、科学文化素质和身心健康素质协调发展。而具体目标是总目标的细化与具体展现。大学生心理健康教育的具体目标是多种多样的，类似如何克服人格障碍、解决失眠问题、改变不良习惯、调节人际关系、增强适应能力、走出恋爱误区、实现自我发展等。在教育总目标的指引下，根据教育对象的差异及所要解决问题的性质，大学生心理健康教育具体目标又可分为不同的层次目标：

第一，心理健康教育的初级目标，即防治大学生心理问题，保持大学生心理健康。其具体包括两方面内容：一方面帮助大学生缓解、消除在学习、生活及成长中产生的心理困惑和心理矛盾，对少数出现障碍性心理问题的学生做到早发现、早诊断、早干预；另一方面，通过开展心理健康教育活动，提高大学生心理健康水平，使大学生掌握有关预防、识别、调节心理健康问题的基本知识与方法，学会自我心理保健。

第二，心理健康教育的中级目标，即优化心理品质，学会积极适应。积极适应，即学生能够合理应对学习、生活、交往和社会发展中的各种变化，能够表现出与学习、生活、交往活动的变化及社会发展转型要求一致的心理和行为，从而使大学生能够学会学习、学会交往、学会生活、学会做人，成为适应良好、心理健康的人。

第三，心理健康教育的高级目标，即开发心理潜能，促进自我实现。现代心理学和脑科学的研究表明，人的心理潜能远未能得以完全开发与利用。作为现代高等教育重要组成部分的高校心理健康教育，其目的不仅在于对心理问题的预防和消解，更在于对大学生心理素质的提升、心理潜能的开发及自我价值实现的促进。

无论是过去还是当前，在我国大学生心理健康教育领域更多强调的是矫治性目标，即为出现各种障碍性心理问题及学习适应困难的大学生提供心理援助、支持、矫正与治疗。这一取向使大学生心理健康教育只注重为少数已出现心理问题的大学生提供服务，其目标层次仅限于大学生心理健康教育初级目标领域，而忽略了绝大多数大学生所需求的优化心理素质、促进自我实现等更高层次的目标追求。低层次目标领域的徘徊也是我国大学生心理健康教育发展停留于数量与形式上的繁荣，而很难在教育质量与水平上有所突破的重要原因。随着我国大学生心理健康教育事业的不断发展与成熟，随着人们对大学生心理健康教育本质追求的醒悟与理解，心理健康教育目标无论在理论还是实践层面都必将突破单一片面的价值取向而实现各层次目标相互联系、相互制约，各阶段目标互有侧重、相互融合的综合发展取向。

（二）教育内容的丰富多样

大学生心理健康教育内容的确定既是主观的也是客观的。一方面大学生心理健康教育的目标、对象、任务决定了其教育内容的客观性；另一方面，因人们对心理咨询及大学生心理健康教育认识的主观差异也决定了其内容选择的主观性。因此，大学生心理健康教育内容的划分有多种形式和方法。从横向看，主要包括人生观与心理健康、学习与心理健康、自我意识与心理健康、情绪与心理健康、人际交往与心理健康、恋爱及性心理与心理健康、挫折与心理健康、个性与心理健康、创造力与心理健康、求职择业与心理健康、心理测验与评估、心理咨询与心理治疗等。而纵向划分主要依照心理健康状况的表现程度而概括为三个层次：一是心理疾病咨询内容，即帮助有心理障碍、心理疾病的来询者挖掘病源、指导对策、消除危机、解除忧虑；二是情绪适应咨询内容，即来询者由于学习、工作、人际关系、恋爱、个性、情绪等方面的适应不良而出现的烦恼、忧虑、困惑等提供帮助；三是心理发展咨询内容，即帮助来询者增强自我认识能力、社会适应能力和发展能力，提高心理素质，挖掘自身潜力。

由此可见，大学生心理健康教育内容既包括对心理健康教育基本知识的介绍和普及，也包括对心理调适方法的传授与应用；既包括对心理异常现象的解析与预防，也包括对智力潜能的培养与开发；既包括对大学生学习生活、适应发展诸方面的关注与指导，也包括对多种心理行为问题的缓解、预防与矫治；既包括以障碍性心理问题解除为主要取向的教育内容，也包括以促进大学生心理素质优化、心理潜能开发为主要取向的发展性教育内容。就目前我国大学生心理健康教育内容展现而言，更多的是倾向于心理学基础知识理论的介绍与传授、心理测验的引入与应用、心理问题的消解与关注，而对大学生心理品质的培养、良好习惯的养成、自我应对与调节的引导、心理潜能的开发等成长发展性教育内容则有所忽略，导致了教育内容选择取向的偏颇与不足。完善的教育内容是心理健康教育成效得以实现的有效载体，随着人们对大学生心理健康教育内容本质的认识与把握，教育内容取向必将呈现知识传授与品质修养、问题解决与发展促进相互融合并有所侧重的结合完善的发展趋势。

（三）教育功能的拓展

心理健康教育功能是大学生心理健康教育本质的外在集中显露，对心理健康教育功能的认识和体悟有利于全面深刻地把握其本质与内涵。

依据大学生心理健康教育的目标与内容，其功能一般可分为三个层次：初级功能是防治不同程度心理问题的产生与发展；中级功能是增强心理适应、优化心理品质；高级功能是开发心理潜能、促进自我实现。这三级功能的不同体现分别代表了大学生心理健康教育三种不同的教育取向，即问题解决型教育取向、生活适应型教育取向和发展促进型教育取向。这三种教育取向又显示出大学生心理健康教育队伍中不同成员对大学生心理咨询及心理健康教育的不同理解与价值认可。有关大学生心理健康教育功能的认识存在诸多不同的观点：一是促进和维护大学生的心理健康；二是开发智力、促进能力发展；三是提高德行修养、培养良好品德；四是培养主体性、形成完善人格；五是养成良好行为习惯、提高社会适应能力。那么，无论是一般分层还是具体阐述，对大学生心理健康教育功能的认识都倾向于对"个体性功能"的理解与把握，对大学生心理健康教育的社会性功能有所淡化或轻视。

心理健康教育的对象是人，心理健康教育的目的是解决人们心理问题，促进心理品质的优化提升、心理潜能的开发释放、综合素质的发展与完善。因此，心理健康教育把个体性功能放在十分显要的位置。如心理咨询一向强调是为来访者个体服务，对来访者负责、为来访者保密、以来访者利益为重是国内外学者所遵从的重要咨询原则。而心理咨询、心理健康教育之所以受到人们的普遍欢迎与重视也与其对个体性功能的关注密切相关。然而，强调心理健康教育的个体性功能并非预示着心理健康教育没有社会性功能或者可以无视其社会性功能,在心理健康教育个体性功能的背后隐藏着重要的社会性功能。事实上,正是在促进个人心理健康、人格发展、潜能开发的这一过程中,促进了个人生产(学习)积极性的提高、人际关系的和谐、道德品质的完善、价值观念的提升,从而创造了良好的社会心理氛围,维护了社会的稳定与和谐,并最终促进了社会的文明和进步。把"注重促进人的心理和谐,加强人文关怀和心理疏导,引导人们正确对待自己、他人和社会,正确对待困难、挫折和荣誉,加强心理健康教育和保健,健全心理咨询网络,塑造自尊自信、理性平和、积极向上的社会心态"提到"建设和谐文化,巩固社会和谐的思想道德基础"的高度来理解,正是心理健康教育社会性功能的生动体现。心理和谐是社会和谐的心理基础和重要组成部分,心理健康教育也是构建社会主义和谐社会、促进我国现代化发展的重要内容和力量之一。

二、大学生心理健康教育运行的综合化发展

大学生心理素质的优化和发展是一个涉及学校、家庭、社会等多重因素的系统工程,仅靠高校心理健康教育单一的力量是不够的,心理健康教育的运行和发展将形成科学的综合化取向。

(一)教育体系网络化

随着人们生活质量的提高和教育发展的深入,心理健康教育不仅是一套教育方法技术的选择和运用,更是一种先进教育观念的展现与张扬。随着这种观念的不断更新和深入人心,心理健康教育将渗透于学校教育工作中的教育观、学生观、人才观、服务观和管理观念等方方面面,变成每一位大学生追求身心和谐、健康发展的内在需要,变成学校整体工作的有机组成部分,并与学校各级管理和服务部门一起构成大学生心理健康保护网络,共同促进大学生心理健康发展和高校心理健康教育的有效运行。在我国高校心理健康教育实践领域逐渐形成了"校—系—班"三级心理健康教育网络体系——以学校分管思想政治教育工作的校领导为指导,以心理咨询机构为核心的校级心理健康教育网络;以各院系主管学生工作的领导和辅导员组成的系级心理健康教育网络;班级心理健康教育网络由经过选拔和定期培训的学生志愿者所组成。

在三级心理健康教育网络体系中,以校级网络为中心,组织协调校、院、系各级心理健康教育工作的开展与整合;以系级网络为重点,积极配合学校心理健康教育工作的开展,并为学生诸多现实问题的解决提供及时必要的帮助;以学生为主体的班级教育网络成员,既可归属于大学生心理协会,直接与学校心理咨询机构建立联系,也可以有计划地安排在各个班级和寝室,与系级教育网络直接联系,在与同学朝夕相处的生活中,给予那些心理需要关怀的同学以支持,注意营造和谐的班级、寝室环境,有意识地调节同学交往关系,把自己和身边其他同学遇到的心理问题或异常表现及时反映给系级网络或校级咨询机构,使教育人员能迅速准确地把握学生的心理动态,及时发现问题,有针对性地开展教育工作。

在这个三级网络体系中，校级网络的专业水准和整体规划，以及班、系教育网络中辅导员与学生志愿者的有效培训是三级网络体系实现有效运转的难点与中心。

就当前我国大学生心理健康教育实际状况而言，尽管三级网络体系大多还限于理论层面的完善与构想，但作为一种综合化发展的教育理念与趋势，其将是我国大学生心理健康教育实现综合化发展的选择与取向。学校辅导是学校教育中的一部分，并非学校教育的全部。在设计学校辅导模式时应从学校教育的整体来考虑，注意与其他部门和员工的联系与合作，避免众多辅导资源的丧失；应该有意识地探索一种综合性的学校辅导模式，即把学校各种辅导资源充分调动起来，形成一种整体性的辅导氛围或环境，使学生在这样一种具有辅导精神的环境中成长和发展。

大学生心理健康教育是由学校、家庭、社会多方教育资源及大学生自我教育力量共同构成的教育体系。在这个结合化的教育体系中，尽管学校心理健康教育是促进大学生心理素质优化完善的主导因素，但家庭与社会在大学生心理健康发展过程中有着不可低估的重要作用。校园是大学生学习和生活的主要场所，但校园不是封闭的，大学生心理健康问题的产生和发展与他们的家庭和社会背景有着密切关系。对于个体成长发展而言，家庭教育不仅是一种启蒙教育，更是一种终身教育，家庭影响不仅可以使大学生坚强、努力、乐观、自信，也可以给他们带来压力、负担、情绪的波动和个性的不足。大学生许多心理问题的形成往往有其家庭方面的原因，甚至可追溯到童年时期的经历，而这些问题的最终解决还必须依靠学生家庭的支持与配合。

从社会影响因素来说，一方面，学生心理问题的产生与社会环境因素的影响直接相关。当前我国正处于改革开放和社会主义市场经济快速发展的转型时期，人们的思想意识、道德观念及生活方式等发生了巨大的变化，大学生普遍面临着学业压力、就业压力、经济压力和社会适应的压力，一些大学生还不同程度地遭遇着价值迷茫、信念模糊、信仰缺失、心理失衡、身心疲惫等不良心境。另一方面，大学生心理压力的缓解与减负必须得到国家与社会的帮助和参与，如就业机会的公平与增加、助学贷款的效应与保障、社会公正的提升与彰显等。同时，大学生心理健康教育工作还要与专业机构建立密切的合作关系。虽然大学生心理健康教育正在向专业化发展，但专业化进程的成熟与完善还有待时日，一些障碍性心理问题的矫正与治疗并非仅仅通过言谈就能完全康复，而配合一定医疗手段如药物辅助则效果显著，如抑郁症、焦虑症往往需要借助药物予以控制。即使大学生心理健康教育以发展性教育内容为主体，但对于障碍性咨询和教育内容也不容漠视或忽略。在一定条件下，因障碍性心理问题而导致的恶性事件所产生的负面影响会对大学生心理健康教育产生强烈的冲击。就目前我国大学生心理健康教育整体水平而言，解决此类问题还有一定的难度，需要与一定的专业机构建立长期联系，及时将部分出现严重障碍性心理问题的大学生介绍到专业机构接受专业治疗与帮助。与此同时，一些大学生出现心理问题的根源在于身体健康问题所引起的情绪波动与心理压力，需要与医疗部门联系从医治身体疾病、恢复身体健康着手。因此，心理健康教育机构与专业医疗机构的不断合作是大学生心理健康教育工作的必然发展趋势。

（二）教育参与全员化

教育参与全员化是大学生心理健康教育体系网络化发展的必然趋势。在教育部《关于进一步加强和改进大学生心理健康教育的意见》中，除强调"建设一支以专职教师为骨干，专兼结合、专业互补、相对稳定、素质较高的大学生心理健康教育和心理咨询工作队伍"外，还明确指出"高校所有教职员工都负有教育引导大学生健康成长的责任。要根据学生思想动态和心理状况，在教学、管理和服务中，有意识、有针对性地做好教育引导工作"。因此，以主管校领导为支持，以专、兼职心理健康教育专业队伍为核心，以各系学生工作者为桥梁，以广大教职员工的积极参与为辅助，以大学生群体为主体的全员化教育参与发展取向也是我国大学生心理健康教育综合化发展的重要方面。

在教育参与全员化的综合发展中，主管校领导的重视和支持非常重要。首先，"纲举"才能"目张"，大学生心理健康教育涉及心理咨询机构的建设和完善、教育经费的下拨与使用、专业队伍的培训与健全、各级职能部门的合作与协调、学生心理健康信息的收集与反馈等，都必须有一位主管领导全面考虑和专职负责，把相关的任务落到实处，既对学校负责，也对全体学生负责。其次，充分发挥心理健康教育专、兼职队伍的专业指导与业务规划职能。以心理咨询为重要工作内容的心理健康教育是一项专业色彩浓厚的工作，没有心理健康教育专业人员的技术支持与指导，难以取得应有成效和实现专业化发展取向。最后，还应重视各系辅导员、班主任等学生工作者的教育参与。由于各系辅导员、班主任长期工作在学生工作的第一线，与大学生有紧密联系，比较熟悉大学生的生活和心理行为特点，能够及时准确地发现大学生存在的问题，把握其心理发展的动向。同时，他们一般又有着较强的责任心和工作热情，有着与学生交流的工作经验。因此，在一定专业培训的基础上能够很好地发挥承上启下的教育桥梁作用。对此，教育部在《关于进一步加强和改进大学生心理健康教育的意见》中也有"要重视大学生思想政治教育工作人员，特别是辅导员和班主任在大学生心理健康教育中的重要作用，加强培训，使他们了解和掌握心理健康教育的基本知识和方法，帮助大学生处理好学习成才、择业交友、健康生活等方面遇到的具体问题，提高思想政治教育的针对性和实效性"的指示。此外，广大教职员工的教育辅助作用也不容忽视。由此可见，不是要求他们在专业技能或专门化心理健康教育工作方面介入，而是强调在日常教学、服务、管理工作中具有心理健康教育的意识和观念，并通过各方面的工作对大学生心理健康和发展产生积极的影响。如前所述，在学科教学中实现心理健康教育的渗透与融合是我国大学生心理健康教育的重要方式之一。再如，校园环境的创建与改善、宿舍管理的规范与灵活、公寓管理人员的态度与方式等与大学生日常生活息息相关，并对大学生日常心理、情绪状态及人格发展有着潜移默化的影响。对大学生来讲，一方面，学生是自己心理素质形成发展的主体，各种教育力量和影响源必须通过大学生自身积极性、能动性的发挥才能内化为学生自身的心理品质，"助其自助"是高校大学生心理健康教育的重要指向；另一方面，许多大学生也通过互相关心帮助、情绪感染、主动调节、群体影响、及时发现问题并与相关老师联系反馈等多种方式积极参与到心理健康教育工作中，成为大学生心理健康教育的重要力量。

（三）教育阶段全程化

在大学生活的各个阶段，大学生面临着不同的心理问题，存在着不同的心理需要和心理发展任务。大学生的心理健康不存在性别差异，但年级差异显著，大一学生在焦虑、人际敏感、抑郁、敌对、恐惧、偏执等方面的心理健康水平显著低于其他年级学生，大三学生心理健康水平也较差。这反映了大一学生存在适应不良的现象，而大三学生面临学习、升学与就业的诸多压力。因此，在大学生心理健康教育运行的整个过程中，需要有针对性地对各年级大学生开展不同内容的心理健康教育，既存在着与大学生活各年级发展相协调的阶段性目标，也存在着与这些目标相对应的阶段性教育内容，这些阶段性目标和教育内容内在地要求和体现着大学生心理健康教育全程化的发展趋势。

结合大学生心理发展，不同年级大学生所面临的心理发展问题具有显著的差异，呈现出一定的规律性——处在转变期的大一新生，面临的重要发展任务是适应问题，如何适应新的学习、交往和生活环境。因此，对大一学生开展心理健康教育活动的重点是通过入学心理适应教育，使大学新生更好地认识自我、接纳自我、认识环境、适应环境，了解专业、热爱专业，认识同学、交好他人。处于二、三年级的大学生，面临的主要发展任务是学习求知、人际交往、目标定位、人格完善等成长发展性问题，此阶段的教育活动侧重于通过心理健康教育使其形成恰当的成就动机，具备人际交往的基本观念与技能，确立健康的情爱观，初步明确价值追求，不断发展健全人格，实现与周围环境及社会发展的良好适应，促进自身的成长与发展。处于毕业阶段的大学生，面临的主要问题是求职择业与走向社会，此阶段的教育重点是帮助他们确立适当的就业期望，进行正确的职业定位，提高挫折应对与承受能力，增强竞争意识和社会责任感，在知识、体格、人格能力方面为进入社会做准备。另外，在大学生活的不同阶段，大学生所面临的同一个发展课题又有不同的发展内涵。以人际交往为例，依据大学生活发展的阶段性特点将其界定为大学二、三年级心理发展的重要内容，各年级教育内容并非静止的孤立，而是在差异中具有内在的相通。大学一年级人际交往的辅导内容主要是对大学新环境中人际关系的适应，根据交往对象的变化调整自己已有的交往观念和交往方式，掌握与人交往的原则与技巧，克服人际交往的偏见；大学二年级人际交往的辅导内容主要侧重于小群体交往指导，如宿舍人际交往中宽容大度、求同存异、真诚关爱的交往观念，注重培养大学生与人沟通的技巧；大学三年级人际交往的辅导内容主要是克服交往障碍，学会自我调控，培养群体精神和合作精神，了解交往策略；大学四年级人际交往的辅导内容主要有人际角色训练，学会识别自己和他人的人际角色，学会扮演自己的人际角色，学会建立自己的人际网络，学会增强自己的人际交往能力和魅力。因此，大学生心理健康教育要兼顾各阶段大学生不同的心理行为特点与发展课题，要体现不同年级大学生发展任务的不同侧重，就必须从整体出发，在教育过程中体现出教育活动的阶段性和各年级差异性，实现心理健康教育运行的全程化发展趋势。

第四章 心理健康教育的基本方法

第一节 精神分析疗法

精神分析理论是由奥地利心理学家西格蒙德·弗洛伊德创立的。它是现代心理咨询和治疗领域非常重要的理论，也是20世纪最重要的学术思潮之一。其影响力超越了心理治疗领域，对整个心理科学乃至西方人文学科的很多方面都产生了深远的影响。

作为西方心理学的主要流派之一，精神分析与其他流派明显的不同主要是：第一，心理学其他流派要么是研究意识经验，要么是研究行为，对于人意识不到的心理事实，即无意识或潜意识是不予重视的，而精神分析正是研究无意识或潜意识的；第二，其他心理学流派基本都是学院派，即产生于心理学实验室，而精神分析起源于精神病的临床实践。精神分析学派学者不聚焦于心理和行为的实验设计，他们关心的是心理疾病产生的原因以及用什么技术去帮助心理上不健全的人。

一、精神分析疗法的基本理论

（一）潜意识理论

在弗洛伊德之前的心理学家，着重研究了心理的意识部分。而弗洛伊德认为，意识只不过是心理极其微小的一部分，是被我们所察觉的一部分，而心理活动的大部分，都存在于意识之下，即潜意识。他用著名的"冰山理论"来进行说明：如同浮在水面上的冰山，露在水平面上的冰山一角是意识，而就像冰山的大部分都隐没在水平面之下一样，大部分心理功能都处于潜意识领域。弗洛伊德提到的潜意识，指在意识水平之下的所有心理现象，包括个人无法接受的原始冲动、本能欲望，也包括一些无法实现的需要和动机。因此其被视为原始愿望和冲动的存储库。这些心理功能在潜意识中，不能被个体觉察，但是它对我们的一切行为都产生了影响。弗洛伊德认为，没有任何完全自由意志的行为，有些行为表面上好像出自我们的意识和自由意志，但实际上都是受潜意识力量的驱使，它们只不过是潜意识过程的外部标志。有意识的心理现象往往是虚假的、表面的和象征性的，它们的真面目、真实原因和真正动机隐藏在内心深处的潜意识之中。在意识和潜意识之间是前意识，意识和前意识虽有区别，但二者没有不可逾越的鸿沟，前意识的东西可以通过回忆进入意识中来，而意识中的东西当没有被注意时，也可以转入前意识中。

（二）性欲理论

弗洛伊德认为性欲是个体在潜意识的本我动机中的主要欲求之一。因为在他诊治的大多数患者中，性生活的压抑或畸形乃是造成心理失常的重要原因。弗洛伊德所说的"性"不仅仅是以生育为目的的成熟的两性性生活，还包括了广泛内容的身体快感。人的这种性欲望与生俱来，只是每个阶段有不同的心理行为表现，其对象也不尽相同而已。

弗洛伊德认为，在性的后面有一种潜力、动力，常驱使人去寻求快感，这种力量被称为"里比多"。弗洛伊德认为随着年龄的增长，儿童性欲最敏感的区域会发生转移，不同年龄阶段儿童都有不同的主要性快感区。在这个理论的基础上，他提出了性欲发展阶段理论，认为性需要是依次通过五个阶段和五种形式来求得满足的，分别是：①口唇期（0～1.5岁），婴儿通过口唇的吸吮、吃咬东西等口腔动作来获得快感；②肛门期（1.5～3岁），幼儿的主要性快感区从口腔转移到肛门，幼儿喜欢通过延迟或延长排便时间来满足自己的性快感；③性器期（3～6岁），通过抚摸、显露生殖器满足本我的欲望，同时儿童开始把性爱转向外界，产生了对异性父母的爱恋（恋母情结或恋父情结）和对同性双亲的忌妒；④潜伏期（6～12岁），此期中儿童性欲倾向受到压抑，快感来源主要是对外部世界的兴趣；⑤生殖期（12岁至成人），该时期到了青春期，性腺成熟，而其性的满足主要来源于自己身体感受的刺激和对自己性器官的抚弄，逐渐有了成年的性欲和自觉的性意识。

弗洛伊德认为，性心理的发展过程若不能顺利进行，则会发生严重的心理障碍，而心理障碍会导致任何阶段发展的停顿或延缓，这种现象被称为"停滞"。而停滞在某一发展阶段，就发生了"固着"；或在个体受到挫折后从高级的发展阶段退回到某一低级的发展阶段，就产生了"倒退"。固着和倒退都可能导致心理的异常，成为各种神经症、精神病的根源。而倒退和停滞是相互补充的，停滞的现象越是严重，就越容易产生倒退。他认为有关性方面问题解决不好，往往会导致各种性变态和心理失常。

（三）人格理论

弗洛伊德认为人格由本我、自我和超我构成。

本我是人格结构中最原始部分，从出生之日起即已存在。本我由先天的本能、基本欲望所组成，如饥、渴、性等，其中以性本能为主。本我纯粹遵循快乐原则，追求本能能量的释放和紧张的解除。弗洛伊德认为，有机体受到外界刺激，会促使欲望增加，从而引起紧张和不安。这就需要降低紧张状态，否则将体验不愉快的紧张状态。本我不考虑外界现实的情况，不考虑时间、地点，不考虑用什么方式、方法进行活动，而是趋向立刻寻求满足以发泄原始冲动。弗洛伊德认为本我力量最大的阶段是婴幼儿时期。

自我是个体出生后在现实环境中由本我分化发展而产生的，由本我而来的各种需求，如不能在现实中立即获得满足，个体就必须迁就现实的限制，并学习到如何在现实中获得需求的满足，支配自我的是现实原则。此外，自我介于本我与超我之间，对本我的冲动与超我的管制具有缓冲与调节的功能。儿童出生后只有本我，直到和环境产生相互作用时，人的自我才发展起来。自我所代表的是理性，而本我所代表的是情欲。但自我不能脱离本我而单独存在，自我的力量来自本我，自我是用来帮助本我并力图使本我得到满足的。为了理解自我与本我的关系，弗洛伊德做了一个比喻：本我像一匹马，自我犹如骑手，通常骑手控制着马行进的方向。

超我是人格结构中居于管制地位的最高部分，是由于个体在生活中，接受社会文化道德规范的教养而逐渐形成的。超我有两个重要部分：一为自我理想，要求自己行为符合自己理想的标准；二为良心，规定自己行为免于犯错的限制。因此，超我是人格结构中的道德部分，从支配人性的原则看，支配超我的是至善原则。

人格结构中的三个层次相互交织，形成一个有机的整体，它们各行其责，分别代表着人格的某一方面——本我反映人的生物本能，按快乐原则行事，是"原始的人"；自我寻求在环境条件允许的情况下让本能冲动能够得到满足，是人格的执行者，按现实原则行事，是"现实的人"；超我追求完美，代表了人的社会性，是"道德的人"。在通常情况下，本我、自我和超我是处于协调和平衡状态的，从而保证了人格的正常发展。如果三者失调乃至被破坏，就会产生心理障碍，危及人格的发展。

（四）自我防御

弗洛伊德认为，既然焦虑是相当痛苦的情绪体验，就必须降低和防止焦虑。为了减轻焦虑，自我就得发展出一套用来欺瞒超我的防卫机制。它可以采取一些歪曲现实的方法保护个体，帮助个体不受焦虑的侵袭，让本我得到最大限度的满足，以保持自己的心理平衡，我们称自我的这一特殊的功能为"自我防御机制"，即个体在无意识的驱动下，采用某种方法或手段，转变自己对现实状态的分析，或改变与现实的关系，避免心理上产生痛苦和挫折感。这是一种健康的正常现象，可以帮助我们缓解心理压力和焦虑，避免冲突的加深。但需要注意的是，防御机制毕竟是歪曲了现实，而且是在无意识状态下进行的，过度使用则会成为不健康的特征。常见的心理防御机制有以下几种：

（1）压抑。是最基本的自我防御机制。就是将那些不被超我允许的想法、具有威胁性的愿望和要求排除在意识之外。一种方式是将出现在意识之中的东西驱赶到潜意识之中，另一种方式是遏制潜意识中的东西进入意识。但是，这些想法、愿望和要求并没有消失。它们在潜意识里活动，仍然对行为发挥影响，让个体感到困扰，并且可能通过梦、口误等形式表现出来，也可能被象征性或替代性地加以满足。

（2）否认。是指对某种痛苦的现实有意识或者是无意识地加以否定，来缓解自己的焦虑和痛苦。由于不承认似乎就不会痛苦（如拒绝相信亲人的亡故，仍坚持说其未死）。这的确是一种保护性质的、正常的防御。其只有在干扰了正常行为时才能算是病态的。

（3）合理化，又称文饰作用。是指当某种心理或行为发生后，如果潜在的真实动机或愿望是不能被接受的，自我会找一个貌似恰当的理由来解释。通俗一点儿说，就是为自己错误的想法和行为找一个貌似合理的借口，如对儿童的躯体虐待可说成是"玉不琢，不成器""打是疼，骂是爱"。合理化有两种表现：一是酸葡萄心理，即把得不到的东西说成是不好的；二是甜柠檬心理，即当得不到葡萄而只有柠檬时，就说柠檬是甜的。两者均是在掩盖其错误或失败，以保持内心的安宁。

（4）置换。是无意识地将指向某一对象的情绪、意图或幻想转移到另一个对象或替代的象征物上，以减轻精神负担取、得心理安宁。如一个孩子被妈妈打后，满腔愤怒，难以回敬，转而踢倒身边板凳，把对妈妈的怒气转移到身边的物体上。这时虽然客体变了，但其冲动的性质及其目的仍然未改变。在心理治疗中，情感的无意识置换既是移情的基础，也是反移情的基础。

（5）投射。是指自我将不能接受的冲动、欲望或观念投射于客观或别人，认为那是别人的想法和要求，或者认为别人也和自己有一样的念头。"以小人之心度君子之腹"说的就是前一种现象。一个自私自利的人认为"人人都是自私的"，说的是后一种现象。投射会造成人的知觉判断错误，但是自己很难觉察和纠正。

（6）反向。是指个体努力表现出与自己真实情感或想法相对立的行为。人们常常用亲近行为来掩饰憎恨，如笑里藏刀；用冷酷的面具掩饰爱意，如恨铁不成钢。又如刚进入青春期的少男少女们常表现出一种对抗和敌意，实际上这是在缓解无意识中对异性的好感和倾慕。

（7）退行。是指从人格发展的较高阶段倒退回早期阶段。一般来说，退行就是当一个人面临某一应激情境，无法以适合该年龄身份的适当行为独立应付时，转而以较早阶段的幼稚行为方式来求得他人的支持和安慰。例如，部分大学新生每周都要回到父母身边去过周末，成年人在内心焦虑时不自觉地咬手指等行为，都是退行的表现。也有人把成年人沉湎于幻想和白日梦看成是退行的一种较严重的表现，这使他得以生活在一个能满足其愿望的虚幻的世界里，而免去了面对现实的焦虑。

（8）升华。是一种最积极的富有建设性的防御机制。因为它可以把社会所不能接受的性欲或攻击性冲动所伴有的"里比多能量"转向更高级的、社会所能接受的目标或渠道，进行各种创造性的活动。从文艺家的一些著名创作中均可见到升华机制的作用。

二、精神分析疗法的策略和技术

精神分析疗法主要在于逐渐觉知、明晰、洞察人的行为，以及了解精神症状所显示的意义。因为精神分析认为症状是神经症冲突的结果，它是经过伪装的，背后有无意识的症结。咨询中要帮助来访者寻找症状背后的无意识动机，使之与意识相见，即通过分析让来访者自己意识到其无意识中的症结所在，产生意识层次的领悟，使无意识的心理过程转变为有意识的。如果来访者了解了症状的真实意义，便可使症状消除。精神分析疗法主要有以下五种方法：

（一）自由联想

自由联想是从催眠中演化出来的，最初是布雷尔在使用催眠治疗患者安娜的过程中发现的精神宣泄的谈话疗法，即在催眠的条件下，引诱患者把自己以往致病的创伤性经验或事件尽情吐露出来，使这些致病的创伤性经验被完全暴露在意识中，各种症状就会消失。后来弗洛伊德采用这种方法来治疗来访者，使来访者尽可能地将心里的话说出来，不管它们是多么的琐碎、无逻辑、不清楚，来访者仍直接地、不假思索地报告出来。这种方法称为"自由联想"。在自由联想过程中，咨询师的任务是鉴别与解析潜意识中被压抑的、与来访者有关的资料。来访者通常躺在长椅上，而咨询师则坐在其后，这样才不至于使来访者在自由联想的时候受到限制。自由联想方法不仅省力而且还能使来访者受到极少的压力，且永远不会与眼下的环境失去联系，它在很大程度上能够确保既不放过神经症产生的任何因素，也不会因为咨询师事先有过估计而带进别的原因，甚至可以说，自由联想是让来访者自己决定分析的进程和材料的安排。自由联想还有一个优点就是根本不需要去打断它，假如不对联想的情形规定什么条件的话，从理论上说是完全可能进行联想的。自由联想是建立在弗洛伊德的心理决定论基础上的，但是自由联想对来访者的要求比较高，不仅需要一定的知识文化背景，而且它耗费的时间较长，经济成本昂贵。

（二）梦的分析

在睡眠中个体的防卫能力是比较低的，一些被压抑的情感会表面化。弗洛伊德把梦看作通往潜意识的大道。在梦中一个人的潜意识欲望、需要与恐惧会表现出来，某些不被人所接受的动机会以伪装的形式表现出来，而非直接显现。梦的显示是以不同的机制制作出来的，它们并不遵循逻辑的原则，主要有这么几种机制：压缩、替换、转换和反向等。对梦的分析实际上就是要揭示梦的制作的反过程，即将显梦翻译为梦的隐意或做梦者的无意识愿望和观念。

（三）抗拒的处理

抗拒是来访者有意识或无意识地回避某些敏感话题，有意无意地使咨询重心偏移的情况。弗洛伊德认为，来访者抗拒的原因是一种潜意识的防御作用，以逃避来面对自己所无法忍受的焦虑。抗拒会使咨询师进一步咨询的工作更加困难，甚至有使工作完全停顿下来的危险。抗拒主要有两种：一是引起的抵抗，二是持续于整个咨询过程并随工作进展而更新的抵抗。处理抗拒的方法是咨询师指出来访者的抗拒心理，帮助来访者了解抗拒的原因：一是"罪恶感"，二是来访者的自我保护本能是"反向的"，即似乎是在追求自我伤害和自我破坏，让来访者正视抗拒的行为，并借此探讨潜意识的作用。

（四）移情的分析

移情是指来访者在咨询过程中，把咨询师当成他过去生命中的一个重要人物（如父母或其他重要人物），并以对待此重要人物的情感来对待咨询师。移情是两极化的，它既包含了对分析者积极的、温情的态度——正移情，又包含了对分析者消极的、敌对的态度——负移情。在咨询过程中，移情是一个关键，因为透过移情作用，咨询师可以具体地观察了解来访者的人际关系，掌握更多的真实资料并解析来访者问题行为的冲突所在。

（五）解释

解释的目的是让来访者正视他所回避的东西或尚未意识到的东西，使无意识之中的内容变成意识，从而消除神经症症状。要揭示症状背后的无意识动机，消除抗拒和移情的干扰，使来访者对其症状的真正含义有所了解，解释都是必不可少的。因为解释是咨询师根据从各种渠道收集到的资料，如来访者传达给咨询师的信息和自由联想内容、来访者在移情时向咨询师表明的内容、通过解析来访者的梦以及来访者的口误或动作错乱所泄露的资料等等，来分析来访者症状的潜意识根源，并且帮助来访者认识到症状真正的隐意而达到领悟。解释是咨询师利用自己的手段建立在对来访者冷静的倾听和敏锐的观察基础上，在来访者接受思想转变时进行的。此外，单个的解释往往不可能明显见效。较为有效的方法是在适当的时机，咨询师把解释告诉来访者，那么在那一段时间内来访者常常会进一步确证咨询师的解释，并主动积极地回忆他所遗忘的内部或外部事件，然后慢慢地接近问题，从对问题的澄清逐步过渡到解释。因此，解释是一个缓慢而又复杂的过程。通过解释，咨询师可以在一段时间内不断地向来访者指出其行为、思想或感情背后潜藏着的本质意义。解释是精神分析中最常用的方法，也是精神分析治疗的实质。

第二节 行为疗法

行为主义理论是对学校心理辅导具有重要影响的心理治疗理论之一。它诞生于20世纪20年代的美国，其创始人为美国心理学家华生。该学派的基本理论主要有经典条件作用理论、操作性条件作用理论和社会认知理论。虽然其心理学内容不完全一致，但这三种理论都是关于个体学习的发生机制和产生条件的理论，都是以"刺激－反应"的学习过程来解释行为的。在行为主义心理学家眼里，人和动物在行为规律上没有什么区别，都可以用科学的方法进行客观的观测、描述解释、预测和控制。学习这一概念是行为疗法的核心，行为治疗技术的实质是一些获得、消除和改变行为的学习程序。

一、行为疗法的基本理论

（一）经典条件反射

经典条件反射又叫应答条件反射，它是以无条件反射为基础建立的。一个中性刺激通过与无条件刺激反复结合，最后能引起原来只有无条件刺激才能引起的反应。巴甫洛夫在这一领域做出了突出的贡献，他通过对狗的喂食实验阐述了经典条件作用。给狗喂食物时，把食物放在狗的嘴边，狗开始分泌唾液，这是一种应答性的行为。如果给狗喂食时，用一个中性刺激（如铃声）和食物反复结合，经过多次练习，只给狗铃声不给狗食物，狗也会分泌唾液。一个中性刺激与无条件刺激配对，最后能引起原来只有无条件刺激才能引起的反应，这就是初级条件反射的形成。在初级条件反射的基础上又可以引入一个新的中性刺激建立次级条件反射。由于人具有概念和语词能力，可以用概念和语词替代任何具体的刺激物，所以人能够以语词建立极其复杂的条件反射系统。

经典条件反射包含以下主要概念：

1. 强化

伴随条件刺激的呈现给予无条件刺激。强化是形成条件反射的基本条件。

2. 泛化

对一个条件刺激形成的条件反应，可以由类似的刺激引起。反过来说，条件反应可以迁移到类似原条件刺激的刺激上。人们常说的"一朝被蛇咬，十年怕井绳"就是泛化的表现。泛化可能是许多症状得以维持和发展的原因。

3. 分化

分化是与泛化相对的过程。在泛化发生后，继续进行条件作用训练，但只对特定条件刺激予以强化，对类似刺激不予强化，会导致有机体抑制泛化反应，只对特定条件刺激发生反应，这就是分化。分化意味着有机体逐渐能够分辨刺激物之间的性质差异。分化的形成是选择性强化和消退的结果。

4. 消退

已形成的条件反射由于不再受到强化，反应强度趋于减弱乃至该反应不再出现，被称作"条件反射的消退"。

（二）操作性条件反射

虽然人类很多行为都是经典条件反射，即应答性条件作用的结果，但许多学者认为，人类更大范围的行为类型是通过操作性条件作用过程获得的。操作性条件作用的关键点在于有机体（动物或人）做出一个特定的行为反应，这个行为反应导致环境发生某种变化，即发生了一个由有机体引起的事件。这个事件对有机体可能是积极的也可能是消极的。不管是哪一种，这个事件都会对有机体后续的反应有影响。如果事件具有积极价值的话，有机体会更倾向于做出同样的行为，如果具有消极价值的话，则会抑制该行为。这自然是一种学习，通过这种过程，有机体"知道"了行为与后效的关系，并能根据行为后效来调节行为。虽然并非如斯金纳设想的那样，一切行为都可以通过操作性条件作用来解释，但的确有无数的行为和经验是通过操作性条件作用获得的。既然人们的行为是由行为的后效来塑造的，那么，有意识地设置一些环境条件，使特定的行为产生特定的后效，就可以人为地控制、塑造行为。操作性条件作用的治疗原理就在于此。

操作性条件作用的一些重要概念与经典条件作用的概念有一些共同之处，但也有明显区别。

1. 强化

强化是操作性条件作用的核心概念。强化分为正强化和负强化两种。正强化指的是当个体做出一个行为后，给予一个积极强化物。这会增加个体做出该行为的频率。例如，在咨询会谈中，来访者进行自我揭示，咨询师给予点头、微笑等支持反应，来访者会倾向于进一步的自我揭示。负强化指的是当个体做出一个行为后，出现一个消极强化物消失的事件，这也会增加该行为的出现频率。例如，当一只不断受到电击（消极强化物）的老鼠偶然碰到一个杠杆时，电击停止，老鼠以后在遇到类似情境时会增加触碰杠杆的反应。

2. 惩罚

惩罚是和强化相反的概念，它涉及的是行为的消除机制。和强化一样，惩罚也分正性惩罚和负性惩罚。正性惩罚是指当个体做出一个行为后，出现惩罚物，以后个体会减少做出该行为的频率。例如，当一个攻击同伴的孩子打人之后，家长打他的屁股，这个孩子的打人行为会减少。负性惩罚则是当个体做出一特定行为后，他所期望的东西就不会出现，这也会减少其做出该行为的频率。例如学校规定，平时上课迟到一次期末考试扣 5 分，就是利用了负性惩罚原理。

3. 消退

操作性条件作用与经典条件作用的消退概念很接近。它指的是在一特定情境下，如果某人做出以前被强化过的反应，而现在这个反应没有得到通常的强化，那么，此人下次遇到类似情境时，就较少可能再做同样的事。换言之，如果通过积极强化使一种反应的出现频率增加了，那么完全停止强化将导致这种反应的频率下降。要使一种反应完全消退，需要进行多次消退训练。如果反应在消退期间不时受到偶然强化，则不仅不会出现消退，反而会使该反应更加牢固。因为这种情况已是一种特殊的强化程序了。

由于消退现象的存在，要使一个行为保持下去，就必须不断进行强化。但如果每次反应后均需予以强化，不仅实际上难以做到，而且不一定是最有效的强化办法。强化程序揭示了不同的强化安排的后效，它为强化方式提供了依据。斯金纳研究了四种强化程序的效果，即固定比率程序、变动比率程序、固定时距程序和变动时距程序。

（三）社会观察学习

早期行为主义心理学家认为"强化"是在人的行为学习中的唯一决定因素，而否认人的内在心理因素对人的行为的影响。他们把心理与行为等同起来，并以行为代替心理，完全忽视人的活动中认知、态度、欲望和动机等的作用。他们只关心刺激与反应，认为刺激与反应之间的复杂心理过程是不能控制、不能观察和无法研究的"暗箱"。后期的行为主义心理学家已开始认识到，在行为的形成过程中，强化并不是必需的。班杜拉等人认为，人们的许多行为不必通过强化，而只要通过模仿就能获得。如儿童看到成年人或电视剧中的攻击行为，自己也会变得富有攻击性。他们提出，以往的行为主义理论家一般都用物理的方法来进行动物实验，忽视社会变量。而班杜拉本人则强调以人作为基本研究对象，在自然的社会情境中而不是在实验室里研究人的行为。实际上，人们在社会情境中，通过观察和模仿学到很多行为。有研究表明，个体也可只通过观察他人的行为而习得新的反应。班杜拉将通过这种观察而习得反应称为"榜样作用"。班杜拉和他的助手们进行了一系列实验研究，以说明榜样作用的效果。在一项典型的观察学习的实验中，班杜拉分别就现实、电影和卡通片中成人榜样对儿童行为的影响进行了研究，结果发现，所有这三类成人榜样都同样会导致儿童模仿这种攻击性行为。

班杜拉认为，观察学习习得的行为主要受三类强化的影响。一是外部强化，即人们更倾向于重复操作经由观察获得导致有价值的结果的行为，这就是外部强化。班杜拉在实验研究中发现，在向儿童呈现不同的示范行为时，儿童通常会选择模仿那些能获得奖赏的行为，而放弃那些不能获得奖赏或导致惩罚的行为。班杜拉认为，外部强化可采取物质的奖赏、积极或消极的社会评价、愉快的或令人难受的感觉刺激等形式。二是替代强化，即经由观察而获得的行为后果，与自己直接体验到的后果，是以同样的方式影响获得行为的表现的。这也就是说，学习者的行为表现是受替代强化的影响的。事实上，在通过观察习得的无数反应中，看到他人获得积极效果的那些行为，比看到他人受到消极后果的那些行为更容易表现出来。三是自我强化。人们对自己行为产生的自我评价的反应，也会调节人们做出那些通过观察学习到的反应。他们倾向于做出感到自我满足的反应，拒绝做出自己不赞成的行为。这就是自我强化。

二、行为疗法的策略和技术

行为疗法基本假定：异常行为习惯与正常行为习惯一样，都是学习的结果，既然人的行为习惯可以通过学习获得，同样也可以通过学习而改变或消除。因此，行为主义把心理辅导的着重点放在直接消除或纠正适应不良或异常行为上，不去研究、分析行为的内在动机，只以特殊的行为为目标，并通过经典条件作用、操作性条件作用、观察学习等行为治疗技术予以改变。下面介绍常用的行为治疗技术。

（一）松弛训练法

松弛训练法，也称放松训练法，它是一种通过训练有意识地控制自身的心理生理活动、降低激活水平、改善机体紊乱功能的心理辅导方法。其目的在于减轻由情绪上的紧张、不安、焦虑和愤怒引起的肌肉紧张，以达到精神的放松。一般来说，其方法是紧缩肌肉、深呼吸、释放现在的思想、注意自己的心跳次数等等，帮助来访者经历和感受紧张和松弛状态，并比较两者的差异。如渐进性放松法，就是在安静的环境中采取舒适放松的坐位或卧位，按指导语或规定的程序，对全身肌肉进行"收缩—放松"的交替练习，每次肌肉收缩

5~10秒、放松30~40秒，经过反复训练，使来访者感觉到什么是紧张和松弛，从而提高消除紧张、达到松弛的能力。放松训练在学生平时紧张和焦虑时可以使用，特别适合考前易紧张者。

（二）系统脱敏法

脱敏就是脱离、消除过敏之意。系统脱敏法又称"交互抑制疗法"。该方法是由精神病学家沃尔普于20世纪50年代创立的。这种方法主要是诱导来访者缓慢地暴露于导致神经症焦虑的情境，并通过心理放松的状态来对抗这种焦虑情绪，从而达到消除神经症焦虑或恐惧状态习惯的目的。系统脱敏法由三个部分组成：放松训练；建立恐惧或焦虑的等级层次；让来访者在肌肉放松的情况下按焦虑的等级层次进行想象或实地脱敏。当学生对某对象（包括物、人或环境）产生过分敏感的反应时，咨询师可以在来访者身上引起一种不相容的反应。例如有的儿童害怕老鼠，看见老鼠就出现惊叫、心跳加快、面色苍白等不良生理反应。对这种过敏反应，可在儿童信赖的人（父母）陪同下，在做愉快的事情的同时，从无关的话题切入关于老鼠的话题，从图片到玩具宠物，从电视、录音机的形声到真实的老鼠，从远到近，逐渐接近放有老鼠的笼子，鼓励儿童去看、去接触，多次反复，直至儿童不再过度恐惧老鼠。脱敏法与松弛训练法结合一起使用的程序如下：进行全身松弛训练，放松身体各部位；建立焦虑刺激强度等级层次，由来访者想象从最轻微的情境到最恶劣的情境；焦虑刺激想象与松弛训练活动相配合，让学生做肌肉放松，然后想象从焦虑刺激的最轻微等级开始逐步提高，直到最高也不出现焦虑反应为止。若在某一级出现了焦虑紧张，就应退回到较轻的一级，重新进行或暂停。

（三）满灌疗法

满灌疗法，也叫暴露法、冲击法，就是给予来访者能引起其强烈焦虑或恐惧的刺激，从而使紧张焦虑或恐惧消失。满灌疗法一开始时就让来访者进入最使他感到焦虑或恐惧的情境中，或采用想象，或观看电影、录像，或直接进入真实的情境，使来访者接受各种不同形式的焦虑恐惧刺激，同时不允许来访者采取闭眼睛、哭喊、堵耳朵等行为逃避。在反复的刺激下，来访者因焦虑恐惧而出现心跳加快、呼吸困难、面色苍白等反应，但其最担心的可怕灾难却始终没有发生，这样最后焦虑和恐惧的反应也就相应减轻直至消退。满灌疗法使用时应注意要确立主要辅导目标，并要求来访者高度配合。另外，要充分了解来访者的身心状况，以免发生意外。

（四）代币疗法

代币疗法又称"奖励强化法""代币管制法"。它通过某种奖励系统，在来访者出现某种预期的良好行为表现时，立刻给予奖励来强化该种行为，从而使来访者所表现的良好行为得以形成和巩固，同时使其不良行为得以消退。代币可以用不同的形式表示，可以是小红旗、带有分值的小卡片、筹码和证券等多种形式。咨询师用代币作为奖励，强化来访者的期望行为，然后来访者可以用获得的代币换取自己喜欢的东西。使用代币法时，需要注意以下几个方面：第一，确定所要改变的目标行为。咨询师与来访者都要知道所要改变的行为是什么，并对此达成共识。第二，确定代币的类型。代金券、小红花、小红旗，或是记录分数等。第三，选择支持代币的强化物。如用代币可以换得食物、水果或参加某种有趣的活动等。与来访者商定奖励的内容，这一内容应当是来访者感兴趣并想获得的。第四，建立代币兑换规则，即规定完成哪些行为可以得到代币。

（五）宣泄疗法

宣泄疗法，也叫发泄疗法，是指让来访者把经受过的心理创伤、不幸遭遇和所感受到的情绪发泄出来的一种治疗方法。宣泄的方式有多种。一是倾诉。在倾诉过程中，咨询师要主动地引导来访者回忆那些不幸的遭遇、痛苦的场面以及产生的情绪，尽量让他们把这些痛苦的情绪发泄得干干净净；同时，咨询师还要耐心倾听来访者的诉说，真诚理解来访者的心情，热心安慰和积极鼓励来访者。二是运动。据有关研究表明，剧烈的体育运动可以大大减轻内心的痛苦和焦虑。三是哭。有数据表明，90%以上的女性认为当痛苦和难过时，大哭一场之后感觉就好多了，82%的男性也有同感。

行为疗法除以上介绍的几种之外，还有其他的一些方法，如厌恶疗法、生物反馈疗法等，都能在使用中取得较好的治疗效果。

第三节 以人为中心疗法

在人本主义心理学出现之前，心理学中影响最广泛的是精神分析学派和行为主义学派，而人本主义对这两大学派都进行了批判。他们批判精神分析学派太过强调人的病态心理，也批判行为主义学派太过强调人的生物性。人本主义学派认为人是健全发展的人，是积极向上的人。以人为中心疗法的出现正是基于这样的一种思想，在心理咨询和治疗领域享誉盛名。

一、以人为中心疗法的基本理论

以人为中心疗法的前身名为"非指导性疗法"，是罗杰斯在20世纪50年代创立的。以往的心理治疗的治疗对象往往被称为来访者或患者，而罗杰斯在《咨询与心理治疗》一书中，用"client"一词代替了"patient"，这一术语的变更代表着一种观念的更新，也反映了罗杰斯对治疗对象的不同看法。他认为基于医患关系的咨询与治疗势必是不平等的。在寻求咨询和治疗的人当中许多都是健康的，不是患者，不过是遇到了一些心理问题。在罗杰斯的治疗中，咨询师和来访者之间必须是一种平等的关系，这样咨询师才能真正地尊重、关注、理解来访者，耐心倾听，时刻支持与陪伴，最终达到使来访者恢复心理健康的目的。与别的心理疗法不同，他强调咨询师不对来访者进行任何指导。经过多年的发展和完善，这一方法被逐渐命名为"以人为中心疗法"。

（一）人性理论

罗杰斯认为，人的本性是积极向上、建设性、值得信赖的，这些特性与生俱来，而"恶"是由于防御或者其他的原因造成的结果，并不是本性的反映，这是以人为中心疗法最核心的观点之一。心理治疗的关键是咨询师对来访者的尊重和信任，以及建立一种有助于来访者发挥个人潜能、促其自我改变的合作关系。因此，以人为中心疗法强调了人的主观能动性，为每个来访者保存了他们的主观世界存在的余地。

（二）自我概念

在以人为中心疗法中，自我概念理论具有重要的地位。罗杰斯提出的"自我概念"，包括人对自己的认识、对自己与其他客体的区别和相互关系的认识以及对人的价值标准的认识。自我概念是在自我发展的过程中，在与环境和别人的接触与交往作用中逐渐形成的。

根据罗杰斯的观点，所有个人都会发展一个"真实的自我"和一个"理想的自我"。真实的自我是指个体当前行使功能时的自我概念，理想的自我是指个体渴求的自我概念。理想的自我常常是以其他人的目标为基础，建立在内化的别人的价值观之上的。罗杰斯认为大多数个体都会或多或少体验到理想的自我和真实的自我之间的不一致，适当的不一致是成长的动力源泉，但当理想的自我和真实的自我差距太大时，个体就会出现对自身的不满，从而表现出烦恼和忧伤的情绪。

二、以人为中心疗法的策略和技术

（一）以人为中心疗法的步骤

罗杰斯给治疗过程提出以下12个步骤，它们在实施过程中前后承接，是不能截然分开的。

（1）来访者主动求助。来访者如没有改变自我的需要，治疗很难成功。

（2）咨询师说明情况。咨询师向来访者介绍治疗过程，强调来访者的作用，咨询师的作用只在于创造有利于来访者成长的气氛。

（3）鼓励来访者自由表达情感。咨询师不管来访者表达什么样的情感（含混的或敌意的），均应以诚恳、友好的态度相待。

（4）咨询师要能够接受、认识、澄清对方的消极情感。咨询师不只是被动接受对方提供的信息，仅对表面的内容做出反应，而应深入对方的内心深处，注意发现对方影射或暗含的情感。这是很困难且很微妙的一步。

（5）促进来访者的成长。一旦对方将消极情感表达、暴露出来，模糊的、试探性的、积极的情感便不断萌生出来。

（6）接受来访者的积极情感。咨询师只需不加评价地接受对方的积极情感，促使对方自然达到领悟与自我了解的境地。

（7）来访者开始接受真实自我。由于咨询师对来访者采取了理解与接受的态度，来访者便有机会重新认识自我，并接受真实自我。这为对方在新的水平上达到自我整合奠定了基础。

（8）帮助来访者采取决定。新的整合意味着新决定与新行为的产生，咨询师应协助对方澄清可能做出的选择。

（9）疗效的产生。来访者通过自我领悟，达到了对问题新的认识，某种积极、尝试性的行动便应运而生了。

（10）扩大疗效。在已有尝试的基础上，咨询师应帮助对方发展更深层的领悟，并扩大领悟范围。

（11）来访者全面成长。来访者克服了恐惧，勇于探索自我发展的新行动。此时，双方的关系达到顶点，来访者会主动提出问题与咨询师讨论。

（12）治疗结束。来访者感到无须再寻求帮助时，治疗即告结束。

（二）以人为中心疗法的策略

以人为中心疗法主要强调咨询师和来访者之间的关系的重要性，所以很少使用技术，认为咨询师的态度第一而技术其次，强调要把指导、分析、质问、探究、诊断、收集个案史等降到最低程度。反之，咨询师要尽可能地积极倾听，做出情感反应和澄清。以人为中心疗法提供更多的是一种咨询的理念而非方法，因此没有如精神分析疗法、行为疗法中那些具体明确的咨询方法和技术。它强调的是如何调动来访者自身的潜力，如何提供一种适宜的气氛，以引导来访者做自我探索，认识成长中的障碍，体验从前被否定与扭曲的自我，从而能开放自我、相信自我，增加自发性与活力。

以人为中心疗法更强调咨询态度的重要性，认为融洽的咨询关系是咨询获得进展的决定性因素，同时也提出了建立适宜的心理辅导气氛的三种最重要的态度及相应的形成技术。这三种态度是真诚、无条件积极尊重和共情。

1. 真诚

咨询师在心理辅导的整个过程中要言行一致，要真诚、坦白、开放地对待来访者，表现出真实的自己，没有虚伪的面具，让来访者了解到咨询师也是个人，并非扮演某一角色。罗杰斯曾这样论及真诚：在咨询关系中，真诚的主要作用就是使来访者对咨询师产生信任，有了这种信任，咨询与辅导过程也就会更顺利。在这种真诚的人与人的关系中，咨询师能坦白地与来访者分享自己的感受，甚至包括负面的感受，达到经验的交流和共享。罗杰斯相信来访者能够分辨出咨询师对他是否真诚。真诚有不同的层次，一般包括由浅入深的4个层次：

（1）咨询师隐藏自己的感觉，或者以沉默来惩罚来访者。

（2）咨询师以自己的感觉来做出反应，其反应符合自己所扮演的角色，但不是他们自己真正的感觉。

（3）为了增进两人之间的关系，咨询师有限度地表达自己的感情，但不表达否定、消极的情感。

（4）无论是好的还是不好的感觉，咨询师都以言语或非言语方式表达出来，经由这些情感表达，双方的关系变得更好。

真诚是咨询师内心的自然流露，咨询师应通过自身的潜心修养和不断实践，进一步表现出高层次的真诚，促使来访者更了解自己。

2. 无条件积极尊重

无条件积极尊重，就是指咨询师以平等的身份真正、深切地关心来访者，无条件地尊重和认可来访者。无论来访者是何种身份都要给予尊重，没有歧视性，一视同仁。无条件积极尊重能够创造一种没有威胁的情境，在此情境中，来访者能够自由地表达并且接受自己的感受，不担心会被拒绝。咨询师不对来访者的感情、思想、行为做出评价和判断。这并不表示咨询师必须赞同来访者所说的每一件事，特别是可能对来访者本人或其他人造成伤害的行为，但是如果咨询师对来访者不尊重、不喜欢或厌恶，心理辅导工作就不可能有收获。

一个成功的心理辅导过程之所以能够产生，是因为来访者觉得被咨询师完全接纳，所以他有勇气将自己的内心展现在咨询师的面前。因此，接纳的意思就是照个体的真实情况来接受对方，而不是照自己的标准来加以评判。

3. 共情

共情是指咨询师要放下个人的参照标准，站在来访者的立场上，试着将自己融入来访者的感觉世界中，从来访者的立场设身处地地去看待问题。咨询师所表达出来的想要了解对方的态度，使来访者体会到自己是一个值得被了解与倾听的人。罗杰斯曾这样描述：感受来访者的私人世界，就好像那是你自己的世界一样——这就是共情。它对咨询与辅导是至关重要的。感受来访者的愤怒、害怕或迷乱，就像那是你的愤怒、害怕和迷乱一样，然而并无你自己的愤怒、害怕和迷乱卷入其中，这就是我们想要描述的情形。

（三）以人为中心疗法的技术

虽然以人为中心疗法是一种非指导性的治疗方式，重视来访者与咨询师之间的治疗关系和良好氛围的建立，很少使用影响性的技术，但在建立了一个安全、尊重和支持的空间之下，有一些倾听和回应的技术也是非常有用的，如对情感的回应、鼓励、重复等。罗杰斯在治疗时也运用一些技巧，可以有效地对来访者进行理解和回应。

1. 情感回应

情感回应是罗杰斯以人为中心疗法中最基本的一个方法。这种方法常常被理解为"把来访者说出的情感体验再重复说给来访者听"，这是一种误解。实际上咨询师不仅要重复陈述来访者的情感体验，也要清楚地表达自己在这一刻所感受到的情感。因此，情感回应并不是任何人都可以简单掌握和模仿的操作技术，它的核心是咨询师对来访者情感的一种高度关注。

2. 复述

复述是一种常用的反应技术，也是罗杰斯治疗中被人误解最多的技术，罗杰斯在与来访者的谈话中，有时仅仅是重复一遍来访者说的话，但这种复述并不只是一个简单的"回声"而已，它往往能精准地反映来访者此时此刻的情感、思想以及话中想要表达的意思，就像镜子一样。罗杰斯的复述一般有4种方式：①复述原话；②整合来访者所说的话，把来访者的意思更加清晰而简洁地表述出来；③突出来访者某种情感的复述；④用第一人称复述。

3. 解释

对于以人为中心疗法来说，咨询过程中并不常出现"解释"这样带有指导性的技术。但在具体的咨询过程中，罗杰斯也并不是完全不做解释，根据不同个案的情况，他也会根据所收集到的资料做出一些推断。这里要注意罗杰斯的解释和精神分析的解释之间是有区别的。精神分析的解释基于弗洛伊德的人格理论，重点在于探索患者的早期经历与现在心理困扰之间的关系，从而释放内部的能量，使患者产生顿悟；而罗杰斯的解释则是澄清来访者所表达的内容，进一步了解来访者的内心活动，同时也促进来访者对自己的内心的探索。

4. 自我暴露

自我暴露是咨询师向来访者暴露自己的有关信息。在咨询过程中，咨询师适当地进行自我暴露可以促使来访者开放自己，同时更多地体验到咨询师的共情和信任，巩固加深咨访关系。咨询师的自我暴露大致可以分为两类：一类是向来访者表达自己在会谈时对来访者言行的感受和体验，第二类是暴露自己过去的一些相关经历和体验。

第四节　理性情绪行为疗法

理性情绪行为疗法是20世纪50年代由阿尔伯特·艾利斯（Albert Ellis）在美国创立的。理性情绪行为疗法是认知心理治疗中的一种，因它也采用了行为治疗的一些方法，故被称为"认知-行为"疗法。理性情绪行为疗法强调认知、情绪、行为三者有明显交互作用及因果关系，因此也常常被视为多模式和折中取向的学派。

一、理性情绪行为疗法的基本理论

（一）人性观

艾利斯对人的本性思考及情绪困扰与不快乐的原因有以下几种主张：第一，人有理性思考的潜能，也有非理性思考的倾向。第二，人们的困扰源自本身的非理性思考，而非外在世界的某个事件。第三，人运用理性思考时，会产生积极正向的情绪；人运用非理性思考时，则会带来消极负向的情绪。第四，人们的不好情绪会带来不好的行为；人们的好情绪则会带来好的行为。第五，人单凭思考及想象即可形成观念或信念。理性的思考方式会形成"理性信念"；非理性思考方式会形成"非理性信念"。第六，人具有改变认知、情绪及行为历程的天赋能力。由此可见，艾利斯对人性的看法是中性（既是理性也是非理性）偏向乐观的（人的思考、信念、情绪及行为都是可以改变的），而且他也认为人本身具有自我对话、自我评鉴以及自我支持的特性。

(二)ABC理论

艾利斯认为在情绪的ABC理论中，激发事件A(activating event的英文首字母)只是引发情绪和行为后果C(consequence的英文首字母)的间接原因，而引起C的直接原因则是个体对激发事件A的认知和评价产生的信念B(belief的英文首字母)，即人的消极情绪和行为结果（C），不是由于某一激发事件（A）直接引发的，而是由于经受这一事件的个体对它不正确的认知和评价所产生的错误信念（B）所直接引起。错误信念也称"非理性信念"。

如图4-1中，A指事情的前因，C指事情的后果，有前因必有后果，但是有同样的前因A，产生了不一样的后果C_1和C_2。这是因为从前因到后果之间，一定会通过一座桥梁B，这座桥梁就是信念和我们对情境的评价与解释。又因为，同一情境之下（A），不同的人的理念以及评价与解释不同（B_1和B_2），所以会得到不同结果（C_1和C_2）。因此，事情发生的一切根源缘于我们的信念（信念是指人们对事件的想法、解释和评价等）。

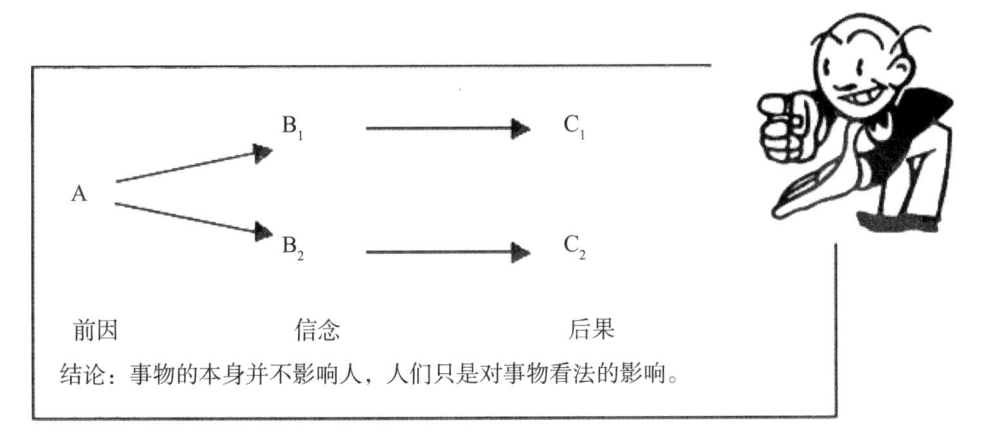

结论：事物的本身并不影响人，人们只是对事物看法的影响。

图4-1 情绪ABC理论

艾利斯认为，正是我们常有的一些不合理的信念使我们产生情绪困扰。如果这些不合理的信念一直存在，久而久之，还会引起情绪障碍。

（三）不合理信念及其特征

不合理信念是一种不合理的认知，会使人们出现情绪和行为问题，包括抑郁、自卑、焦虑和恐惧。艾利斯根据自己的临床观察，总结了以下 11 种不合理信念。

（1）自己应该获得周围的人特别是重要人物的喜爱和赞许。

（2）要求自己是全能的，只有在人生的每一个环节、每一个方面都成功的人，才能体现自己的人生价值。

（3）对于那些邪恶、可恶的人，应该给予严厉的惩罚和制裁。

（4）任何事物都应按自己的意愿发展，否则会很糟糕。

（5）生活中的不愉快是由外部环境因素造成的，因此人们无法控制和改变自身的痛苦与困扰。

（6）生活中充满了艰难困苦，要面对现实中的困难和承担责任很不容易，因此应设法逃避它们。

（7）对危险和可怕的事情应该高度警惕，一个人应该担心随时可能发生灾祸。

（8）自己是无能的，必须找一个比自己强的靠山才能生活；自己不能掌握情感，必须有其他人来安慰自己。

（9）一个人过去的经历对现在的行为起决定作用，一件事过去曾影响自己，所以现在必然影响自己的行为。

（10）人们应该十分关心他人，并为他人的问题感到难过。

（11）一个人碰到的种种问题，应该都有一个正确、完满的答案，如果一个人无法找到它，便是不能容忍的事。

那么，不合理的信念都有哪些具体特征呢？韦斯勒经过归纳研究，总结出了不合理性信念的 3 个共同特征：绝对化要求、过分概括化、糟糕至极。

（1）绝对化要求。绝对化要求指人们从自己的意愿出发，对某一事物怀有认为其必定会发生或必定不会发生的信念。这种信念通常与"必须""应该"这些词联系在一起。例如，"我必须获得成功""别人必须很好地对待我"等。这种绝对化的要求在现实生活中是行不通的，客观事物的发生、发展都有其规律，不可能完全符合某个人的意愿，如果事情的发展不如他所愿，那么由失望而导致的情绪障碍就在所难免。

（2）过分概括化。这是一种以偏概全、以一概十的不合理思维方式的表现。过分概括化是不合逻辑的，就好像以一本书的封面来判定其内容的好坏一样。过分概括化的一个方面是人们对其自身的不合理的评价。例如，一个人因为恋爱失败，认为自己一无是处、毫无魅力，从而导致自责自罪、自卑自弃的心理及焦虑和抑郁情绪的产生。过分概括化的另一方面是对他人的不合理评价，即别人稍有差错就认为他很坏、一无是处等，这会导致一味地责备他人，以致产生敌意和愤怒等情绪，从而导致人际摩擦增加。俗话说："金无足赤，人无完人。"在这个世界上，没有一个人可以完美无缺，所以每个人都应接受自己和他人是有可能犯错误的。艾利斯主张，评价的对象是一个人的行为和表现，而不是人的整体价值或人格。这也正是理性情绪行为疗法强调的要点之一。

（3）糟糕至极。这是一种将可能的不良后果无限严重化的思维定式。一旦有不好的事情发生，即使产生的是一个小问题，也会认为是非常可怕和非常糟糕的，甚至认为是一场灾难。这将导致个体陷入极端不良情绪体验（如耻辱、自责自罪、焦虑、悲观、抑郁）的恶性循环中，难以自拔。例如，得了感冒就认为自己病情很严重，甚至会死；领导没有和自己打招呼就认为是自己做错了什么事，以为会影响到自己的前程；没考上大学，就觉得世界末日到了，自己没有前途，活不下去了；等等。糟糕至极常常是伴随人们的绝对化要求而出现的，当人们认为"必须"和"应该"的事情并非如他们所想的那样发生时，他们就会感到事情糟到了极点。艾利斯认为不好的事情确实有可能发生，尽管我们总是希望不要发生这样的事。人们可以尽可能地去改变这种不如意的事情，但在不可能改变时，就要学会适应现实。

二、理性情绪行为疗法的策略与技术

（一）治疗过程

理性情绪行为疗法理论认为，人们的情绪障碍是由人们不合理的信念造成的，因此，治疗的重点就是要改变来访者不合理的信念，建立起合理的信念，以合理化的思维方式取代不合理的思维方式。一般认为，理性情绪行为疗法的治疗过程分为四个阶段：心理诊断阶段、领悟阶段、修通阶段和再教育阶段。

（1）心理诊断阶段。这是理性情绪行为疗法治疗的起始阶段，通常在来访者来访的第一次会谈中进行。在这一过程中，要探讨和寻找来访者的问题，要集中注意力于来访者的情绪、行为问题上，探查出这些问题的"ABC"，收集与其"ABC"系列有关的信息；当咨询师确信找到了来访者核心的"ABC"之后，就可以对这一阶段做总结，对来访者做出诊断。

（2）领悟阶段。这一阶段要引导来访者学习理性情绪行为疗法的理论，强化他们对进行理性情绪行为疗法工作的动机。要向来访者指出，他们的情绪困扰之所以延续至今，不是由于早年生活的影响，而是由于他们现在的不合理信念。

（3）修通阶段。这是帮助来访者改变信念的阶段，因而也是治疗的最重要阶段。在这一阶段，咨询师要帮助来访者向其不合理的信念提出质疑，进行辩论，并用情绪和行为的方法加以验证；要帮助来访者对合理信念与不合理信念进行区别，帮助来访者放弃不合理信念。

（4）再教育阶段。这是巩固治疗成果并结束治疗的阶段。此时，咨询师要帮助来访者巩固在治疗中所学到的东西，以便其能更为习惯地采用合理化方式去思考问题。

理性情绪行为疗法的四个阶段是相互重叠和交叉的。这四个阶段一旦完成，不合理信念及由此引起的情绪困扰或障碍就会消除。

（二）治疗技术

理性情绪行为疗法最常用的技术就是与不合理信念辩论的技术、认知作业等。

1. 与不合理信念辩论的技术

在理性情绪行为治疗的整个过程中，与不合理信念辩论的技术一直是咨询师帮助来访者的主要技术。这一方法是艾利斯根据自己咨询与心理治疗的经验不断摸索总结出来的。他认为，这一方法使咨询师得以用科学的方式向来访者所持有的不合理信念进行挑战和质疑，以动摇他们的这些信念。对许多受过教育的人来说，这种方法是最为有效的。

寻找来访者的不合理信念，可先从"ABC"模式入手，即先从某一典型事件入手，找出诱发性事件A；再询问来访者对这一事件的感觉和对A的反应，即找出C；询问来访者为什么会体验到焦虑、恐惧等情况，即从不适当的情绪及行为反应着手，找出其潜在的看法、信念等，分清来访者对事件A持有的信念哪些合理、哪些不合理，将不合理的信念作为B列出来。而在此过程中，要采用逐个击破的原则，找到不合理信念后，通过辩论，不断针对来访者不合理的信念进行提问，以挑战来访者的不合理信念，从而使来访者的信念动摇。

提问的方式，可分为质疑式和夸张式两种：

（1）质疑式提问。咨询师直截了当地针对来访者的不合理信念发问，如："你有什么证据能证明自己的观点？""是否别人都可以犯错误，而你却不能？""是否别人想问题、做事情都应该符合你的意愿？""你有什么理由要求事情按你所设想的那样发生？""请证实你自己的观点！"等等。来访者一般不会轻易放弃自己的信念，面对咨询师的质疑，他们会想方设法为自己的信念辩护。因此，咨询师要不断提问，使来访者感到自己的辩解越发无力，才有可能放弃不合理信念，接受合理的信念，从而让他们认识到：第一，哪些信念是不现实的、不合逻辑的；第二，哪些信念是站不住脚的；第三，什么是合理的信念，什么是不合理的信念；第四，要以合理的信念取代那些不合理的信念。

（2）夸张式提问。咨询师针对来访者不合理的信念故意提出一些夸张的问题。此方法只是提问方式上不同于质疑式。这种提问方式犹如漫画手法，把对方信念的不合逻辑、不现实之处以夸张的方式放大给他们看。例如，一个有社交恐惧情绪的来访者说："别人都看着我。"咨询师问："是不是别人不干自己的事情，都围着你看？"来访者回答："没有。"咨询师说："要不要在身上贴张标签，写上'不要看我'的字样？"答："那人家都要来看我了！"问："那原来你说别人都看你是不是真的？"答："……是我头脑中想象的……"在这段对话中，咨询师抓住来访者的不合理之处发问，前两个问题均是夸张式问题。由于这一提问方式使来访者也感到自己的想法可笑、没有道理，从而容易让来访者放弃自己的不合理想法。与不合理的信念辩论，咨询师不仅要主动质疑来访者所持有的不合理信念，还要引导来访者对这些信念进行主动思考。这样的效果优于咨询师单方面的说教。

2. 认知作业

理性情绪行为疗法的基本假设是改变人的不合理信念，从而改变情绪和行为反应，但改变人的信念是一件比较困难的事情，所以咨询需要来访者的积极配合。那么咨询师也要经常地给来访者布置家庭作业，以期在会谈之外来访者也能够与自己的不合理信念进行自我的辩论。运用理性情绪行为疗法时，咨询师经常给来访者布置的家庭作业有理性情绪行为疗法的自助量表、合理的自我分析、使用幽默等。

（1）理性情绪行为疗法的自助量表。理性情绪行为疗法发展出了一种自助量表，让来访者先找出 A 和 C，然后找 B。表中列出了十几种常见的不合理信念，来访者可以从中找出符合自己情况的 B，如果不在此列的可以单独列出。然后让来访者自己做 D，对自己不合理的信念进行辩论。最后自己填写 E，即写出自己与自己不合理信念进行辩论后所达到的效果。

（2）合理的自我分析。合理的自我分析报告与自助量表基本类似。来访者要以报告的形式写出 ABCDE 各项，只不过它不像自助量表那样有严格规范的步骤，但报告的重点也要以 D，即与不合理信念的辩论为主。

（3）使用幽默。理性情绪行为疗法认为产生情绪困扰的原因经常是人们太过严肃，失去了幽默感以及对于生活的感悟。幽默可以让来访者看到他们一直持有的某些观点是多么荒谬，它也可以使来访者变得轻松一些。艾利斯喜欢使用大量幽默来驳斥来访者那些导致问题的夸张性思维。

第五节　后现代疗法

面对科学主义心理学重实验统计、轻人类精神生活实际的困境，近些年来心理学家不断努力探索，以期能为心理学研究建立一种新的范式——后现代心理学。这显著影响到了心理治疗界，并由此产生了心理治疗的后现代疗法。

一、后现代疗法的基本理论

后现代疗法是很多人的思想与实践的结晶。该理论在 20 世纪 80 年代被提出。近些年后现代心理治疗模式透过"故事叙说""问题外化""由薄到厚"等方法，使人变得更自主、更有动力。后现代疗法的治疗，不仅可以让来访者的心理得以成长，同时还可以让咨询师对自我的角色有新的统整与反思。迈克·怀特等人认识到现代的心理治疗学派所持的科学决定论、因果论、诊断与治疗方式都不能帮助来访者解决心理的问题。同时，他们在长期的家庭治疗实践中发现，来访者症状背后的原因是复杂的，往往是来访者主观建构的，而且从不同的角度所看待的问题的真相也不一致。同一个来访者的问题，精神分析学派认为是精神创伤所致；行为学派认为是有效学习训练不足或奖惩不当造成的；认知学派认为是不合理的认知导致的；人本主义则认为是缺乏应有的尊重接纳所致。因此，各种心理治疗流派用语言建构出来的心理治疗假说，只能是不全面的反映，充其量是片面认识。后现代主义心理咨询师认为，任何来访者都是一个特殊的个体，每个人都有独特的成长环境和人生经验，而将其诊断归类为某种精神疾病并采用所谓正确治疗方案的传统经验模式是不适当的，心理治疗都应是个别化而非普遍性或系统化的。就这样，一种富有后现代主义精神且真正"以人为本"的后现代疗法应运而生。

（一）人性观

后现代主义学者普遍认为，现代人对现实的认识存在三种不同的信念：第一种认为现实是可知的，人类对现实的成分和运作可以准确而重复地发现、描述并运用；第二种则认为人们往往受困于认知，总试图描述现实，使我们对描述的人有许多了解，却又不太了解外在的现实；第三种观念即认为知识的来源就是认知者组成的社群的建构，我们身处的社会现实就是彼此协调所产生的现实。现代主义与实证主义即秉持第一种信念。根据这种世界观，人们相信可以找出基本客观的事实，以及彼此密切相关的、包罗万象的、普遍适用的理论，使我们越来越接近对真实宇宙的正确认识。但是，在以把握物体规律的方式来对待人时，其经验常会去人性化，就好像在生产线上，人会觉得自己像机器一样。后现代主义学者认为，这种现代主义的世界观强调事实、可重复的过程和普遍适用的法则，很容易忽视每个人独特而局限的意义。当现代主义的理念把人当成"客观的物体"来对待时，也诱导他们进入被动的接受者状态。如虽然一粒药或一种技巧可以使人体的功能变好，但是他可能因此把自己想得更糟糕。如许多人因为服用抗抑郁药而睡得更好、更有精力、更少哭泣，同时却视自己为无用或有缺憾的，因为他们"需要"靠药物才能有用。后现代主义学者相信，人类观察并描述世界的能力，任何一种精准、绝对、通用的方式，都有其局限性。因而应该选择去探究细节的特定之处与来龙去脉，而不是探究概括性的规律；应注意差异，而非相似之处。现代主义关注的是事实与通则，而后现代主义关注的则是意义。由此，后现代疗法的咨询师们秉持着以下4个重要基本理念：①现实是社会建构出来的；②现实是经由语言构成的；③现实是以故事来组成并得以维持的；④没有绝对的真理。

后现代疗法的咨询师认为自我不是物，而是叙事活动，认为人生来便处于故事之中，这些故事塑造了他们看世界、看别人和看自己的方法，这些故事规定了经验的模式。人们生来便处于一个社会群体，这个社会群体中的人们正在讲述着各种各样的故事。如同科学理论可以将一些互不相关的现象联系起来一样，这些故事会为本来看似孤立的生活事件和经验提供一种"内在联系"。在这里，故事被当作是人们对自己的经验片段赋予其主观意义的过程，是人们生存的手段和途径。如果没有故事，人们的生活将会支离破碎，人们完整的自我也将不复存在。这些故事不仅仅是对自我的描述或象征，它们同时也是自我的具体化，就是自我本身。故事成了后现代疗法取向的心理学研究的根本隐喻。

后现代疗法的咨询师认为，人类活动和经历更多的是充满了"意义"的故事，而不是逻辑论点和法律条文，它是交流意义的工具。来访者在选择和述说其生命故事的时候，会维持故事主要的信息，符合故事的主题，往往会遗漏一些片段，为了找出这些遗漏的片段，咨询师会帮助来访者发展出双重故事。例如，来访者在后现代疗法中谈到他的"问题故事"，而咨询师会引导他说出另一个他自己不曾察觉的部分，进而帮助他自行找出问题的解决之道，而不是咨询师直接给予建议。也就是在咨询过程中唤起来访者生命中曾经活动过的、积极的东西，以增加其改变的内在能量。在后现代疗法中，咨询师最常问的一句话是："你是怎么办到的？"随后，会将焦点放在来访者曾努力过的，或者他内在的知识和力量之上，引导他走出自己的困境。

后现代疗法并非传统意义上的心理治疗方法或治疗技术的总称，它甚至不仅仅是一种心理治疗的理论，因而后现代疗法不可能有一种像认知疗法那样的简明操作规程。后现代疗法帮助人们打破具有束缚力量的叙事，即人们解释自己的生活经验时所依据的主要故事，发现生活中积极有益的经验，并将这些经验串联、扩展，最终在这些经验中生活。当处在冲突与痛苦之中时，人们往往对那些与痛苦无关的经验视而不见，后现代疗法就是要帮助人们发现除了当前的生活方式，还有其他的可能。如在后现代疗法中，以往经验的记忆不再被看作精神疾患的祸端，而是被看作希望、力量与选择的源泉。后现代疗法的咨询师认为自己并非什么专家，而是依靠专业知识，如心理学家的洞察力，来治疗来访者。咨询师是一个促进者，他帮助人们在倾诉与复述过程中发现生活中永远可能有更加丰富的故事。发现这些故事的途径除了来访者自己的倾诉与复述之外，还包括他们与咨询师或其他在自己生活中占有重要地位的人之间的对话。这种倾诉与复述能够帮助来访者改变对问题与自身之间的联系的理解，从而形成可以重新构建的、更佳的生活方式。

总之，后现代疗法是一种新颖的文化实践，它极大地扩展了心理治疗的范围，使得我们不得不将视野从精神病学转移到整个文化现象上来。在咨询过程中，关于社会与文化对心理问题的影响的讨论往往是很重要的一部分。

（二）咨询理论

后现代疗法的咨询目标是邀请来访者以一种新的语言来描述他们的经历。通过此种方法，来访者开启了可能发生的新情境。这种新语言会促使来访者从有问题的想法、感觉和行为中发现新的意义。后现代疗法经常提醒来访者，注意主流的文化的各个方面对人类生活的影响。后现代疗法的咨询师尽量强化这种观点，并促使来访者在发现以往有益的经验中创造出独特的新选择。

后现代疗法的咨询师秉承乐观主义、好奇心、坚持性，重视来访者的背景知识，创造一种真正的力量平等的特殊对话关系。合作、同情、反省和发现是这种咨询关系的特点。如果咨询关系真的是合作性的，咨询师就需要明白在自己的治疗过程中，力量是怎样体现出来的。这并不是意味着咨询师失去了专业人员的权威。

在后现代疗法看来，来访者经常在一个毫无作用的充满问题的故事里生活，并陷入其中不能自拔。咨询师进入对话之中，并通过提问来努力引出来访者的观点、资源和独特的经历。虽然过去已经成为历史，但它有时是提供理解和发现至关重要的差异和独特结果的基础。但是人们毕竟要生活在现在和将来。尽管咨询师会带来乐观的态度而且能促进咨询的进程，但需要来访者自身创造出新的可能性，并采取行动去实现它。

二、后现代疗法的策略和技术

后现代疗法涉及的方法和策略很多，如社会疗法、焦点解决短期治疗等。这里主要介绍当前影响力最大的几种疗法的主要策略和技术。

（一）叙事疗法

1. 述说故事：重新诠释故事

后现代疗法主要是让来访者先讲出自己的生命故事，以此为主轴，再通过咨询师的重写，丰富故事内容。对一般人来说，说故事是为了向别人传达一件自身经历的或听来的、阅读来的事情。不过，心理学家认为，说故事可以改变自己。因为，我们可以在重新叙述自己的故事甚至只是重新叙述一个不是自己的故事中，发现新的角度，产生新的态度，从而产生新的重新建构的力量。简单地说，好的故事可以产生洞察力，或者使那些本来只是模模糊糊的感觉与生命力得以彰显出来，并被自我或我们所强烈地意识到。面对日常生活的困扰、平庸或是烦闷，把自己的人生、历史用不同的角度来"重新编排"，成为一个积极的、自己的故事，这样或许可以改变盲目与抑郁的心境。正如哲学家萨特所言：人类一直是一个说故事者，他总是活在他自身与他人的故事中，总是透过这些故事来看一切的事物，并且以好像在不断地重新述说这些故事的方式生活下去。因此可以说，故事创造一种世界观、一种人生价值。好的故事不仅可以治疗心理疾病和精神扭曲，而且可以使人从中寻找自信和认同，透过令人愉悦、感动的隐喻故事，我们可以重新找到面对烦恼的现实状况的方法，正视我们的过去，并且找到一个继续努力、正向未来发展的深层动机和强大动力。为了创造生活的意义，人面对着一项任务，那就是他必须安排自身经验的时间顺序，建立自己和周遭世界前后一致的一份记录。他必须把过去和现在，以及未来预期会发生的事件经验连成线性顺序，才能够建立这一份记录。这一份记录可以被称为"故事"或"自我叙事"。这个叙事如果成功，人对生活就会有连续感，觉得生活有意义。简单地说，若要创造生活的意义，表达我们自己，经验就必须"成为故事"。

后现代疗法的故事所引发的不是封闭的结论，而是开放的感想。有时在故事中还需要加入"重视他人"的角色，从中寻找新的意义与方向，让来访者能够清楚地看到自己的生命过程。例如，有一个寻求帮助的来访者，他觉得自己不受别人的重视并因此而感到挫折、沮丧、自卑，当他讲述自己的生命故事时，觉得一无是处。但咨询师要求他回忆过去生命中哪个人对他"还不错"时，原本脑中空白的来访者，勉强回忆起一个小学老师的名字。咨询师鼓励他打电话给老师，结果却得到一个"意外的惊喜"——这名教师虽然已经忘了他的姓名和长相，但还是向他连连道谢，并且表示，因为来访者的电话，他感受到自己的存在，对教学工作已经深感疲惫的他，又重新获得了动力。通电话的结果是：来访者不仅帮助了老师，也意识到自己的生命原来也是这么重要。

2. 问题外化：将问题与人分开

后现代疗法的另一个特点是使问题外化，也就是将问题与人分开，把贴上标签的人还原，让问题是问题、人是人。如果问题被看成是和人一体的，要想改变相当困难，改变者与被改变者都会感到相当棘手。问题外化之后，问题和人分家，人的内在本质会被重新发现与认可，进而人有能力与能量反身去解决自己的问题。例如有位老师反映："对于一个成绩一直落后的学生，想尽办法鼓励，都没能让他有成就感，如何是好？如果采用进步奖励的方式，每次考试的难易标准不一，看不出进步；如果采用百分等级或排名，这个学生永远都在后面，该怎么办？"把成绩不好等同于学生不好，是把问题内化。怎样才能把问题外化？有的老师把问题与人拉开距离，采用多元智能的观点，找出学生在成绩以外的优势，在优势上予以鼓励。学生的自尊心一旦建立起来，成绩也就有可能慢慢提升到合理的位置。这就是把问题外化的思维方式。

外化一般采用以下3种方法：①客观化。将问题和来访者分开，使来访者有空间来审视问题和自己的关系。咨询师可以通过修饰来访者使用的语言，使问题客观化，例如，"他的误解为何让你感到难受？""内向是怎样让你无法和人形成朋友关系的？"②命名。在经过一段谈话后，咨询师可以请来访者对其描述的困扰或经验取个名字，例如，"和你谈了不少有关你在学校里的一些事情，不知道如果要你为你在学校里碰到的讨厌的事取个名字，你会叫它什么？"在咨询过程中，来访者的叙述仍不充分时，命名可能会有困难，此时可以以"它"或"这个困扰"来指称，等咨询较多时再请来访者命名比较合适。③拟人化。这是较具戏剧效果的方法，是将问题视为有生命的个体，它是有动机、有想法、有感受的东西，它会侵入来访者的生活领域、人际关系。例如，"冲动这家伙经常对你说些什么？""逃避这个坏东西似乎溜进了你的学校生活，你知道它有什么企图吗？"

3. 由薄到厚：形成积极有力的自我概念

一般来说，人的经验有上层经验和下层经验。上层的经验大多是成功的经验，形成正向积极的自我认同；下层的经验大多是挫折的经验，形成负面消极的自我认知。如果一个学生累积了比较多的积极自我认同感，凡事较有自信，就不太需要教师、父母多操心。相反，如果一个学生消极的自我认知远多于积极的自我认同，就会失去支撑其向上的力量，沉沦下去。后现代疗法的辅导方法，是在消极的自我认知中，寻找隐藏在其中的积极的自我认同。后现代疗法的策略有点像我国古老的太极图：在黑色的区域里隐藏着一个白点，这个白点不仔细看还看不到。其实白点和黑面是共生的。如果在人的内心，当白点由点被扩大到一个面的程度，整个情形就会由量变到质变。找到白点之后，如何让白点扩大呢？后现代疗法的心理辅导采用的是"由单薄到丰厚"的策略。后现代疗法学者认为，来访者积极的心理有时会被自己压缩成薄片，甚至视而不见。如果将薄片还原，在意识层面加深自己的觉察，这样由薄而厚，就能形成积极有力的自我观念。

（二）焦点解决短期疗法

焦点解决短期治疗，主要是20世纪80年代由沙泽夫妇创立的一种后现代心理疗法。作为一种专业的介入，焦点解决的治疗流程与步骤清晰明了，且具有单次咨询的精神，即把每一次的咨询与治疗视为是第一次也是最后一次，因此每一次的咨询构架都是一样的。整个焦点解决短期治疗的咨询次数可为一次或连续多次（平均为五次）。每次咨询的时间约为60分钟。每次咨询的整个过程大致可以分为三个阶段：建构解决的对话阶段；休息阶段；正向回馈阶段。第一阶段约为40分钟，其余两个阶段皆为10分钟。

1. 建构解决的对话阶段

这一阶段是会谈的主轴，所以我们称为建构解决的对话阶段。在对话的过程中，咨询师通过"建设性预设问句"所选取的方向、所使用的语言而产生的暗示和教育作用，试图影响来访者改变其认知，引导出正向解决问题的思考方式。因此，咨询的过程是注重"改变"的对话历程，在这一过程中，强调正向的、积极的、建设性的取向，则解决之道自然会被引出。

（1）准备阶段。在这个阶段中，咨询师与来访者寒暄，简单介绍咨询的流程。在工作者说明的同时，即引导来访者进入正向的、未来得及解决导向的会谈中。如果在休息阶段咨询师会使用工作小组的形式，亦需在此阶段让来访者知道。

（2）问题抱怨阶段。在这个阶段，咨询师以倾听、接纳、同理的态度，收集来访者的抱怨。然而，与其他学派不同，焦点解决学派强调这一过程聚焦于来访者已使用过的解决问题的行动，即肯定来访者已经做过的有效的事情。同时，咨询师除了反映来访者的感受之外，更会暗示事情是有其他可能性存在的，以企图松动来访者的负面感受，使来访者的目标从抱怨提升为希望改变。

（3）设定目标阶段。这一阶段，咨询师会协助来访者发展出具体可行的目标，且是来访者需要的目标，而非咨询师为来访者设定的目标。因为有了目标就会有改变的动力。这里所强调的具体可行的目标指的是正向的、具体的、一小步的、在来访者"可控"范围内的、实际可行的目标。目标的形成是咨询师与来访者合作的过程，可以使用奇迹式问句、循环式问句、排序、评量式问句等技巧。

（4）探寻解决方案阶段。一旦来访者设定了正向的目标，接着咨询师就会协助来访者探索自己的资源，以达到所求的目标。焦点解决疗法典型的做法将焦点集中在问题不发生的时间、地点、活动等细节上，运用例外式问句、奇迹式问句、评量式问句等引出例外及其解决问题的弹性，并开发来访者的内在资源，让来访者发现那时自己是如何做到的，从而引出解决之道。与此同时也暗示来访者，咨询师相信他们做得到，且他们早已开始做一些有益的尝试。

2. 休息阶段

通常在第一阶段进行 40 分钟之后，咨询师会告诉来访者要休息 10 分钟，并稍后回来给予回馈。在来访者休息的时间里，咨询师会独自跳出咨询的情境，回顾这个对话历程并加以整理，或与协同小组中心成员进行讨论，而后回来提供给来访者一些回馈。休息阶段作为焦点解决学派治疗过程的一个整合的部分，这段暂停时间将使正向回馈更为聚焦、有组织及有方向性。

3. 正向回馈阶段

焦点解决的治疗过程有着公式化的回馈。在休息阶段之后，咨询师将会用 10 分钟左右的时间给来访者一些回馈。回馈的内容包含给予赞美和肯定、提供讯息及布置家庭作业。

（1）给予赞美和肯定。赞美的意义在于赋能，通过咨询师对于来访者自身和其正向资源、能力的鼓励，使得来访者注意到自己原本存在但被忽视的内在力量，改变来访者的主观认知，从而提升来访者为自己负责的能力与意愿，进而鼓舞来访者能持续行动以寻求改变。

（2）提供讯息。讯息的提供，可能是专家的观点或理论，也可能是来访者目前正在做而且有效的行动，或是其他一些想法。其目的在于将来访者的问题一般化，或是对问题提供不同的意义和观点，同时提供形成家庭作业的脉络。

（3）布置家庭作业。家庭作业就是来访者在下次会谈前必须完成的作业或任务，旨在巩固治疗效果、增强改变信心、实现预定目标。

第五章　心理障碍与心理健康

心理障碍是心理的特殊表现，又常被称为心理或行为异常。在传统概念中，心理障碍包括精神病、神经症、人格障碍和精神发育迟滞，也包括常见的情绪障碍，如焦虑障碍和应激相关障碍。心理障碍既是心理健康方面的典型的异常现象，又是健康心理学研究目标之一，因为要维护一个人的心理健康，就应该明确防治心理障碍，才能真正促进心理健康。

但是，需要明确的一点是，从心理健康到心理障碍不能简单地理解为病与非病的区别，也不能简单地认为某人一旦被医生判断为患有某种心理障碍就完全不属于健康人了，因为即使一个人患有某种类型的心理障碍，也只能说他是某一方面的心理活动出现了异常，不代表他所有的心理活动全部出现了障碍。而且，通过心理咨询、心理治疗或心理学的专业人员的其他治疗，其异常的心理活动是可以转化为正常的心理活动的。

第一节　大学生常见情绪与情感问题

一、大学生情绪情感特点及常见问题

现代大学生的人生阶段正处于我国社会迅猛发展、经济高速增长的历史时期，且信息发达，物质较历史上的任何时期都更加丰富，人们的思想感情也承受着各种观念的冲击。处于这样一个时代的大学生，其情绪情感无疑更加多元和复杂。

（一）大学生情绪情感特点

1. 丰富性和复杂性

无论是初入大学的大学新生，还是即将毕业的大学生，其生理都是处于青年期的阶段，生理成熟，在内分泌的生理作用下，其内心敏感、丰富、细腻、变化微妙，甚至难以言表。而时代的变革或变化、各种思潮的冲击和影响，又会使大学生产生困惑或迷茫，一种新事物的产生，各个年龄的人必然会有不同的观点，同时各个不同职业、不同阶层的人也会有不同的看法，历史也会做出不同的选择。以上所有这些外部环境的变化和反应，都会对大学生态度和情感产生多方面的影响。

大学生要接受高等教育，在此期间要完成其人生的重要的学业部分——专业的学习和训练，同时，要处理过去从没有处理过的人际关系问题，还可能会遇到自己喜欢的异性，

希望成就自己生理成熟后的首个美好爱情。由此构成了青年大学生的丰富而复杂的情绪与情感。

2. 不稳定性

由于大学生心理发展尚不够成熟，社会经验不足，对容易出现引起情绪反应的生活刺激事件的刺激阈偏低，一次考试、别人的一句玩笑话、偶然出现的身体不适、一直隐隐担心的认为是缺陷的形象问题（例如雀斑、矮胖），都会影响自己的心理稳定，有时甚至会产生较为强烈的情绪波动。另外一个重要的原因是，由于过去学校心理健康教育相对薄弱，在中小学阶段，大多同学未能深入接受心理健康教育，不知道如何应对和排解不良情绪，使大学生一旦遇到不如意事件时容易产生较为强烈的不良情绪，而控制情绪的训练不足的后果也导致大学生容易冲动，有焦虑、急躁、悲观、失落等表现。

（二）大学生的情绪情感常见问题

1. 自卑。自卑是自我评价过低、对自己的能力持怀疑和否定的态度和情绪。自卑的表现多种多样，有人对自己的身体表现得不自信，如自认为的某种生理缺陷（认为自己长得丑、矮、胖、黑、眼睛小、鼻子大、腰粗、跑得慢、声音不好听，等等）。或者自认为某种生理暗疾，如失眠、盗汗、月经不调、生殖器短小等，由此认为自己天生不如别人。也有些同学自卑表现为心理、社会能力方面，如不会与人交往，害羞、胆怯、恐惧、容易紧张甚至焦虑等等。或者自认为自己的学习能力、才华、才艺没有什么特长，不愿与人沟通，产生畏难情绪和逃避行为。甚至有人由此产生孤僻、多疑、偏执、消沉等各种烦恼。

2. 忌妒。普通的忌妒表现为对别人有超过自己的成绩、荣誉或赞誉、奖励、机遇等时产生的内心消极、抵触和痛苦、愤怒等不良情绪。

产生忌妒的原因是多方面的，一个人的成长和接受教养的环境，是否学习和接受过自我处理不良情绪的训练和如何去学习和欣赏别人的优点和长处，与比自己优秀的人相处的方法和技巧的学习，学习如何去赞美别人、愉悦自己、发展自己，都与之有非常重要的相关性，如若不然，心胸狭窄、扭曲，习惯于在发现别人比自己强时要么恶语中伤，要么夜郎自大，在别人不如自己或失败时幸灾乐祸，甚至还自认为这是有上进心、进取心的表现，而实际上只能可悲地表现出心胸狭窄、世界观的歪曲，朋友也会疏远。

忌妒在心理健康方面造成的损害尤其大，心理失衡造成的不平、难过会产生烦躁、痛苦、不安，继而会出现对忌妒对象的不满和愤恨。忌妒者将别人的幸福和自己的不幸联系起来，形成加倍的痛苦。而且，对于聪明和有才华的人，由于忌妒不但自己的才华得不到发展和施展，聪明才智用于忌妒，则会比别人更加痛苦。《三国演义》中的周瑜，才华出众，本可以大展宏图，不料却被小小的忌妒心理取了性命。当然，如果依了"忌妒之心"，想方设法去破坏别人的成绩或生活，甚至疯狂地不顾一切去"取"他人性命，去触犯法律，走上犯罪道路，最终被法律制裁的话，最后只能自己承担恶果。而多年努力取得的一切美好现状和将来美好前景也都毁于一旦了。

3. 愤怒。一个人产生愤怒，大多是因为遇到自己认为不应有的挫折或打击，如个人尊严受到挑战、名誉受到玷污、生存遇到危机等情况。当然，根据心理学的研究，个人的气质类型、性格、生活经验、处理事务或矛盾的技巧等也是影响愤怒产生的重要因素。年轻人生活阅历少，同时又年轻气盛，难免遇事容易冲动，自我克制不住。但脆弱的自尊与沟通能力差相结合，再加上对别人的尊重、理解、包容度尚未修炼到相应的高度和深度的时候，对于不公正待遇以及形形色色的矛盾冲突的突然降临，事到临头时脑子一热的冲动，就会不想克制自己，只想出了这口恶气。

二、焦虑、抑郁及其他

（一）焦虑

我们会觉得消除焦虑的不健康状态是理所当然的。但是焦虑又似乎和我们如影随形、无处不在。医学心理学认为，人们的普遍的焦虑和焦虑症是不同的。也就是说，在心理学或医学家的"词典"里也不是完完全全没有焦虑的。因为适度的焦虑是每个人在生活中都会遇到的。例如考试、期待某一重大时刻的时候、羞耻或处于某些特殊场合等等，都会有焦虑感。但这些焦虑不但无害，反而是有益的，它能激发我们的活力，促使我们去探索，引导我们向往美好，对抗不应有的冷漠。适度焦虑在社会进步、文化发展、人与人和谐相处以及人的心理成长和成熟方面都扮演着重要的角色，可以这样说，生活离不了焦虑。但是从健康心理学的角度说焦虑必须适可而止，过度的焦虑是有害的，甚至会严重危害健康。心理学家对焦虑症的特点的描述如下：

1. 焦虑表现是突出的、强烈的或持久的，是与处境不相称的不安和痛苦体验，典型的焦虑症表现为一种没有明确对象或缘由的提心吊胆及惶恐不安，心理学上也称为无名焦虑。

2. 伴有精神运动性不安，即这种焦虑不安多伴有运动性表现，如坐立不安、来回走动、肢体的震颤或抖动等。

3. 伴有躯体不适的自主神经功能症状，如出汗、口干、心慌气短、胸闷、心悸、尿频尿急等。

焦虑症的症状可以是急性的、突发的、呈发作式的，也可以是慢性的、持续的、长期存在的表现。在医学心理学中被称为急性焦虑发作和慢性焦虑。当然，还有心理学家根据自己的研究，所列出的对于焦虑的分析和论述，例如弗洛伊德就曾将焦虑分为"客体性焦虑""神经性焦虑""道德性焦虑"；还有哲学家对焦虑从哲学的角度进行过深刻的论述。

（二）抑郁

抑郁是一种悲伤或低落的不良情绪，通常所说的烦闷、郁闷、伤心、伤感、难过等都是说的和抑郁相关的不良情绪。但是从健康心理学的角度来说，即便一个人是非常健康的，也不能在其生活的所有时间里都是阳光灿烂、兴高采烈或无忧无虑的。不过，生活中常见的忧愁和悲伤、郁闷只要还在可控的范围之内一般并不会构成健康威胁，如果在一般情况下，可以自行排解或转化，也不需要外界干预或专业人员的帮助。当然一个人的心理调节能力和对于外界挫折或打击的承受能力是不同的，这和一个人的文化修养、心理品质、个人信念或自信、自我情绪的管理能力水平相关。在这方面，每一个人都需要坚持去学习和培养。可是，假如一个人心理活动的耐受力不强，同时又经受了较大的挫折或压力，就有可能出现心理失衡或者抑郁性反应。另外，还有一些情况是，遇到的是常见的或较为一般的心理打击或挫折，而出现了较为严重或明显的抑郁情绪，就属于心理活动的强度较差，因为，有些大学生自幼受到了较多的爱护和保护，或者接受的是"只要学习好就一切都好"的单一形式的教育，对社会生活缺乏了解，对别人缺乏理解，对个人心理缺乏认识，对如何处理人际矛盾和如何应对心理挫折缺乏心理准备和锻炼，一旦出现一些坎坷就会产生较为强烈的心理反应或抑郁情绪，这也是在意料之中的。

如果是出现抑郁障碍，如何识别呢？首先，是抑郁的反应和其所遇到的境遇或困境不相称，抑郁反应太过明显或超过了通常应当缓解改善的时间，表现为悲观、抑郁、愁闷不能改善，也可能伴有失眠、伤感和心情低落。抑郁可以逐步加重，渐次会出现自责、自罪、自我评价过低，认为前途渺茫，对生活的兴趣下降。进一步发展还可能有懒言少语、注意力下降、思考困难、躯体不适感增加等情况，严重时会有厌世轻生的观念。

抑郁属于对心理健康危害较为明显的一类情绪情感障碍，无论是大学生本人、学校教师还是辅导员、学校心理教师等都应当重视，不可等闲视之。

除焦虑、抑郁外，还有一些其他不良情绪或情感的情况要予以关注。例如兴奋，尤其是过度的兴奋、情绪过度高涨、不知疲倦，甚至凌晨即起、挥霍钱财、做事虎头蛇尾等；或者过于敏感、易怒、偏执、容易与人发生矛盾；或者情绪忽高忽低，高兴起来喜形于色，悲伤起来闷闷不乐甚至痛苦不堪。这些不良情绪情感无法摆脱，家人、同学、朋友劝说无效或虽有效但效果微乎其微，这时就应当提高警惕，必要时要请专业心理老师或精神科医师给予诊断、鉴别了。

三、情绪管理

情绪管理是心理学应用在企业工商管理（MBA、EMBA）领域的典型代表，是近些年随着 MBA 发展，丰富以后，将心理学融入其理论课程中成为必修课程之一的结果。

情绪管理的基础是情商（EQ），情商对应的是智商（IQ），主要包括了解自身情绪、管理情绪、自我激励、识别他人情绪和处理人际关系五个方面。美国科学促进协会研究员丹尼尔·戈尔曼指出，提高情商是把不能控制的情绪变为可控制的情绪，从而增强理解他人及与他人相处的能力。戈尔曼认为情商是领导力的重要组成部分、现代最新的研究显示，一个人的成功，20% 归功于智商，而 80% 则取决于情商，可见，情商是决定人成功与否的关键。

情商是可以通过课程学习和训练提高的，先天的差异反而不大，而青春期和青年期则是学习训练的关键期。而且,学生时期既面临学习压力,又面临心理、生理的种种变化,极易产生各种心理失衡和复杂的心理矛盾。常见的种种问题困扰,如厌学、叛逆、考试焦虑、与同学关系紧张等等,都会导致情绪困扰,究其产生的原因,既有外界环境因素,又与情商和情绪管理的学习、训练息息相关。

情绪管理是指通过研究个体和群体对自身情绪和他人情绪的认识、协调、引导、互动和控制,充分挖掘和培植个体和群体的情商,培养驾驭情绪的能力,从而保持个体或群体的良好情绪状态,并产生良好的管理效果。具体做法包括认知调适、合理宣泄、积极防御、理智控制、及时求助等。这种理论认为,不良情绪虽然不能被完全消除,但可以进行有效疏导、有效管理、适度控制。

情绪可以简单地分为积极情绪和消极情绪,情绪引发的行为也有好坏之分,所以情绪管理不是消灭消极情绪,也不可能完全消除消极情绪,而是管理消极情绪,疏导消极情绪,将消极情绪转化为合理情绪,这是情绪管理的基本范畴和作用。

情绪管理的具体做法所依据的理论和方法很多,下面主要介绍几种。

(一)接受现实,顺应自然

在中国古代哲学思想中就含有许多崇尚自然、敬畏自然、顺应自然的内容,如"知足常乐""塞翁失马,焉知非福""好事多磨""坏事变好事"等等,都是古人在这方面的智慧结晶,是古代人们应用辩证的哲学方法来进行自我情绪管理、保持乐观心态的,长期实践以后总结的人生经验,对于摆脱烦恼、总结经验、自我激励都很有用处。

(二)心理防御方法应用

自从弗洛伊德提出心理防御机制以后,心理学家对心理防御机制的研究就不仅限于病人,其在情绪管理方面的应用和分析对人们帮助也很大。例如,否认(又称拒绝)。当一个妇人在丈夫去世很久以后仍然不愿意承认丈夫不在人世的事实,每天吃饭时仍然摆上他的碗筷,在家整理好丈夫的衣服和鞋子,和别人交谈中也称丈夫只是外出公干而不是死了。尽管她生活和交往中的其他方面都正常,没有问题,但她不愿面对事实的非客观态度,却引起了周围亲友想要试图去纠正她的强烈愿望。心理学对此的解读是虽然来访者是从客观上否认和逃避现实,不愿面对,但在另一方面,其心理上所承受的痛苦却也能够由此得到缓解或暂时摆脱。这就是心理防御机制应用的一种。

还有一种是升华,这是当一个人遭遇挫折或打击而导致其重要的情感或人生目标无法实现时,会采用的一种更加高尚、合理、有益超脱的方式去应对的心理防御机制。例如,一个人失恋以后,强忍痛苦,刻苦学习、工作,反而使其成就了一番事业;对于误解或伤害过自己的人以德报怨、不计前嫌,最后成就了一段佳话,如中国古代的《将相和》的故事、大文豪歌德因失恋而创作出《少年维特之烦恼》,都是很好的例证。

(三)宣泄或替代

不良情绪是可以通过宣泄得到缓解的,但宣泄的时机、对象、方法的选择同样非常重要。

有人稍有不顺及不平时就哭、喊、吵闹，这显然是"失度"的，也有的人的宣泄"失时"，即在不恰当的时候，不分场合、环境进行不恰当宣泄。过分地、因为一点儿委屈而长久地发泄不满，也属过度。发生矛盾、不顺时，不能体谅别人，随意指责别人、发泄不满也属不当发泄。各种不当表现不一一列举。用不恰当的方式或利用不恰当的物品发泄，也会有不良后果。如我们看到媒体报道，有人因航班延误，大怒之下砸坏机场的公用设施，最后被警方带走、接受教育处罚并赔偿相应损失的事件就属此类案件。

合理的宣泄包括找人倾诉、表达不满或相应情绪，参加某些体育运动等。

（四）适当的表达方式

学会适当的表达方式属情绪管理的重要方式之一，如果不能以适当的方式表达，常常会形成无效沟通，自己的心情、感受、观点，对方不能很好地理解，甚至可能传递错误的信息，造成不良气氛，矛盾非但不能解决，还可能加重，最后不欢而散。例如，妈妈常常批评责备儿子："你看你，就不能认真点儿吗？瞧这儿弄得乱七八糟的，还净是弄错的！"儿子听后不服气，反驳道："你来弄还不如我呢！"而妈妈如果换一种表达方式，说："哎呀，这么乱，弄得还不对，看来不好弄啊，真让人着急呀！"产生矛盾的概率就会小很多。这就是说，不良情绪因为较为恰当的交流、表达意见的方式而得到了有效管理和控制，发生不良情绪的概率也小多了。合理和适当的表达方式是要学习和训练的，掌握适当的表达方式无疑会提高情绪管理水平。

（五）其他

其他情绪管理方式还包括理性情绪疗法的应用、学会识别他人情绪的方法、学会处理人际关系的技巧等等。理性情绪疗法简称REBT，是由美国心理学家阿尔伯特·艾利斯于20世纪50年代创立的理论。合理情绪疗法的理论核心是认为一个人所产生的情绪并不能单纯地认为是由于其环境或所遇到的事件引起的，主要起决定作用的是个体对这一诱发事件的认知和评价，这又被称为"ABC理论"，即A指诱发事件，B指个体遇到事件后产生的相应的由于其信念而衍生的想法和评价，C指个体针对这一事件所产生的情绪及行为结果。所以，理性情绪疗法的理论认为，一个人之所以产生不良情绪并不一定和其所遭遇的事件的大小、糟糕程度直接相关，反而主要和个体对其事件的认知、信念、评价有关。例如，同样一件挫折性事件，对于甲不构成产生不良情绪的条件，而对于乙则会产生明显的不良情绪，这主要是由于乙所持有的不合理信念及对事件的评价所产生的，而不合理信念经艾利斯总结归纳为三类，即"绝对化""过分概括化""糟糕至极"。例如考试失利，除重大考试以外，一般均不会构成对个人的严重影响，但对于有绝对化观念的人来说，就可能因其"因为我是优秀的学生，即使是一次普通考试也不应该考得不好"的信念作用，致其不能接受这样一个结果，从而产生明显的负性情绪。

应用理性情绪疗法，需要在学习和理解其理论的基本原理之后，学习分析自己产生负性情绪的原因，学会认识和纠正非理性信念，最后通过重新建立的理性信念达到纠正负性情绪为正性情绪的目的。一般来讲，个人学习掌握以上理论和方法会有一定的困难，常常需要心理老师、心理辅导员或心理咨询师的帮助，另外，学会识别他人的情绪，学会处理人际关系，也是情绪管理中很重要的方面。而且现代社会的发展，使人们更加重视一个人把控自己的能力、与人合作处理人际关系的能力。也就是人们越来越多地研究情绪管理，并将其与一个人的基本能力和可发展、培养的潜在的领导能力结合起来看待了。

第二节　常见心理障碍类型

　　心理障碍是心理的特殊表现，是指心理变态或行为异常，或是指心理与行为显著偏离正常。按照医学心理学的概念，心理障碍包括精神病、神经症、人格障碍和精神发育迟滞，也包括某些情绪障碍，如焦虑障碍、应激相关障碍等。除其他章节已经介绍的以外，本节介绍一些常见的心理障碍。

一、恐怖症（恐惧症）

　　一般来讲，正常人对某些事物或情境也会有恐惧，如毒蛇猛兽、黑暗可怕的环境等等，这种恐惧非但不应称为异常，而且还对人有益，它可以保护人类自身，规避危险，保护自己不受伤害。而恐怖症则是对某些客体或处境有过于强烈的恐惧，即恐惧的程度与实际处境所面临的实际危险不相称，自己也知道这种恐惧过分或不必要，但又不能克制。而且这种恐惧不是偶然的，而是持续存在、干扰到正常生活和社会活动的症状。常见类型有如下几种：

（一）场所恐惧

　　青年多发，多在20~35岁，女性多于男性，主要的恐惧对象为特定的场所或环境，如广场，高楼，人多拥挤的商场、剧场、车站，甚至是公共交通工具、密闭的电梯等。患者由于过于担心恐惧发作而会产生尽可能的回避，不得不面对这些场景时则会出现心慌、出汗、气喘、焦虑甚至多种自主神经性反应的症状，严重时伴有多种神经异常。

（二）社交恐惧

　　这也是青少年易发生的一类心理障碍，主要是害怕与人交往，有些人特别羞于看到异性或与异性相处，尤其担心和害怕与对方目光相遇或是被别人注视。对于自己可能出现的不自然的态度和行为极为敏感，害怕自己脸红、言行举止不得体。自知不应该但无法克服，严重时出现回避行为，如不参加聚会、不在公共场合讲话、尽量不参加会议。不仅娱乐活动会大受限制，过于严重者会将恐惧对象泛化到熟人，如兄弟姐妹、好友、邻居、父母、公婆（岳父母）、配偶，生活会因此受到严重影响，且周围的人大多不能理解。

(三)特殊恐惧(单一恐惧)

这种类型恐惧的主要是特定对象,如有的人害怕小动物,如猫、狗、青蛙、鼠、鸟、蛇等,或是某些物品,多见于害怕尖锐物品,如刀、剪,尤其是带有血迹的这类物品,或者是某些特定的情境,如电闪雷鸣、风雨交加、黑暗、波浪汹涌的水面。患者明知这些恐惧不合理,但仍然不能自制,致使生活受到影响,不过一般只要不遇到某些特殊场景,恐惧障碍的特征不会表现出来。

二、强迫症

在生活中,其实很多人都可能会有做事求完美或希望增强确定感的情况,但大多数人同时也会根据客观实际适可而止,并不会去追求极端化。例如学习时做题或者考试,虽然都会希望100%正确,但也不会太苛求自己。但如果某人特别情绪化地追求这种极端的、绝对化的目标时,则会因为理想和现实的差距或矛盾而烦恼不已。以上这些表现在心理障碍的类型上,就可以表现为强迫症。强迫症的症状特征是有意识的自我强迫和反强迫并存,两者在心理上的强烈冲突使其焦虑和痛苦。明知这种强迫观念或行为冲动来源于自己,但又违反自己对现实的认识和行为意愿,自己虽极力抵抗,但仍无法控制和摆脱,其社会活动功能会严重受损。症状表现主要分为强迫观念与强迫行为两类。

(一)强迫观念

1. 强迫思维。患者经常在头脑中出现一些自认为是不好的、不祥的、厌恶的字、词或短语,越是不想让它出现,越是控制不住。

2. 强迫性穷思竭虑。这类患者头脑中时常出现的是一些没有意义的或早有答案的问题。例如"地球为什么被称为行星?""猫为什么不能叫作狗?"

3. 强迫怀疑。患者的怀疑主要集中在对自己做过的事情上,例如是否是锁好了门才出门的?煤气开关是否关好了?账目是否记得正确无误?交给老师的作业是否全部改正错误了?以致要多次反复检查、核对。

4. 强迫回忆。与强迫怀疑类似,表现为反复回忆和验证自己经历过的事情,对某些事物、人物等的记忆是否正确,如不能正确回忆,则十分痛苦。

(二)强迫行为

1. 强迫检查。如反复检查电源、煤气开关、门窗、账目、重要物品等等。明知已经检查过若干遍了,但仍不能停下来。

2. 强迫洗涤。由于担心被不洁物污染或沾染病毒、细菌等而长时间反复清洗衣物、床单,洗手,对某些物品如门把手等反复用消毒剂消毒,等等,自知没有必要,但控制不住。

3. 强迫询问。由于不能相信自己,患者表现为需要反复询问他人,要求其予以保证、解释、说明、安慰,以此获得心理焦虑的缓解。

除了以上表现以外，强迫症患者还有一些特别的表现，如强迫联想、强迫意向、强迫计数、强迫缓慢、强迫性仪式动作等等。

三、精神分裂症及其他妄想性障碍

如果一个人不是一般的心情不好，或担心害怕等，而是对现实缺乏认识检验能力，对自己也由于精神异常而不能正确自知或自省，可能就成了另一类精神障碍的患者，这一类就是精神分裂症或妄想性精神障碍。

在这一类病症当中，有精神分裂症、偏执性精神障碍和急性短暂性精神障碍。对这一类心理疾病（精神疾病）的认识是伴随着心理学和精神医学的发展而逐步深入的。19世纪时，德国精神科医生克雷佩林开始对这一类精神疾病进行研究和分析。之后一直到深受弗洛伊德心理学影响的布鲁勒，最终确定其以"精神分裂症"命名。目前，对它们的研究认为，这类疾病与外界的环境及精神刺激没有一定的因果关系，仍属病因不明的特殊精神疾病，且症状表现多种多样，意识清晰，智能尚好，有的类型有认知功能损害。大多青壮年起病，慢性病程明显，其表现有感知觉障碍、思维障碍及情感不协调，如幻觉、妄想等等。

（一）偏执型精神分裂症

此类型最常见，以幻听等幻觉及关系妄想、被害妄想等妄想症状为主要症状。

（二）紧张型精神分裂症

这种类型以明显的精神运动性症状为主，可以单一地或交替地出现紧张及兴奋型症状，典型的可以表现为行为违拗或紧张综合征。

（三）青春型精神分裂症

此类型的发病者多为急性发作的青少年，主要表现为情感及行为紊乱，甚至幻觉和妄想。

（四）单纯型精神分裂症

此类起病慢，多容易被人忽视，表现多有懒散、孤僻、退缩、情感淡漠、思维贫乏，往往也是治疗效果不好的一种类型。

除了精神分裂症以外，在此类疾病中，还有两种类型的病症，偏执型精神障碍也是常见类型之一，主要表现为固执、敏感、猜疑以致妄想。例如，一未婚女性坚持认为某男明星通过表演及网络发言暗示对自己的爱意，其社会地位、名气，甚至妻室、家庭都不能动摇对自己的爱，而且声称只有自己才能给对方真正的幸福。

另外一个类型是短暂性精神障碍，发病多与某种生理因素有关，如疲劳、缺氧、缺乏营养和水分、精神应激等，可有精神异常的急性症状，休息或生理状况改善后，精神异常症状大多可缓解。

无论是神经症还是精神病性障碍，因都属于精神异常，所以最终都需要精神科专科医师来予以诊断、治疗，不可自行简单处置。如果学生在学校中发现或怀疑自己或他人有类似心理障碍的可能，则应及时报告老师或相关学校领导，由老师或学校领导指导处理，在有条件的情况下，可以请心理科或精神科医师予以甄别、诊治。

第三节　心理健康问题

除心理障碍或称精神异常的各类精神病态以外，在正常状态下，心理活动也不完全都是在健康状态之下进行的，也就是说在心理正常状态下，也存在一些心理健康问题，我们称之为"心理不健康状态"，或称"心理健康问题"。常见的有一般心理问题、严重心理问题。

一、一般心理问题

根据健康心理学的研究和分类，一般心理问题有四个方面的特征。

（1）一般心理问题由生活、学习、交往等方面的矛盾、压力、挫折或打击而引起，致产生心理矛盾、痛苦、冲突及情绪不良和相应的心理损害。如烦恼、懊丧、苦闷、痛悔、自责等等。

（2）这种不良情绪或心理不健康状况可能在持续一定时间后，没能够自行化解或改善，一般以持续一个月或间断地持续两个月为限。

（3）这种心理的不健康状况基本上是可控的，即来访者能够不失态，在工作、学习、交往中能够保持理智，且工作学习效率虽有一定的下降，但其个人能够体会和认识。

（4）不良情绪仍局限于事件本身，对其他无关的人、事没有相应的影响。

二、严重心理问题

与一般心理问题相对应的也有四个方面。

（1）引起心理问题的"事件"或原因较为强烈，属于对个人生活威胁较大的生活事件或刺激，其心理矛盾或痛苦虽未脱离现实，但相对一般心理问题而言，较为严重，如悔恨、悲观、委屈、恼怒、失落、哀痛等。

（2）心理痛苦的持续时间通常为两个月以上、半年以下。

（3）在很多时候，都存在在遭遇"事件"或精神挫折时有较为明显的心理损害或反应，并可能伴有短暂的失去理智的言行。以后虽然随着时间的推移，痛苦有所减弱，但生活、学习、社会交往还是会受到较为明显的影响，尽管每个人程度不同，但多数均需要他人施以援手，给予帮助或"干预"。

（4）痛苦或不良情绪有所发展，已不仅限于最初的刺激事件，与最初刺激的"生活事件"相关联的刺激也可以引起痛苦的心理反应，在心理学上称为"泛化"。

综上所述，无论是一般心理问题还是严重心理问题，都没有发展到心理障碍的层面，大多可以经过心理调整、劝说、疏解等改善或缓解。如果较为明显或严重，对生活学习造成了较明显的不良影响，则需要给予帮助，这时父母、亲友、同学、老师的帮助都会起到一定的作用，如果效果不好，应该考虑请专业的心理老师、心理咨询师或心理专家，甚或专业心理医生、精神科医师来帮助。

第六章 人文素养基础理论

第一节 大学生人文教育导论

一、人文教育的起源与发展

"人文"就是人类文化的简称，是人站在自身或者其他角度，用自己或别人提出的方法对世界中已知或未知存在的客观事物或现象进行理性思考而总结出的符合世界发展规律的、又能被大众接受的属于个人主观性的知识点。

人文是一个动态的发展概念。随着社会和科技的进步，其内涵和外延在不断丰富。"人类社会的各种文化现象"就是人文，这是《辞海》的表述。人类或民族或种群所具有的共同符号、规范和价值取向就是文化。而文化的核心是价值观，主要内容包括习惯、道德、法律规范等。无论是在西方还是在东方，无论是在中国还是在外国，人文作为人类文化的一种基因，作为一种朴素的习惯和意识，可谓源远流长。人文作为社会潮流、普遍文化，成为更多人、更大人群共同具有且发展为稳定之价值观及规范，出现在我国春秋时代。傅斯年先生曾经指出：春秋时，人道主义固以发达。"人文"一词最早出现在《周易》"贲"卦（六十四卦之一），"文明以止，人文也"，指修饰，修饰出美，故曰"美在其中"。

人文在12世纪时通过阿拉伯人传到西西里的罗杰二世与英格兰的亨利二世的朝廷，15、16世纪文艺复兴时期得以昌明，法国启蒙运动时期得以形成，在马克思、尼采、罗素时期得以反思，在现代时期得以飞跃发展。联合国在人文发展期发表的两个人权宣言是人文法制化、国际化的标志，马斯洛提出的需求层次理论和个人自我价值实现的论点，成为现代人文思想杰出的代表，推动其达到巅峰之境。

伴随着历史进程，人类社会已经发生了深刻变化。人文革命——文艺复兴运动，科技革命——近代科学相继诞生，并由此出现两大观念：一是人文观念——尊重人；二是科学观念——尊重规律。随后而来的是始于蒸汽机时代、到电气时代直至电子时代共三个阶段的工业革命，人类社会更是因此而发生巨变。

令人不可思议的是，中华民族在这翻天覆地的变革中始终沉睡而不醒。更可怕的是，当一觉醒来时，又将世界发生的一系列伟大变革以及由此出现的许多人类文明的共同成果，特别是将人文思想和人文精神的杰出成果，僵化教条地定性为资产阶级或资本主义的东西，而加以全面否定、极力拒绝和彻底抵制，不仅人为地增加了实现社会转变的阻力，同时又在民族历史进程中留下诸多空白和断层。更悲惨之处在于：误解空白和断层又得以长时间地充斥于各层次的教育中，令教育者和被教育者都处于尴尬万分之地步，进而严重堵塞了理解现代社会文明进程之途径。

人类社会在20世纪又发生了以信息化、知识化、民主化、全球化为标志的一场新革命。社会本身和人的社会地位都发生了根本性改变。从过去的人被视为"工具人"和"经济人"，发展到当今社会的"社会人"和"文化人"。个人价值不仅得到充分承认，而且人和人相互沟通与相互认同能够顺利实现。

人文是一种思想和观念，但同时人文也是一种制度和法律。人文思想是建立人文制度的理论基础，人文制度又是人文思想得以实现的制度化和法律化之保证。人权观念的诞生以及人权的法制化、人权法的国际化、全球化，是人文真正确立的标志，是人文思想得以实现的根本保证。由人民出版社出版的《童子问易》强调："《易经》讲，物杂成'文'，乾道变'化'。阴阳矛盾相博弈的表现无非就是'文'与'化'，世界各国的最终较量也在于文化。我们要重新赢得世界尊重，还须依靠悠久灿烂的文化传统。"

人文教育是指教育者对受教育者所进行的一系列实践活动和意识活动，进行一种"目的在于促进人性境界提升、理想人格塑造以及个人与社会价值实现的教育"，人性教育是人文教育的根本，人文精神的涵养是人文教育的核心。人文教育迄今为止并没有一种确定且公认的含义，而通常认为表达着以下几种含义：一是人文主义教育，二是人文学科教育，三是关于"成人"教育。人文教育的基本内涵被多数研究者定位于关于"成人"的教育，即第三种。稍加注意就会发现：人文文化和科学文化具有统一性。树立和培养人是教育的根本出发点，并应在价值观念方面确立人本位与社会本位的辩证统一观，注重基础性教育和专业性教育的融合一体性，而非排斥分离性，在此基础上如果吸收前两种人文教育所表达的基本精神，那么人文教育被界定为成人教育之观点就彰显其高度了。人性教育是人文教育的核心，人文教育的核心是涵养人文精神，需要通过文化知识滋养、文化氛围陶冶、文化传统熏陶和人生实践体悟等多种途径来逐步实现，不但需要重视由外至内的文化养成，而且需要心灵觉醒和强调自我体悟，要求理解和重视人生意义，并以"老吾老、幼吾幼"的精神关爱社会、关爱他人。

人文教育的本质乃是弘扬人性，是以人文精神为价值取向的教育。加强大学生的人文教育，提高大学生的人文素质，已经成为我国高等教育面临的迫切任务。为此，我们必须下大力健全高校的人文教育课程体系，强化教师的人文素养提升，全方位地重视校园文化建设。

二、人文教育内涵及大学生接受人文教育的主要途径

（一）人文教育内涵

"人文教育"是当今教育理论界应用比较普遍的一个专业术语，尤其是 20 世纪 90 年代以来，"人文教育"一词的使用变得相当广泛。然而，对于人文教育的内涵，国内外学术界并没有一个严格统一的界定。笔者通过对人文教育历史发展和演进进行概括研究，认为人文教育的本质乃是弘扬人性、以人文精神为价值取向的教育。它以对学生主体性的尊重为前提，以个人潜能的最大发展为目标，以发展学生正确处理本我和自我关系、人己关系、物我关系的能力为目的，指导学生的行为朝着合人道、合规律、合人类共同利益的方向发展。

（二）大学生接受人文教育的主要途径

1. 人文课程

人文课程主要包括政治类公共必修课程和人文类选修课程。政治类公共必修课作为人文教育、通识教育的主阵地，无论是培养"通才"还是"专才"，其所能发挥的巨大作用都是毋庸置疑的。选修课作为人文教育一个重要的补充方面，以提供丰富多样的课程来增强学生选择的灵活性与自主性，充分激发学生的学习潜能，以促进学生既全面又个性地成长。

2. 教师的人文关怀及知识传授

在人文理念真正走入学生心灵，影响学生为人、为事的教育过程中，教师发挥着巨大的作用，其言谈举止、学术素养等都会潜移默化地影响学生积极价值观的形成。影响教师对学生进行人文教育的主要因素有：教师本人的人文素养、专业课上人文知识的传授和师生互动交流中的人文教育。

3. 校园文化环境

校园文化环境潜移默化地影响着大学生人文知识的积累、人文素养的形成及人文精神的培养，健康高雅的文化环境对于大学生的成长、成才起着不可低估的催化作用。高校校园文化的主要载体有：图书馆、人文知识讲座、学生活动、社会实践和宣传教育媒体等。

三、大学生人文教育现状及需求调查

（一）大学生人文教育现状

长期以来，我国的高等教育过分强调科学教育的重要性，甚至以科学教育代替人文教育，导致我国的人文学科教育远远落后于西方国家，引发了诸多社会问题，也不能适应我国改革开放和经济社会发展对高素质人才的需求。因此，加强大学生人文教育，提高大学生的人文素质，已经成为我国高等教育面临的迫切任务。

自 1995 年以来，高校开始逐渐重视并实施人文教育，高等教育中专业教育过窄、人文教育过弱的现象得到了一定改善。但是，高等教育中"重理工、轻人文"的倾向仍然存在；大学校园中商业气息屏蔽人文氛围的现象比比皆是；大学生信仰危机和价值观的迷失也非常普遍。目前各高校虽然对于人文教育的重要性有一定认识，但在落实中却存在诸多的问题：高校领导、教师和学生对人文教育的理解不到位，课程体系不够规范，学生及教师素养还需提高等。在人文教育的推进过程中，教育管理者应该考虑学生到底需要什么样的教育模式。

（二）对大学生人文教育需求的调查研究

本研究以综合性大学——兰州大学的在校本科生为调查对象，选取 19 个专业的学生 300 名，采用问卷调查法和访谈法进行抽样研究，旨在从大学生对人文教育的不同需求中，描述这一群体需求现状的主要特征，进而针对其需求与受教育现状间的矛盾，对大学人文教育提出建设性的建议和对策。

（三）对人文类课程的需求

1. 政治类公共必修课程

多数学生认为该类必修课知识体系较完善，能够发挥人文教育主渠道的作用。但课堂教学质量有待提高、课程体系结构有待进一步完善。被调查学生普遍对艺术、文学、历史学类的课程兴趣较高，认为有必要增设"大学语文课程"作为公共必修课。

2. 人文类选修课

多数学生认为现有的人文类选修课在教学质量、课程种类等方面不能较好满足他们的需求，希望能够增加文、史、哲类的选修课程，其中女生对艺术类课程的兴趣高于男生，对于理工类课程的兴趣要低于男生。

（四）对教师的人文关怀及知识传授的需求

对教师人文素质状况的调查表明，大多数学生对于教师的人文素质持积极的肯定态度，认为政治类公共课老师和专业课老师都具有一定的人文素养。多数学生希望专业课老师能在课程上渗透社会热点话题、交际艺术、文化历史、哲学思辨方面的信息。

（五）对校园文化环境建设的需求

调查显示，图书馆能满足各年级、专业学生的基本需求；对于高质量人文讲座的需求较突出，其中人文社科类专业学生的需求更加显著；对于校园文化活动，多数学生认为大部分都流于形式，没有文化内涵；对于社会实践类活动，多数学生表示很感兴趣，但是缺乏经验和参与渠道。对于社会实践类活动中，其中女生认为很感兴趣但缺乏实践渠道的比例要高于男生，男生对于此类活动持消极态度的比例要高于女生。人文社科类专业学生的实践行为及态度要好于自然科学类专业学生。

四、加强大学生人文教育的建议及对策

通过对大学生人文教育现状及需求调查研究，笔者认为加强当代大学生的人文教育应该从以下几方面着手：

（一）健全高校人文教育课程体系

在大学教育中，人文教育与人文课程是密不可分的，人文教育的价值属性需要依赖于课程来实现。人文教育的关键在于它能够提供多少可以转化为学生心灵的东西。在今日的大学教育中，课程比专业更基本、更关键、更重要。课程是大学教育质量和特色的基石，人文课程的设立和完善对加强大学生人文教育尤为重要。

笔者认为人文课程的设置应具有根基性、导向性、统领性、互补性、和谐性、民族性和本土性等特征。人文课程不仅要传授知识，更需要为受教育者提供一种生活的职业训练。做好高校人文教育课程体系的设置与完善，应该做到以下三个方面：

1. 构建科学的人文教育课程体系

首先，要给人文类课程以足够的重视和充足的学时。大学本科生的课程主要由公共必修课、专业基础和必修课、专业选修课和公共选修课几个模块组成，我们认为包括政治思想教育类、历史类、体育、外语、计算机类课程在内的公共必修课，以及不同学科相互交叉指定或任选的文学艺术与科学教育等课程，总计学时不应少于大学四年总学时的30%。

其次，在具体课程设计时，既要体现综合大学文理科之间的差异，又要考虑到不同类别课程的交叉对大学生人文知识的构建和科学精神培养的潜在影响，还要综合考虑各学科类别的学生所具有的不同的知识基础。

2. 强化通识教育意识，促进专业课程教学中人文教育的渗透

在高校课程设置过程中，人们往往把人文教育与科学教育完全隔离，阻断了人文教育在科学教育专业课程中的有效实现。随着人文教育研究的广度和深度不断扩大和加深，越来越多的人意识到人文教育的实现需要加强与科学教育的有效结合。实现人文知识在专业课程中的渗透，需要不断加强通识教育意识。19世纪初，美国博德学院的帕卡德教授在《北美评论》一文中就曾写道："我们学院预计给青年一种共通的教育，一种古典的、文学的和科学的，一种尽可能综合的教育，它是学生进行任何专业学习的准备，为学生提供所有知识分支的教学，这将使得学生在致力于学习一种特殊的、专门的知识之前对知识的总体状况有一个综合的、全面的了解。"西方高校特别是美国的人文教育发展到今天已经十分系统化和具体化，而我国大学教育仍有很大的不足，不能真正满足人文素质教育发展的要求。因此，加强通识教育意识，使人文教育进入科学教育这个大学教育的主渠道，才能真正在大学教育中得到充分体现。在专业教育中融入人文教育，让学生在潜移默化的过程中提高人文素质。

3. 推进人文教育课程教学内容与方法改革

针对大多数学生非常希望教师能避免"一言堂"模式的教学,更倾向于"以有趣的活动吸引学生参与到课程的学习"的学习需求。笔者认为非常有必要推动人文教育课程中教学内容和方法的改革。

首先,在人文课程教学内容的选取上要注重人文方法的传授。人文方法是指人文思想中所蕴含的认识方法和实践方法。人文方法表明了人文思想是如何产生和形成的。学会用人文的方法思考和解决问题,是人文素质的一个重要方面。科学方法强调精确性和普遍适用性,而人文方法强调确定属性,强调体验,与特定的文化相连。

其次,在教学方法改革上,要加强课堂教学方式改革以及课外文化素质教育实践基地建设。教师在组织课堂教学过程中必须带有亲和力,不能"独断",要让学生有一定的自由度,充分使学生参与到课堂中来,整合各方面的因素,把练习和延伸拓展进行优化设计。这样的课堂才有活力、智慧和情趣,才能真正让学生成为学习的主人。在课外实践环节上,积极建立大学生文化素质教育基地。建设大学生文化素质教育基地,要依托学校所处地域的文化条件和资源优势,充分利用历史文化的丰富资源,组织学生开展历史文化考察和民间文学采风等实践活动,鼓励学生申报与地方历史文化相关的研究性课题,在教师的指导下,形成研究成果,从而促使学生在丰富多彩的地方文化实践活动中感悟中华文化的人文精神与人文力量,促进人文知识对学生心灵的渗透,对学生的身心发展起到量变式的启发和影响,进而阶梯式地达到质变效果,让学生受益。

(二)加强教师人文素养的提升

转变教育观念是加强人文教育的基础,改革、完善教学体系是加强人文教育的根本手段,而提高广大教师的人文素质是加强人文教育的首要前提。

教师的人文素养就是教师所具有的人文精神及教师在日常活动中体现出来的思想、道德、情感、心理、性格和思维模式等方面的气质和修养。教师人文素养的提升要求教师自身不断地加强人文知识的学习,同时具备在实践活动中能够广泛应用人文知识的能力。

由问卷调查可以知道,学生普遍希望老师在传授专业课知识的同时渗透一些社会热点话题的信息(70.4%的学生认同),还有相当一部分学生希望老师传授一些人际交往、公关礼仪等方面的知识。据此我们认为,全面提高师资队伍的人文素养,从以下几方面着手更为有效:

1. 要加强学科间交流,改善和优化教师的人文知识结构

由于我国院校长期以来实行重"专业"轻"基础"的人才培养模式,教师只重视本专业知识的要求,而忽视了学生对其他专业知识的掌握和了解,由此出现了大学理工类教师的人文素质相对较弱,而文科教师的科学素养相对较低的现象。教师文理不能兼通的局限,使得学生既不能在科学教育中充分感受到人文的熏陶,也无法在人文教育中体会到科学的力量。为此,加强学科专业间的相互交叉,促进不同专业教师间的相互交流,已成为学校

专业人才培养方案设置，以及改善教师人文知识结构中一个亟待解决的问题。

2. 教师要广泛阅读，开扩自己的视野

从我们的调查分析可知，多数学生希望在课堂学习中能学到更多的课外知识。所以作为教师，既要关注社会热点现象，也要注重学习优秀的文化传统。教师应努力完善自己的知识结构，因为只有"完整"的教师才能培养出"完整""健全"的学生。

3. 强化教师的责任意识

人文教育不仅仅是掌握一门"交际礼仪"或"音乐鉴赏"，而是在于引导学生懂得人类社会的价值，包括生存的价值、社会的价值、美学的价值等等，利用这些价值导向的作用，让学生成为有个性、有思维、有境界的人。这就要求教师在教学工作中要有高度的责任感和敬业精神，能够做到身体力行，不断提高自己的人文知识和业务水平。

（三）加强校园文化建设

校园文化是学校本身形成和发展的物质文化和精神文化的总和。由于学校是教育人、培养人的地方，因而校园文化一般取其精神文化之含义，即学校共同成员在学校发展过程中，逐步形成的包括学校最高目标、价值观、校风、传统习惯、行为规范和规章制度在内的精神文化，以及校园建筑、校园景观、绿化美化等物质文化，其中以精神文化为第一要义。因此，校园文化是师生精神风貌、思维方式、价值取向和行为规范的综合体现，它在一定程度上彰显了学校发展的独特理念与发展特色，可以说，改善校园文化环境是加强人文教育的重要途径。

1. 丰富图书馆人文类书籍，开展"名著阅读"活动

在调查中得出，78.5%的同学认为图书馆的人文类书籍能较好地满足他们的需求，但是仍需丰富。高校图书馆应该在丰富人文社科类书籍的同时，通过开展"名著阅读"等活动，提高学生阅读人文经典著作的兴趣。

2. 提高校园文化活动质量

我们调查到有88.4%的同学认为学校比较缺乏人文类讲座，而自然科学类专业的学生对于此类讲座的需求更加强烈；对于校园活动，66.3%的同学则认为目前大部分活动流于形式，并无文化内涵；对于一些社会实践活动，人文类专业的学生则表现出极大的积极性，但是学校提供的平台较少。针对此类现象，学校方面应加强校园文化建设，一是增加高质量人文类讲座的举办，同时做好宣传工作，让学生有更多的机会与大师接触、与名家接触，体悟人文精神之美；二是开展健康向上、格调优雅、内涵丰富的学生文化活动，对学生会、社团等组织的活动严格把关，防止活动过滥、过杂、过吵，坚决杜绝"形式主义"；而对于社会实践活动，除每年暑期各学院、社团组织的实践活动外，建议各学院增强实践基地的建设，让学生能够在暑期获得实践学习的机会。

3. 提升校园"软""硬"件水平

学校要在校园建设中充分体现人文关怀，着力营造书卷气息和儒雅氛围，为人文教育

提供良好的外部环境。为此，应当做到：一要精心设计，构建绿化、美化、知识化的校园环境；二要与时俱进，倡导开拓、进取、创新的人文环境；三要以人为本，优化发展个性、培养特长的活动环境。

五、加强人文教育、提升大学生人文素养的途径

（1）确立合理的课程比例，适当增加人文学科学时。应由教育主管部门提出要求，采取强制性和自我激励的双重措施来提高学校和学生对人文学科的重视程度。选好、选准突破口，确定人文教育内容。人文教育的范畴和内容应当涵盖社会科学的大部分，文学、艺术、历史、政治、法律、音乐、美术等，具体教学内容在与时俱进的同时，也应该具有永恒的不变的经典部分。

（2）建设靓丽校园文化，塑造良好人文环境。设置强制性课程的目的是奠定和形成良好的人文气氛和环境氛围。校园的文化建设、人文文化沃土的培养、人文精神的内化、人文素质的提升，需要高校开展系列的、持续的活动来保证其实现。

（3）引导学生价值取向，达成人文素质教育的共识。人文教育不仅关系到个人的价值观、人生观和独立精神的培养与发展，而且也事关全社会的价值取向和发展。对于塑造一个民族独立自主、自强不息的精神，持久旺盛的生命力、源源不断的创新精神，团结一致、共同奋进的民族凝聚力都具有极大的现实和深远的意义。

大学生人文教育的开展、人文素质的养成、人文精神的培育，这些工作只有引起社会全方位的重视，并积极行动起来形成合力才能完成这一社会性的系统工程。

第二节　现代人文主义技术哲学

对现代人文主义技术哲学的反思作为反思之反思，其主观意图是深度挖掘包含于人文主义技术哲学中的理论意蕴。我们的目的不是排斥那种具有悲观性人文主义者的技术哲学，我们需要以正确的态度和方式来面对技术，构建一个合乎我们时代的技术观，合理地处理好自然、人和社会三者之间的关系，从而避免由技术而引发的社会危机。

当代技术发展日新月异，技术对社会、自然的变革作用也越来越明显。技术高速发展，随之而来的负面影响也被扩大，面对技术引发的危机，人们开始慢慢研究技术并且反思技术，反思技术所导致的一些消极影响。此种反思包含两个方面：工程技术哲学和人文技术哲学。后者是人文学者创立的人文主义技术观，此种技术观关注技术意义的研究与阐述，反思技术发展给人类社会带来的消极后果。

一、现代人文主义技术之思的问题

由社会、自然、人组成的技术系统是复杂的系统，技术系统包含软技术和硬技术。所谓软技术即是创造的技巧，涉及如何设计、控制程序的方法，而涉及劳动工具的物质手段即所谓的硬技术。现代人文主义的技术哲学批判了工具论的技术观或者是工程的技术观，认为无论是工具论的技术观还是工程的技术观都没有揭示其技术的本质，并且此工具论的技术观或者工程的技术观对技术自身所引发的危机毫无裨益，诸如此类的技术观只会带来新的危机而不会解决什么实质性的问题。"技术本质实体化即是把技术理解为异己的力量。"因此，认为技术的发展有自律的力量在支配着万物，并不受人类的干涉。其自律的力量可以不受人类的控制，并且以作为一切存在者物化的原动力的形式存在着。当代美国技术哲学家约瑟夫·C.皮特认为，不应该将技术作为一种自主性的力量。"人是操作技术的主体，决定了技术的形式以及技术以怎样的方式作用于人，所以技术对人并不构成恐惧，人比技术更为恐怖。在任何的技术改造中或者利用中，人扮演着重要的角色，他可以使技术服务于人类，也可以使技术危害人类的生存，关键在于人如何利用技术。"由此可见，皮特批判人文主义技术哲学的主要方面在于技术自主性的理解，也批判了那些将技术本质实体化了的做法。

费恩伯格说到人文主义的技术哲学时，将马尔库塞、海德格尔等人的技术哲学称为"有技术实体主义的倾向"。他认为所谓的技术实体主义即认为技术的本质是异于我们自身的，不受我们自身力量的支配，费恩伯格认为海德格尔的技术观隐性地表达了一种宿命论，而他却一直主张在日益技术化的世界中看护意义而不使其意义流失，表现出了人文气息的实体性质，还是没有走出西方"形而上学"的思维模式，海德格尔批判技术理性，并未在真正意义上揭示技术，而是形成了对技术本质中心主义的理解。

现代人文主义技术哲学认为传统技术不同于现代机器技术，二者是非延续的，二者之间存在着一条不可逾越的鸿沟。所谓的现代机器技术与上面谈及的技术实体化的思维路向相关，是实体化自然会涉及对象性的思维模式。而传统技术在他们看来是天人合一的自然之表达，并不认为技术是外在于我们自身的，此种天人合一的技术也不会危及到自然。

因此在现代人文主义技术哲学家的眼里，传统技术观是异于现代技术观的，技术是一个时代的标志，它标志着时代的转型。在传统技术观中的技术是与技艺同一的，或者可以将技术与技艺等同起来，在希腊人那里，技术涉及技巧与心灵的艺术。"古希腊时期的技术与制造意义上的技术是相区分的，而海德格尔却不这么认为，他认为现代技术的本质是'座架'，它把人类自身都降格为物质。"现代技术异化了技术与人、与自然的原初形式。事实上，现代人文主义技术哲学家的理解都是不全面的，都具有一种片面性，我们可以采用技术史的角度去分析。18、19世纪被认为是以蒸汽机为代表的革命性的时期，各种现代的机器设备应运而生，但实际上它们的原理模仿了传统技术的原理模型，或者继承了传统技术的模型。我们可以举蒸汽机的例子来说明。

在18世纪到19世纪间，蒸汽机在社会文明的发展进步中扮演了重要角色，蒸汽机的发明作为第一次工业革命的标志，被认为是18世纪最伟大的发明之一。但很少人知道在蒸汽机发明之前，当时人们使用的是纽可门机这一情况。蒸汽机的很多原理还是模仿了纽可门机的原理。此外还有机械技术及机器被认为是工业革命之后才被发明的，如带刺铁丝、电动机等都在不同形式上延续了传统技术的形式。

因此，费恩伯格认为，在历史分期上，人文主义技术哲学存在着一定的问题，认为不能区分传统技术与现代技术。从表面上看来，区分现代技术与传统技术，其实质并没有辩证地看待技术的发展。

二、现代人文主义技术之思的特征

把这些人文主义者的技术哲学所表达的思想观点整合起来，你会发现他们的思想观点都存在一个基本的假设前提，下面就让我们来仔细地研究和分析这个假设前提。

当然，我们仔细研究和分析的这个假设是具有一定的代表性的，这个假设也就是：历史已经发生了翻天覆地的变化，并且在本质上已经断裂。现代技术使人类从传统社会过渡转型到现代社会，其价值观与生活理念方式也发生了转变。现代社会对自己所造成的问题却显得无能为力。因而必须与现代技术的理性和现代性相断裂，试图创建一种超越于现代性的理论。通过研究分析人文主义技术哲学的基本相关的理论，我们发现主要有以下几个显著的特征。

（一）对现实具有强烈的针对性

人文主义哲学已经从思辨性（以海德格尔为代表）转化为实践性（以芒福德为代表）。由技术所引发的诸如生态失衡、大气污染等问题，都是人文主义技术哲学所关注的或者说要重点解决的。当今现代文明面对着令人棘手的社会问题，他们试图走出其理论的沉思，不再在埋怨中蹉跎岁月，而是对现代性展开全面而有力的批驳，达到惊醒人们的目的。尽管在一些具体思想观点上还存有一定的局限性，但我们必须承认的是他们对技术理性的批判是强有力的，而且他们对现代性局限的认知明显要深远得多。

（二）建构新的理论框架

如何建构自然、人、社会与技术之间的关系。人文主义技术哲学关注于整体的有机论，反对将它们割裂开来，同时也抵制那种认为人就是开发、利用和统治自然诸如此类的观点。"人文主义技术哲学强调的是自然、人、社会与技术内在的自然和谐而非是相互冲突的一面，强调的是一种相互交往的关系，主张在交往理性中来消除技术理性所带来的一些消极的影响。"

人文技术哲学家在批判技术理性的同时，也表达了自己的意见。例如，海德格尔主张用艺术来拯救科学技术，企图用艺术来弱化技术的神化功能，提倡"审慎之思"；马尔库塞主张历史的合理性，并试图用历史合理性的思想去补漏工具合理性的缺失等。可以看出他们对技术都充满了忧虑，在他们看来，技术不一定就可以造福人类，但需要明白的是他们并不是完全地否定技术，而是主张合理地利用技术，那种主张完全抛弃技术的人毕竟是个别的。大多数的技术哲学家在表达忧虑的同时也提出了一些如何改进的理论。

（三）表达了"天人合一"的理念

我们不能不提的是人文主义者对技术的思考与东方哲学有着某种相契合的地方。例如海德格尔的后期思想与中国老子的"天人合一"有相类似的地方，都在表达着天、地、人要相互和谐、整体合一。这种整体合一生成的思想试图克服二元论思维模式。以前西方的思想都带有主体性的影子，所以在主体性影响下的人与自然的关系，自然是人占据主导性的位置，进而控制和利用自然。这种主体性的原则让他们领略到对自然大肆剥夺所带来的负面影响，使西方人文主义者开始认识到人与自然和谐相处的重要性。"虽然很多人文主义者所表达的技术思想是不同的，但他们在强调人与自然和谐相处这一点上是一致的，主张一种新的自然观和技术观，这种新的自然观、技术观也预示着一种新的生态文明理念发展的趋势，生态文明主张人与自然相处有道，和谐而不相互冲突。"我们不难得出这样的结论：现代人文主义的技术哲学有其合理的地方，其自身也有缺陷。在此，我们只是略微地做了一个简单的概述。

三、探寻发展现代技术的人文途径

由技术自身引发的一系列的人文问题还得由"技术"（新的科技技术力量形式）来解决，因此要解决问题，必须发展新的科学技术，壮大新的科技力量，这是走出其危机困境的重要途径。在发展新的技术力量形式的同时，也要注意到如何处理技术与人关系的问题。不能一味地只是发展高科技，而忽略人文环境的影响，在一定程度上人文状况的好坏直接影响着科技发展的状况。在很多时候，我们只把注意力放在科技发展上面，对人文方面的关注其实是很少的，在这样的思想意识下，我们很难发展好技术以及很好地解决技术所引发的一系列的人文问题。显然，技术决定论——技术实体主义与人文精神之间存在着相互抵触的地方。技术"实体化"认为技术是一种外在于我们自身的独立自主的力量，技术自身的发展并不受外部因素的影响，相反，技术作为自变量的因素对社会有一种单向度的作用，我们只是注意到技术对社会的作用，而很少考虑到社会对技术也有一定的反作用。"而且技术实体主义者把技术当作不依赖别的的一个独立自主的东西，这样势必弱化了人的主观能动性，弱化了人自主塑造的功能意识，由此，人变得消极被动而成为技术的接受体，这样不利于通过人与技术相互作用而促进技术的发展。"

"技术是人文的技术，技术的设置与创制离不开人主观自为的目的，受制于人自身的目的，有什么样的主观目的就有什么样的技术模式诞生。"各个国家所制造的产品都有其自身文化的印记，都被打上自己国家文化的烙印。例如，构成日本技术的基础不是别的，而是日本本土的文化，其本土文化在无形中影响着本土所制造的产品，换句话说，其自身文化有什么样的特色特征都会反映在所制造的产品中，你可以从产品中来发掘产品自身所包含的文化因子。我们知道日本文化实质上可以算得上是学习型的文化这一类型，由此日本所生产的技术产品形成了所谓的"生产现场主义"；再拿中国的文化为例子，中国的人文特点也对其自身的技术发展有着极大的影响，中国人讲究的是含蓄、慎独、重视自身价值的实现，其产品多带有含蓄、精雕细琢的风格，特别是杭州的刺绣更是彰显了其文化的独特性；再拿美国为例子，为什么美国成为许多技术创新的策源地？其原因与美国人讲究实用、重视个人的价值相关。

要拥有更好的人文效益，就需要有良好的人文环境与现代技术。良好的人文环境与理想的现代技术环境直接促进了现代技术人文效益的发展。我们反对那种只知道一味地发展高科技而忽略人文环境的发展的做法，我们应该在发展高科技之余，优化人文环境，抵制那种用技术决定论的思维来发展我们现代技术的思想言论。

中国科学院原院长卢嘉锡在一次谈话中曾说："毛估和精确，都是必不可少的认知阶段。在认识的头几个阶段，就要求拿出精确的答案来，是不可能的。总是先有毛估，再一步步逼近精确；总是先有模糊，再一步步走向清晰。毛估是认识的开端，也往往是认识突破的开端。"因此，现代人文教育需要将精准教育与模糊教学相结合，注重挖掘模糊教学的合理内核。

四、问题与弊病：现代人文教育片面追求精准的深思

应该说任何事物都有一体两面性，现代人文教育对精准科学的追求也同样遵循此规律。随着现代科学技术的发展，它一方面推动了社会的巨大进步，另一方面也忽视、压抑了人的天性和情感。崇尚科学作为一种思潮，使人们习惯于用精确的方法思考和推理，极力追求精确明晰的方法，以获得事物科学的逻辑美，尽管这些精确化的科学手段解决了一些传统教学中的难题，但由此带来的诸多弊端也日益凸显。

（一）精准教学导致学生的思维线性

精准教学一般都依赖现代教学设备与仪器，围绕既定的教学模式与过程展开，具有严密的逻辑性，在此模式的运行过程中，教学内容指向和思维方式都是既定的，同时，对教授信息的分析与综合只是形式上的演绎，此种教学方式容易导致学生的思维定式，极大地束缚了学生的思维空间，影响了学生非逻辑性思维的发展。而对于人文社会科学的学习而言，直觉、灵感以及发散思维等非线性思维对于感受和理解教学内容却是至关重要的。

（二）精准教学导致教学评估标准的僵滞

应该说，运用现代数学统计方法对教学信息和效率进行量化评估，以科学的数据分析为起点，对于整体改进教学方式与方法而言，具有数量上的基础意义。而对于人文社会科学教学而言，则需要辩证地看待其科学性，原因在于人文社会科学是一个极其复杂的系统，它不仅包罗万象，而且也是人类对所生存的自然环境与社会环境的综合认识过程，它的信

息载体更多来自于人的内心世界，具有相当强的主观性，它甚至有时与理智和逻辑是道途殊异的。所以，理解与评估人文社会科学的教学，当然不是几条僵死的标准和几步抽象的推理能完成的。

（三）精准教学导致教学目标的单维

应该说每门课程的教学都有明确的教学任务目标，这是考核教学效果的主要指标。为了更好地实现这样的目标，教师往往习惯于采用精准的"一站式"的演绎，让学生围绕老师的思维，在一种平静的、稳定的、封闭的环境中被动地接受知识，学生长期处于这样的精准环境中，对知识教学目标的接受确实更加容易一些，但却忽略了学生主动学习的重要作用。其实，掌握书本知识只是教育的一个目标而已，除此之外，还有大量的其他教学目标需要完成。对于学生而言，信息接收是从已知信息的无序到有序、不确定到确定、不平衡到平衡的归纳整理过程，而精准教学的单维目标则遗弃了这个过程。

五、历史与传承：模糊性思维的哲学溯源

中华五千年的悠久历史孕育了灿烂的中国文化，其中，关于"模糊性"的思考在中国传统哲学思想中早有雏形，表现最有代表性的便是老子的"有无相生"的哲学命题。在中国古代美学中，往往把直感体验浓缩为理性的结晶，并升华为玄之又玄的道。道分有无，归于玄妙。"玄之又玄，众妙之门"，这种有与无的合分、分合的变动不居，生生不息、周而复始的循环过程，即是有无相生。换言之，从无到有，从有到无，有无结合，相互转化，周行不止，无始无终，这便是道的运动过程。这是老子哲学思想的核心，也是老子美学思想的哲学基础。由此观之，老子哲学思想带有模糊性的特点。横向上：你中有我，我中有你，亦此亦彼，相互渗透；纵向上：无中生有，有中生无，它表述了有无之间变动不安的不确定性。这也是老子对于道的最高理论概括，其蕴涵了朴素的"模糊性"。

由老子哲学思想及美学理论生发出：思与境偕、神与物游、质文代变、阴阳惨舒、刚柔相济、虚实相生、情景交融、形神兼备、曲直互补、疏密相间、巧拙有素等等。这些对举的概念，都在研究对立事物（甲乙双方）之间相互过渡的模糊现象。当这些对象之间的中介环节，在一起一落的变动中，相互撞击，发生震荡，也就是耗散结构论中所说的不平衡、不稳定、非线性状态。在碰撞过程中，某些旧的环节消失了，某些新的环节出现了，某些环节变弱了，某些环节增强了。这些中介环节，显示出重新组合、相互渗透、左右摇摆、上下浮动的不确定状态，从而出现模糊。

国外关于"模糊性"的论述早在札德之前就有很多相关的表述：恩格斯在《自然辩证法》中说，"一切差异都在中间阶段融合，一切对立都经过中间环节而互相过渡，对自然观的这种发展阶段来说，旧的形而上学的思维方法就不再够了。辩证法不知道什么绝对分明和固定不变的界限，不知道什么无条件的普遍有效的'非此即彼'，它使固定的形而上学的差异互相过渡，除了'非此即彼'，又在适当的地方承认'亦此亦彼'，并且使对立互为中

介。"这就是说，客观世界没有清晰精确的、固定不变的东西，至少同时是庞大的模糊域，"亦此亦彼"揭示的正是事物的不清晰、模糊状态，同时告诉我们"非此即彼"是形而上的，"亦此亦彼"才是辩证法的。

黑格尔对模糊论的贡献主要表现在他的中介论哲学思想中。他说："每一方都是对方的中项（中介），每一方都通过对方作为中项的这种中介作用自己同它自己相结合、相联系；并且每一方对它自己和对它的对方都是直接地自为地存在着的东西。同时由于这种中介过程，它才这样自为地存在着。它们承认它们自己，因为它们彼此相互地承认它们自己。"这里，黑格尔指出，不同的对方，通过中介而结合，你中有我，我中有你，相互联系，相互渗透，亦此亦彼；这种结合具有流动性、可变性，环节与环节之间相互浸润、渗透、融合。

康德从价值层面论述了"模糊"；"知性在模糊不清的情况下起作用最大；模糊观念要比明晰观念更富有表现力；在模糊中能够产生知性和理性各种活动，我们并不总是能够用语言表达我们所想的东西。"

通过以上分析，我们发现模糊与精准相对应，二者存在严密的辩证关系，即模糊性是普遍的、绝对的，精确性是相对的；模糊性寓于精确性之中，精确性是模糊性的特例和表现；模糊性与精确性是矛盾的对立与统一的双方，相互依存、相互联系，在一定条件下相互转化。

六、功效与能量：现代人文教育的模糊性诉求

需要指出的是，模糊教学艺术中的"模糊"不是指那种不合思维规律的悖理模糊，而是指符合思维规律的辩证模糊，它既不同于是非不分的糊涂，又不同于模棱两可的含混，也不同于故弄玄虚的神秘，更不同于老于世故的圆滑，它是原则性和灵活性的高度统一，充满着科学与艺术融合的灵气。它以正确性为前提，要求教师在潜心体味、深刻理解教学内容的前提下，在启发诱导学生上下功夫。确切说，它是一种难度较高的教学手法。如果认为模糊教学艺术只要意会，用不着深入钻研教学内容、了解学生，不改进教法，不指导学法，马马虎虎应付，那就是对模糊教学艺术的曲解。实践证明，模糊教学在一定的教学情境和教育背景下，能收到比用清晰的表达、明确的语言、严谨的推理等科学教学手段更优化的教学效果，因此，应当重视模糊性在当前人文教育中的重要作用。

（一）利用模糊教学发展学生的非线性思维

非线性思维具有波动性，它除了受主导思维引导外，还需要结合自身的情感、性格、兴趣、爱好、经验、想象等，共同处理新鲜事物的画像，使其具有适合于自己的立体图案。在教学过程中，它常常表现为思维过程的不确定性的"产生—消除—再产生"，表现为不确定性思维过程。而我们的模糊性教学恰好能给这些不确定性提供缓存，以便信息的准确接收。

（二）利用模糊教学完善教学绩效考核指标

教学绩效考核包括定性与定量两方面的内容，如果在人文教育考核中偏轻或偏重了精确性或模糊性任何一面，都势必影响整体教学的效果。其实，在对整体教学进行考核时，应当遵循科学、全面的原则，综合考虑各方面内容，从整体上把握教学效果。以前，在设置教学考核指标时，可能更多的是从定量角度考虑问题的，而忽略了定性这一维度，如果由于模糊性教学指标的缺失，导致教学考核信息的不全面，必将导致教学信息量化研究所服从方法规律的错误运用，这样，也就直接导致教学效率评价或教学信息量化研究的效度、信度的降低甚至错误，使其失去评估、指导、调控的科学依据和作用。

（三）利用模糊教学实现人文教育的多维目标

人文社会科学教学，有不少是属于感受性质的。语言感觉能力至关重要，如情感陶冶与审美教育，甚至对语言的理解，很大程度上都是依赖于感受的，所以，加强对学生的语言感受能力的培养，也是模糊教育的一个目标。在现行的人文教育与考核中，已经习惯于追求"A、B、C、D"选项的"标准化"，"标准化"虽然需要对基本基础知识的掌握，需要追求知识的精确性和严密性，但在很多情况下，它还需要科学、合理的审美观，而模糊性人文教育正是由于它重视直觉思维与体悟能力等形象审美能力的培养，使得学生在获得精准基础知识的同时，又得到了各种审美能力的培养。

第三节　道德的发展和教育

本节旨在比较孟子的道德成熟论与科尔伯格的道德发展论之间的异同，从而探究在道德成熟论中有哪些部分仍然与当今世界的道德教育有着密切的关联。在本节中，我们试图站在科尔伯格的视角向孟子的道德成熟论提出挑战，并尝试着以某种创新性解释来帮助孟子做出合理的回应。通过这场虚构的对话我们发现，尽管孟子和科尔伯格在理论倾向、对道德进步的界定以及在道德观上有着明显的差异，但二者之间依然能够进行富有创造性的对话，从而使我们可以汲取儒家的思想资源以重新审视当代中国以及东亚其他国家和地区的道德教育。

孟子是中国古代著名的思想家和教育学家，其有关道德成长的理论可以被概括为"道德成熟论"。孟子认为，人生来便具备善的潜质，即"善端"，它们就像种子的嫩芽，需要不断培养才能成为现实的道德品质。长期以来，孟子的这一理论对于中国以及受儒家传统所影响的许多东亚国家和地区的道德文化和教育产生了持久的影响。然而，自20世纪初开始，这种理论便因其内容的理想性以及方法论的不实用性而遭到了来自各方的批判和怀疑。直到近些年，这种负面性的态度和评价趋势才有所回转，原因在于，有越来越多的人开始意识到，在当代社会，尤其是在这个物质主义和消费主义盛行的时代，我们不仅需要重新评估孟子,而且需要重新发掘道德成熟论在现代生活中所承载的价值。

对于孟子道德论的重估可以从多条路径展开。在本节中,我们将尝试站在当代心理学家劳伦斯·科尔伯格的实验心理学视角,以科尔伯格的道德发展论来透视孟子的道德观,从而对道德成熟论加以新的诠释和重估。我们希望,我们的研究能够使孟子的道德教育理论在现代获得新的发展和推进。

一、孟子的道德成熟论

"道德成熟论"是我们对孟子有关人的道德起源、发展以及完善等一系列道德理论的一种概括。在孟子那里,道德成熟论之所以认为人生来便具备善的潜质,可能是因为每个人生来便具备一切道德德行的始端,即"四心",这是人之为人的本质。作为"善端"的"四心"只有经过不断培养才会成长并实现为四种道德德行,即仁、义、礼、智,否则人性便会落空。在此意义上,孟子认为,"人之所以异于禽兽者几希"。虽然孟子并没有对其道德理论做出明确的界分,但通过诠释,我们可以将其道德成熟论大体分为三个层次,即自然道德、自律道德和自由道德。

道德成熟论的第一个层次是自然道德。孟子说,人生而皆备"四端",这些天赋善良的资质便是人之"才"。才者,"草木之初也"。也就是说,"善端"如草木之初一般具有一种自然的生长力,德行的实现乃是人性的一种自然需求。自然道德在儿童身上的最初表现便是仁义等"良知""良能":"孩提之童无不知爱其亲者,及其长也,无不知敬其兄也。亲亲,仁也;敬长,义也。"知道了仁义,自然也就懂得了什么是礼和智,因为,礼乃是对于二者的调节,而智则是对于二者的坚持。由此可见,"仁义礼智,非由外铄我也,我固有之也"。为论证这一点,孟子举了"孺子将入井"的例子。孟子说,"乍见孺子将入于井"之人皆有"怵惕恻隐之心",因为是"乍见",所以没有任何功利考量,完全是自然本然之情,这种"恻隐之心"便是"仁之端",如果连这种恻隐之心都没有,那就是"非人"。但孟子也指出,所谓"性善"是指性"可以为善",而非必然为善,因为人除了"四心"之外,还有耳目之官,"耳目之官不思,而蔽于物。物交物,则引之而已矣。"因为人有五官七情六欲,所以常常会被外物所蒙蔽,以至于"陷溺其心"。但这不是"善端"之错,"若夫为不善,非才之罪也"。恶来源于对善的遮蔽,而非善自身的空场。对此,孟子举出了"牛山"的例子,以说明外在环境对人性的巨大影响。总之,在孟子看来,仁义礼智在最初阶段完全是自然地呈现在儿童的日常道德生活之中的,它们为道德德行的完满实现奠定了良好的开端。但是,自然道德并不是必然道德,潜能虽然渴望着实现,但不必然成为现实,因为这需要一定的条件,也即人的努力。因此,自然道德还需要走向更高的层次,即自律道德。

自律道德是道德成熟论的第二个层次,也即"大人"或"成人"道德。众所周知,孟子对"体"进行了小大之分,"小体"就是耳目之官,"大体"就是"心之官",也即人之为人的本性。在孟子看来,"养其小者为小人,养其大者为大人"。"养大体"就是对"四心"

加以现实化、实现仁义礼智的过程。因此,所谓"大人",也即拥有四德的君子,而"大人"道德也即这四种德行的完整实现。由于无"四心"则"非人","养小体"则为"小人",因此,"四德"的实现与否直接关涉到能否"成人"的重大问题,在此意义上,"大人"道德也即"成人"道德。与自然道德不同,"大人"道德是一种自律的道德:"人皆有所不忍,达之于其所忍,仁也;人皆有所不为,达之于其所为,义也"。从"仁之端"到"仁",道德自律起到了关键性作用。没有道德自律,"达"的功夫便无从展开;只有通过道德自律,人们才会主动从事"老吾老,以及人之老;幼吾幼,以及人之幼"的道德实践,从而实现道德成熟。也就是说,"四端"虽我本有,但要想真正实现这些道德并终身行之,单靠自然直觉是不够的,它还需要后天的努力,也即"扩而充之"的功夫,"凡有四端于我者,知皆扩而充之矣,若火之始然,泉之始达"。由于受感官欲望的影响,人们在道德实践中还会经常遇到"放失其心"的情况,因此,人们就需要不断同外界的诱惑做斗争,以恢复人的本心。因此,"学问之道无他,求其放心而已矣"。总之,道德的实现并非朝夕之功,而是个体长期扩充其善心的结果,由于这一过程离不开个体意志的道德自律,因此,这一层次的道德也就被称为自律道德。

道德成熟论的最高层次是自由道德或天人道德,它是对于自律道德的进一步升华。我们说,孟子的道德理论实际上就是对于"心"的不断培养和扩充,而一旦将这种扩充发挥到极致("尽"),我们就会发现,我们又回到了孟子道德论的原点,即人性善。在孟子看来,因为人有"四心",所以人性是善的;而要想认识到这一点,人们就必须尽力发挥和实现这"四心"。"尽其心者,知其性也。知其性,则知天矣。"这里,我们与其将孟子的论证方式视为逻辑混乱,不如将其理解为一种实践智慧。因为,在孟子看来,人和动物的差别"几希",如果不尽力将其实现出来,那么人就不会明白人之为人的高贵性。只有尽力实现人的"善端",人才能更深刻地明白"上天"为何要将人安置于这天地之间,与天地并立而生。通过"尽心",人不仅认识到人性本善,而且认识到了这种人性的形上之源——天。既然人性之善是天意使然,我们就更应该尽力将其实现出来。"存其心,养其性,所以事天也。"正是在这种意义上,天道与人道相合而一,人性完美地展现了其原初之所是,天道也充分体现在了人的伦常日用之中,人的道德也由此进阶到了天人合一的境界。这种天人道德,正是孔子所说的那种"从心所欲,不逾矩"的自由道德。

总之,从自然道德到自律道德再到自由道德,孟子的道德成熟论的完成对于自身的诠释和建构具有深刻的意义。道德上的成熟不仅成为人类自我实现、自我证成的唯一途径,而且为人类踏上"天人合一"的"内向超越"之路指明了前进的方向。

二、科尔伯格的道德发展论

与孟子不同,科尔伯格从未假定儿童有任何天赋善心。作为心理学家,科尔伯格通过实验发现,人天生就是以自我为中心的存在,并且会努力寻求对于自身需要的满足。但是,在有关儿童的道德发展方面，科尔伯格并不是一个纯粹的、冷冰冰的心理学家。在他看来，儿童天生便拥有一种与心智相关的学习能力，这种心智会通过经验而变得成熟。科尔伯格曾明确指出，"我的道德研究是从皮亚杰的阶段概念以及他认为儿童是一个哲学家的观点出发的"。换句话说，他的研究是建立在实验科学和哲学假设的双重基础之上的。科尔伯格把儿童的道德发展视为儿童整个认知发展过程的一部分，儿童的道德成熟实际上就是其道德认知不断向更高阶段发展的过程。在科尔伯格看来，"道德认知是对是非、善恶行为准则及其执行意义的认识，并集中表现在道德判断上"。因此，道德认知的发展主要就是道德判断的发展。

以公正原则为核心结构的道德判断实际上就是对是非、善恶等问题的判断。在科尔伯格看来，一个人的道德水平越高，就越能更好地解决道德认知冲突，也能更好地摆脱在是非、善恶等方面的认知困境。在此意义上我们可以说，道德的发展始于个体自我的道德判断与他人的道德判断之间出现的道德认知冲突，而对于这种冲突的解决，又推动着个体道德思维的重组，从而促使个体形成新的道德认知结构，也即道德发展的更高阶段。因此，科尔伯格认为，儿童道德发展的不同水平和阶段主要取决于道德判断的结构，也即儿童以何种公正原则来思考和解决道德问题。在此基础上，通过大量实证研究，科尔伯格把个体的道德发展经历分为三个水平，每个水平又包括两个阶段。这就是著名的"三水平六阶段"模型。

所谓"三水平"是指"前因循水平""因循水平"和"后因循与原则水平"。"六个阶段"分别是：(1)惩罚与服从阶段；(2)个体的工具性目的和交换阶段；(3)相互性的人际期望、人际关系和人际协调阶段；(4)社会制度和良心维持阶段；(5)权利优先以及社会契约或功利阶段；(6)普遍伦理原则阶段。在前因循水平，个体是从其自身的现实利益出发来处理道德问题的，处在此水平上的儿童所关心的并不是社会规定为正确的行为，而是能够带来实际后果的行为（趋利避害），包括(1)(2)两个阶段。在因循水平，个体学会从社会成员的视角来处理道德问题，他会考虑社会群体的期望以及社会道德规范对其自身行动的要求，从而努力扮演好自己的道德角色，这一水平包括(3)(4)两个阶段。到了后因循与原则水平，个体开始超出其所处的特定社会的观点来处理道德问题，个体的道德判断也上升至普遍公正原则的层次，(5)(6)两个阶段属于这一水平。

道德发展的阶段有四个基本特征。一是结构的差异性。这是说，不同的道德发展阶段具有不同的道德判断结构，不同结构之间的差异并非是量的不同，而是质的区别。二是不变的顺序性。儿童的道德发展遵循从低级到高级这一不变的、普遍的阶段顺序，文化或者教育能够加速或延缓个体的道德发展，但无法改变这一顺序。三是结构的整体性。每个道德发展阶段在结构上都是一个统一的整体，而非是一些零碎的道德观念的总和。四是层级的整合性。所谓层级的整合是指"较高阶段把较低阶段作为组成成分包含进来，并在较高水平上加以重新整合"。"在每个阶段，都是对同样的基本道德概念或方面的界定，但在每个更高阶段，这种界定都变得更加细分化、更加整合、更加一般或普遍了。"

总之，在科尔伯格看来，儿童的道德发展是一个按阶段逐步建构的过程。个体的道德认知发展以个体的智力水平和社会认知水平为前提，并构成整个认知体系的重要组成部分。智力水平通常指个体的逻辑思维水平，而社会认知水平通常表现为个体的"角色承担"能力，即个体在他们的社会交往过程中"想到他人的态度，意识到他人的思想和情感，设身处地从他人的角度看问题"的能力。"道德阶段并不是儿童对于文化和外部世界的直接反映，尽管阶段的形成依赖于经验。阶段是儿童和世界之间相互作用的经验产物，是这种经验导致儿童自身组织的重组，而不是将文化模式直接强加于儿童"。个体道德发展的动力既不是个体心智的先天成熟，也非外部世界的直接反映，而是个体与其所处的生活环境相互作用的结果。在这种相互作用的过程中，"个体的道德经验不断结构化，不断同化吸收和调整平衡新的道德经验，从而使个体的道德结构产生新的质变，飞跃到新的发展水平"。个体的道德认知水平就是在这种不断的调整、平衡与飞跃中得到提升的。

三、质疑与辩护

孟子和科尔伯格之间在理论上确实存在着很大的差别，但这并不意味着二者之间无法展开有效的"对话"。尤其是当我们站在现代实验心理学视角向道德成熟论提出质疑时，孟子的回应与辩护便成为我们重新审视道德成熟论的一个重要途径。就本节主题而言，这种质疑可以通过三个基本问题展开。

第一，人性是善的吗？就这一问题来说，孟子的回答是肯定的；但作为实验心理学家，科尔伯格并不相信这一点，相反，其认为处在第一阶段的儿童往往会采取"一种以自我为中心的视角"，他们只有通过生活经验才能逐步建立起关于是非善恶的认知和判断。面对这种质疑，笔者认为，孟子或许会放弃其对于"性善论"的建构性论证而改为一种范导性辩护。"建构"和"范导"本是康德批判哲学中的术语，前者是知性的方法，用以对经验对象加以规定；后者是理性的方法，用来引导知性向着更高目标前进。本节在这里借用这两个概念是为了说明，孟子所采用的那种对人性直接予以"善"的规定的建构方法在实验心理学中是无法证实的。因此，在现代哲学的语境下，对人性善的辩护只能是范导性的。也就是说，"人性善"并不是知性的对象，而是反思的对象，"是对人类存在的形上设定"，是为了人类的道德进步而设定的一种伦理目标。我们说，在孟子那里，人和动物的差别微乎其微，因此，所谓人性并不是指人的动物性，而是使得人（类）区别于动物、使得人之为人的本性，而这正是人的道德性。道德是人类所特有的一种文化现象，是人类社会在漫长的历史发展过程中积淀而成的一种心理结构。道德并不是一个可以直接感知的"实存"，它不是知性的认识对象，而是实践理性的产物，是人类特有的文化标记。也正是在此意义上，康德才宣称人是道德的存在，是自然的最后目的。总之，"性善论"作为一种先验理想已经无法在现代道德哲学中作为建构原则而被证实，但却可以作为范导原则、作为推动人类道德进步的伦理理念在当下社会中发挥重要作用。

第二，在道德发展论的视角下，道德成熟论的三个道德层次何以成立？我们说，在没有实验心理学的时代，孟子的道德论多半是基于经验观察的，但这并不意味着这种理论就毫无意义。当代著名政治哲学家罗尔斯根据皮亚杰、科尔伯格等许多当代心理学家的研究成果也提出了道德成长的三个阶段，在此，我们可以参照罗尔斯的道德阶段论来帮助孟子"回应"科尔伯格的"挑战"。我们说，自然道德阶段的儿童会对父母展现出一种本能的爱，在孟子看来，这是仁义的自然呈现，是良知良能。在罗尔斯那里，儿童道德发展的第一个阶段是"权威的道德"，在这一阶段，儿童会倾向于爱他们的父母并听从他们的命令，但这并不是道德本能，而是因为父母首先"表示出了对他的爱"。"如果他爱并信任他的父母，他就倾向于接受他们的命令。"据此我们有理由认为，孟子笔下的儿童之所以知孝悌仁义并不是因为"良知""良能"，而是因为父母现在的爱，这种爱"意味着不仅要关心他的要求和需要，而且要肯定他自己的人格价值感"。同样，在"前因循水平"，儿童"对文化的规则和标记中的善恶是非观念十分敏感，但却是根据行为的实际后果或权利来解释标记的"。对他们而言，所谓对的就是"服从规则和权威"（第一阶段），并"根据具体的交换原则进行公平交易"，以满足各自的需要（第二阶段）。通过罗尔斯的解释和补充我们发现，自然道德与"前因循水平"之间有着诸多的相似性，它们都属于权威的道德，并且都是建立在对个体基本利益和独立价值表示尊重的基础之上的。

道德成熟论的第二个层次是自律道德。所谓自律道德实际上也就是个体在自觉接受社会化之后所达到的道德水平，也即罗尔斯所说的"社团的道德"。处于这一阶段的个体已经拥有了"成人"道德，他能够承认并自觉遵守社会普遍要求的道德规范（仁义礼智）。同样，在道德发展论中，处于"因循水平"中的个体的社会化程度会变得更高，他们能够遵从群体的期望、认可社会的制度和规范，并以此来衡量行动的价值。就此而言，一个道德上自律的人与一个处于"因循水平"的人之间并没有实质性的差异，孟子和科尔伯格只不过用了属于各自文化和时代的特殊语言表达了相似的内容。

到了自由道德阶段，我们既认识到了人性本善，也认识到了人性的形而上学之源——天。而一旦明白了这一点，也就肩负着将这种人性实现出来的形而上学使命。由此，天道与人道便合而为一了。在此意义上，自由道德乃是一种天人合一的道德。这种道德虽然在理论上是面向所有人开放的（"人皆可以为尧舜"），但真正能达到这种境界的人少之又少。与此相应，科尔伯格的道德发展模型也只能证实到第五阶段，没有人能够达到第六阶段。正如科尔伯格自己所言："我对于最高阶段，也即阶段6的适切性要求的讨论，是哲学上的，也是理论性的。"在他看来，"也许阶段6所具有的心理学实证意味较小，它更多的是为道德发展的方向做具体说明，其中，我们的理论声称，伦理道德的发展是不断前进的"。由此我们认为，无论是对于孟子还是对于科尔伯格，道德的最高阶段都只是一种理想，是对于人类道德发展的一种期望和引导。就此而言，道德成熟论的三个层次是能够成立的。

第三，道德成熟论的三个层次之间有着怎样的内在关联？我们说，相比于道德发展论的四个基本特征而言，孟子并没有对道德成熟的各个层次加以明确规定，无论处于何种阶段，人们似乎都只有一个共同任务，即培养德行或者为德行的实现提供支撑。因此，通常所认为的不同阶段实际上更像是同一过程的不同维度。而且，这种结构在理论上并不具有不可逆性，人既可以从"禽兽"上升为君子，也可能从君子堕落为"禽兽"。上升的路和下降的路乃是同一条路。但从另一个角度，我们也可以说，道德成熟论的意旨或许并不是对道德认知进行的阶段划分，而是对道德境界进行的高下分判。因为，对孟子而言，道德成熟的关键不在于"知"，而在于"行"。孟子力倡"去利怀义""舍生取义"的原因不在于前者不重要，而是为了表明，正是在这种极端的道德困境中，选择才彰显出境界，人、禽方由此而判分，故不得不慎重。同样，在知行关系的问题上，科尔伯格通过大量实证发现，道德认知与道德实践之间常常呈现出正相关性，但二者之间并非必然一致，知善也并不必然导致行善。在知行之间，道德判断起到了关键作用。"我们认为，道德判断所提供的两种心理功能乃是道德行动的必要条件。第一种是道义决策功能，即对什么是正当的判断；第二种是善始善终功能，即按照一个人判断为正当的来行动的责任判断。"总之，在孟子那里，道德成熟论的各个层次之间虽然可逆，但正是这种可逆性才成为评判道德境界高下的试金石。《孟子》一书之所以能对中国古代人的高洁品行产生如此大的影响，部分原因正在于此。因此，从道德境界的意义上来说，道德成熟论仍具有层级之分，层级越高，境界就越高，道德也就越成熟。从自然道德到自律道德再到自由道德，道德境界便体现为后者对前者的整合与超越。只不过，在科尔伯格那里，道德结构的层级整合属于智性范畴，它以逻辑运算和认知推理为基础和依据；而在孟子这里，道德层级的整合属于境界范畴，它以道德德行的完善和超越为旨归。

孟子和科尔伯格之间的这场"对话"为我们重新审视儒家的道德理论提供了良好的契机。孟子的"性善论"虽然无法得到现代心理学的证实，但并非毫无意义。人性善的总体设定依然可以作为一种伦理理想在人类的道德实践中发挥范导作用。道德成熟论虽然不同于道德发展论，但二者之间的对话却为我们揭示了道德成长的两个重要维度——情感和理性。在道德实践中，情感体验与理性整合之间也并非彼此排斥，而是相互交融，并在实际上构成道德发展的必要条件。与此同时，二者之间这种想象性对话也为我们反思当代的道德教育提供了一些重要借鉴。

首先，无论在何种社会，心智的成熟乃是个体道德进步的必要前提。自律是道德的前提，但自律不可能仅仅通过意识形态的教化便得以形成。相反，它是一个积极建构的过程，涉及孟子所说的对于共同道德准则的自觉和反思，或者如科尔伯格所表明的，涉及通过学习和经验来发展一个人的道德判断和认知。其次，道德教育必须注重建构良好的集体和社会环境。由于个体的道德认同是通过与他人的相互交往而得以确立的，因此，环境对于个体道德的发展具有至关重要的作用。在孟子看来，恶的产生往往与不良环境对善的遮蔽有关；科尔伯格虽然并不认为外在环境能对儿童的道德发展产生决定性的影响，但他也相信，在公正的团体生活中，一个人能够更有效地培养起言行一致、知行合一的道德品质。最后，现代的道德创新应当以一种更为开放的心态和视野来容纳古今中外的思想资源。我们说，道德创新是一个关涉民族命运的重大课题，而这种创新对于转型时期的中国而言，又有着格外重要的实践意义。孟子的道德成熟论虽然构成了道德中国的历史底色，但科尔伯格的道德发展论以实验心理学为基础，又指示着道德进步的时代特征。在此背景下，如何有效地吸收和借鉴古今中外的优秀道德资源以推动中国伦理的时代创新，便成为历史赋予我们的重要使命。

"道德教育"强调教育的道德内容，"道德的教育"强调教育的道德本性，二者既有联系又有区别。在现实生活中，人们受到动机论和效果论道德评价模式的影响，没有把道德教育看作一个完整的过程，忽视了道德教育的手段和方式，把"道德教育"简单地等同于"道德的教育"，结果使得"道德教育"往往变成了"不道德的教育"。为了杜绝这种现象的发生，"道德教育"必须自觉地走向"道德的教育"，克服道德教育中的不道德性。

在现代社会里，由于各种不道德现象频繁地冲击道德的底线，拷问人们的道德良知，因此人们都希望重树道德的权威，塑造道德的人格，促进社会风气的好转。正是在这种道德愿望的感召之下，道德教育才会越来越受重视。不过，在笔者看来，当人们热衷于道德教育的时候，却没有认真地思考道德教育的道德性问题，也即"道德教育"是否就是"道德的教育"的问题，结果道德教育往往事与愿违，无法取得预期的效果。

四、"道德教育"与"道德的教育"的区分

在现实生活中，人们似乎很少注意"道德教育"与"道德的教育"之间的区别，也不会对二者加以严格区分，而是理所当然地认为，"道德教育"就必然是"道德的教育"，即使是那些专门从事道德教育的工作者和研究者也不例外。虽然从本质要求上，"道德教育"确实应该是"道德的教育"，但是实际上，二者之间还存在着巨大的差别，"道德教育"不等于"道德的教育"，更不必然是"道德的教育"。

道德教育具有广义和狭义之分。广义的道德教育，泛指一切能够对人们的道德观念和道德行为产生教育意义或影响的社会实践活动。像家庭、学校和社会所开展的各种道德教育活动、社会公益活动等，由于都会对人们的思想观念和行为产生道德上的影响，所以都可以被纳入到道德教育的范围中来。如赫尔巴特说过："我们可以将教育唯一的任务和全部的任务概括为这样一个概念——'道德'。道德，普遍地被认为是人类的最高目标，因此也是教育的最高目标。谁否认了这一点，谁肯定并不真正知道何为道德，至少他在这里没有发言权。"在这里，赫尔巴特实际上就强调了所有的学校教育活动都必须对受教育者发挥道德方面的影响，都必须为提高受教育者的道德水平服务，从而将所有的教育活动都看作一种广义的道德教育活动。不过在现实生活中，人们通常是在狭义上来使用道德教育概念的。道德教育通常是被看作学校所开展的、以提升学生道德水平为目标的一种系统的教育活动。这种学校教育活动具有强烈的道德相关性，其所期待的目标、其所传授的内容都与道德直接相关。

按照学者们的解释,"道德教育是指依据一定的目的,在遵循教育规律的基础上,对人们进行的有组织、有目的地施加系统道德影响的道德活动"。由此可见,"道德教育"之所以成为"道德教育",主要在于两个方面。第一,"依据一定的目的"。这个"目的"是一种道德的目的,它包含了培养道德人格、塑造内在道德品质、形成外在道德风尚等诸多方面,而其核心则在于道德人格的养成,所以罗国杰说,"道德教育过程,应当与人们道德人格的形成和完善过程相一致"。第二,"施加系统道德影响的道德活动"。"影响"主要包括知、情、意、行等各个方面,这些影响的产生都需要依赖于系统的教育活动。因此,学校通过课堂讲授、课外实践等各种形式的道德教育活动,对受教育者施加系统的道德影响,提高他们的道德认识、陶冶他们的道德情操、锤炼他们的道德意志、帮助他们确立道德信念、促使他们付诸道德行动、最终帮助他们养成道德习惯。从这里我们可以看出,"施加道德影响的道德活动"是服务于道德人格培养这样一个特殊的"目的"的,也就是说,前者是服务于后者的手段,前者受后者支配,而后者依赖于前者来实现。简言之,道德教育就是一种以塑造道德人格为目标、以道德作为教育内容的教育活动。本节中的"道德教育"主要在狭义上使用。

"道德的教育"与"道德教育"从构词上看,就在于有"的"与无"的"的区别,因此,为了弄清"道德的教育"与"道德教育"的差别到底在哪里,有必要先弄清这个"的"的含义。按照《汉语大字典》的解释,"的"具有多重含义,而与这里比较接近的应该有以下两种解释:第一,"用在定语后,表示修饰关系,如:铁的纪律;新的生活";第二,"表示领属关系,如我的母亲;无产阶级的政党"。在第一种含义中,"的"之前的字词用来形容"的"之后的字词所指代事物的属性或特点,在这个结构中,其重心在"的"之后的词上。如生活可以有不同的样式,既有新的生活,也有旧的生活;既有好的生活,也有坏的生活。但不管如何,它们都属于生活的范围,只不过他们在性质上有所差异而已。在第二种含义中,词语结构的重心在"的"之前的字词上,后者构成了前者所有关系结构中的一种关系,如我拥有各种各样的关系:爸爸、妈妈、爷爷、奶奶、外公、外婆、老师、学生等,但这些关系都是属于"我的",都围绕"我"而展开。如果从领属关系的意义上来理解"道德的教育",与它相应的就有数学的教育、物理的教育、化学的教育等,因此,"道德的教育"实际上就是"道德教育"。从语言简洁性的角度来看,这种用词方式就显得过于啰嗦,因此,在现实生活中,人们在表示此含义的时候都会用"道德教育",而不用"道德的教育"。既然"道德的教育"中的"的"不是在第二种意义上使用的,那么它只能是在第一种意义上使用。也就是说,在"道德的教育"一词中,"道德"是被用来修饰、形容"教育"的,"道德"表示"教育"的一种特点或属性,也就是这个"教育"是"道德的教育",而不是"不道德的教育",因此,与"道德的教育"相对的不再是数学的教育、物理的教育等,而是"不道德的教育"。

"道德教育"与"道德的教育"之间存在着严格的区别:前者强调的是教育的目的和内容;后者强调的是教育的特征和属性。目的、内容与特征属性之间当然会存在着一致性,但是这种一致性是就应然性而言的,目的和内容的高尚性、道德性决定了道德教育活动本身也应该是高尚的、道德的,然而,应然性并不能简单地等同于现实性,实现从应然到现实的跨越还有一段漫长的道路要走,在行走过程中就有可能会偏离目标,从而使得特征和属性发生变化。然而在现实中,人们似乎不愿意做此分析,而是简单化地认为,"道德教育"就必然是"道德的教育",忽视了"道德教育"变成"不道德的教育"的可能性,对于道德教育中不道德现象的发生疏于防范,从而不能有效地防止"道德教育"变成"不道德的教育"。

五、"道德教育"与"道德的教育"的混同

人们之所以把"道德教育"混同于"道德的教育",或者说,人们之所以认为"道德教育"就必然是"道德的教育",虽然二者之间字面上的相近性是其中的一个重要原因,但是更为重要的还是与人们心目中所崇奉的伦理道德观念有关。

在人类历史上,对于行为的道德评价方式主要有两种:一是动机论,认为衡量一个行为的道德性质及其价值主要依据行为的动机;二是效果论,认为应当从效果而非动机出发来衡量行为的道德价值。在马克思主义看来,动机论与效果论都只抓住了行为的某一极,因而都是片面的,为了正确地衡量一个行为的道德价值,就必须坚持动机与效果的辩证统一,"唯心论者是强调动机否认效果的,机械唯物论是强调效果否认动机的,我们和这两者相反,我们是辩证唯物主义的动机和效果的统一论者"。这里的"辩证统一"不仅是指我们既要考察行为动机,又要考察行为的实际效果,而且是指我们要把行为作为一个包含动机与效果的整体,我们要从动机到效果的完整过程出发对行为做出道德评价。虽然中国哲学比较推崇中庸,希望凡事不要走极端,能够在两个极端之间找到合适的中点,从而实现两极之间的有效融合,然而在现实中,中国人往往会偏离中庸之道,无所不用其极。譬如在中国历史上,以"四书五经"为代表的经典伦理主要是推崇动机论的,这在社会精英阶层当中被遵循;以《增广贤文》等通俗读物为代表的世俗伦理则推崇效果论,这被普通民众所广泛遵循。虽然当前中国已经实现了从传统到现代的转变,指导思想也由儒学变成了马克思主义,但是中国人的道德心理并未从深厚的历史传统中摆脱出来,中国人仍然习惯于用动机论或效果论来对行为进行道德评价。

正如前文所言,行为展开为一个完整的过程,动机与效果不过是一个完整行为过程的两个端点而已,而这两个端点之间还包含着行为的手段、行为的方式等诸多方面的内容,而正是这些内容才将动机与效果有机地结合起来,使动机不至于成为纯粹的思想观念,而是展现为现实,产生出实际的社会效果。然而执着于动机论或效果论,都忽视了这样一个重要的中间环节。动机论并不讲究行为手段和行为方式,认为它们是服务于效果的,而实际效果对于动机论来说并不重要,因为坚持"只有出于责任的行为才具有道德价值""一个出于责任的行为,其道德价值不取决于它所要实现的意图,而取决于它所被规定的准则。

从而，它不依赖于行为对象的实现"。效果论则重视目的的实现，为了实现目的就会不择手段，因此只要能够实现目的，什么手段都可以使用，"效果论过分强调了善的后果的重要性，因此隐含着这样的可能，即任何行为，不论怎样不道德，只要能带来最好的后果，就可证明其合理性"。正是因为中国人长期游走于动机论和效果论的两极，忽视了从行为的整体出发来对行为进行道德评价，从而导致中国人对行为手段和行为方式没有给予足够的重视，有时为了实现动机和达到目的会不择手段，因为在中国人看来，行为手段和行为方式本身是中性的，不具有道德性，其道德性依赖于动机或效果。

中国人的这样一种伦理道德观念，不仅体现在对日常行为的道德评价上，同样也在道德教育当中得到了反映，那就是把"道德教育"直接等同于"道德的教育"。对于所有教师来说，教书育人既是一项职业，也是一项事业，因此每个人都抱着善意的目的来从事教育工作，都希望自己的学生能够成才成人，因此，从动机上来说，"道德教育"就是"道德的教育"。成人这个目标由于其模糊性，在当今中国的教育中并不为人所重视，人们更多是把成人等同于成才，认为一个学生成才了就是成人了，而成才的标志就是学好课本知识、考上理想的大学、找到理想的工作。在这样一种成才观念的指引下，教师拼命追求成才的效果，道德教育就变成了知识教育，教师要想方设法、不择手段地去提高学生应付考试、获取高分的能力，只要学生成才了，"道德教育"自然就是"道德的教育"。实际上，在这两种道德观念的指导下，道德教育实际上存在着沦为不道德教育的危险。在这两种观念的指导下，教师只关注了道德教育的起点和终点，没有充分考虑教育手段和教育方式的道德性，从而在道德教育过程中，为了追求所谓的良好目的，采取了一些非道德甚至是反道德的教育手段和方式。譬如，在传统道德教育中，由于道德教育被混同于知识教育，因而教师普遍采用的都是灌输式或独白式的道德教育方式。在传统独白式的道德教育中，教师不仅采取了苛责、鞭打、罚站等不道德的处罚手段，而且独白式道德教育本身就是对于学生的一种压迫与奴役，它本身就是建立在师生严重不平等的基础之上的，因为在此过程中，教师与学生之间是绝对的主客体对立关系，"教师在学生面前是以必要的对立面出现的。教师认为学生的无知是绝对的。教师以此来证实自身存在的合理性。类似于黑格尔辩证法中被异化了的奴隶那样的学生，他们接受自己是无知的说法，以证明教师存在的合理性。但与黑格尔辩证法中的那位奴隶不同，他们绝不会发现他们同时也在教育教师"。也正是缘此之故，保罗·弗莱雷把独白式教育模式称为"压迫者教育学"，可见这种教育模式与现代社会的道德要求背道而驰。

由于道德教育工作者对于这种危险缺乏清醒的认识，所以这种危险在现实中真实地上演。在现实教学过程中，有些教师全然不顾学生和社会的实际情况，只管以纯洁高远的道德理想来教育学生，从而使道德教育沦为虚伪说教，让学生感到道德教育与现实背道而驰，道德教育不过是睁着眼睛说瞎话；有些教师却为了所谓的教育效果——高分与升学率，在教学过程中采用高压政策，甚至动用罚抄作业、罚站等变相体罚等不道德的方式和手段，逼迫学生死记硬背道德知识，从而让学生感受不到道德教育的道德性。因而，"道德教育"

与"道德的教育"混同的结果,并不是"道德教育"变成了"道德的教育",而是"道德的教育"被"道德教育"所取代,而"道德教育"又恰恰变成了"不道德的教育"。

六、"道德教育"走向"道德的教育"

"道德教育"是一种教育活动,而"道德的教育"是对教育活动的定性。如果从本性上说,所有学校的教育活动都应该具有道德的性质,而这对于道德教育尤其重要,最理想的"道德教育"就应该是一种"道德的教育","道德的教育"应该是"道德教育"的本性要求。因为道德教育不是一种知识的教育,在知识教育的过程中,教师是以一种超然物外的姿态来讲授客观知识的。也就是说,学生不会将教师所讲授的知识和教师本人联系起来,不会用教师所讲授的知识来对教师本人提出要求,因为在此过程中,教师与学生都是以理性的态度来共同面对科学上的"是"而非道德上的"应该",他们都不会对对方提出道德上的要求。道德教育与知识教育不同,道德教育不仅要教会学生是什么、为什么,更要教会学生应该做什么、应该怎么做,因此道德教育不仅是讲理的,而且它所讲之理最终要用来指导行动,要在行动中得到落实。这也就是说,教师在对学生进行道德教育的时候,实际上,教师不仅是在讲授客观的知识,而且也是在为学生颁布行为的法则,教师所传授的道德知识就是学生在现实生活中应该遵循的道德法则。

既然道德教育不仅是一种知识传授,同时也是对学生提出的一种行为要求,那么教师的所作所为就必然会对学生产生至关重要的影响。如果教师仅仅对学生提出种种道德要求,而自己又在教学中公然违背这些道德要求,那么只会增强学生对于道德虚伪性的感受,认为道德是强者对于弱者的要求,而强者是不用遵守道德的,由于每个人都趋向成为强者,所以道德可以被弃之不顾。相反,如果教师在教学过程中以身作则,用自己的实际行动来践行自己所传授的道德内容,按照道德法则的要求来开展道德教育,真正把"道德教育"变成"道德的教育",那么,这个教师就有亲和性,这个道德教育就有感召力,学生才真正会"亲其师"而"信其道"。像孔子作为教育家,之所以追随者甚众,而且培养出了大量志行高洁之士,就是因为他在开展仁义教育过程中以身作则,严格要求自己,做到了"学而不厌,诲人不倦",赢得了学生的尊重和爱戴,从而为学生树立了一个学习效仿的榜样。既然"道德教育"的道德性对于提升道德教育的实效性、对于把学生培养为道德之人具有高度的重要性,那么,"道德教育"就应该走向"道德的教育"。为了加速"道德教育"走向"道德的教育",就必须对道德教育进行调整。

第一,纠正"道德教育"就是"道德的教育"的错误看法,主动寻找二者产生偏离的根源。"道德教育"从本性上说,确实应该是"道德的教育",这也就是说,"道德的教育"不过是"道德教育"的应然状态。然而问题在于,应然状态是一种理想的状态,是一种追求的目标,但它并不是"道德教育"的实然状态。在现实中,"道德教育"既有合于应然要求而成为"道德的教育"的情况,但是也不排除存在"道德教育"偏离应然要求而成为"不道德的教育"的状况。像在日常的道德教育过程中，不仅大量存在教师不尊重学生的情况，就连责骂、罚站、罚抄等变相体罚学生的情况也是屡见不鲜，可见，在这种状态之中，"道德教育"与"道德的教育"还存在巨大的鸿沟，没有达到真正的统一。只有所有从事道德教育的工作者意识到了二者之间的差别，我们才能有意识地去寻找二者之间产生偏离的根源，才能杜绝这种偏离的滋生蔓延，促进二者走向统一。

第二，抛弃只重动机或效果的两极化道德评价模式，注重道德教育过程的完整评价。对于一个行为来说，动机与效果虽然对于行为的性质具有至关重要的影响作用，但是它绝不具有绝对的决定性。因为，动机与效果不过是行为的两极，它在一个漫长的行为过程中，只不过是其中极小的组成部分。所以，它们无法完全决定行为的道德性质，为了对一个行为进行道德评价，那么我们就必须考察行为的完整过程。在评价道德教育过程中，不仅要关注道德教育的动机和道德教育的效果，同样要关注道德教育的手段和方式，否则我们就无法保证"道德教育"是真正的"道德的教育"。这也就意味着，我们对于道德教育要采取动态的道德评价机制，对于道德教育进行道德评估的时候，就不仅要审查教育者的动机和受教育者的实际后果，更要审查道德教育工作者在道德教育各个阶段所采取的教育手段和教育方式，从而防止道德教育各个阶段和各个环节偏离"道德的教育"的本性要求。作为道德教育工作者，则要严格按照这种道德评价的要求，完善整个道德教育过程，以免出现不道德的教育手段和方式。

第三，在关注道德教育过程道德性的同时，促进道德教育环境的道德化。道德教育不是在真空中完成的，道德教育必然处于各种具体的社会环境之中，而道德教育的实效性也就会受到这些具体社会环境的影响。像荀子说，"蓬生麻中，不扶而直；白沙在涅，与之俱黑。兰槐之根是为芷，其渐之滫，君子不近，庶人不服。其质非不美也，所渐者然也。故君子居必择乡，游必就士，所以防邪辟而近中正也"，就是强调环境对于道德教育的重要影响作用。实际上环境不仅影响道德教育的效果，而且也会影响道德教育活动本身。一个长期生活于具有高尚道德氛围中的教育工作者，那么他也会采取更加道德的方式和手段来开展道德教育，而那些生活于暴力和专制横行环境中的教育工作者也会受到影响，难免会采取一些暴力的手段和专制的教育方式。正是有见于这一点，杜威强调，道德的教育的出发点和归宿不是受教育者而是环境，构建一个道德的学校教育环境乃是道德教育的重点；内尔·诺丁斯则强调，完美的道德教育并非道德教育这门课程本身，而是学校内部所有的教育活动、所有的人和事都是道德的，因为只有在这样的环境中，人们才能感受到道德的温暖和力量，人们才会自觉自愿地去做一个道德的人，道德教育才能真正发挥润物无声的效果。

反观现实，我们的"道德教育"离"道德的教育"还有比较远的距离，还远远没有达到变成"道德的教育"的要求，为了缩短二者之间的距离，促使"道德教育"变成"道德的教育"，从而提高道德教育的感召力和实效性，我们还需要付出艰辛的努力。虽然沿途充满荆棘，但是只要我们坚持不懈，终点就必然能够到达。

第七章　人文素质教育的价值与功能

人文素质教育的重要作用，源自对其教育对象未来角色作用的预知把握，更受制于社会经济、政治、文化发展对人才的需求期待。人文素质的社会期望值通常与其所受的教育程度成正比；而作为高等教育的着力点之一，好的人文素质培养，在社会模型塑造中有着深层的建构意义。对个体，它是长大成人、明辨是非和推陈出新的前提；对社会，具有连接个体与社会、孵化素养为能力、在思想和知识之间培育文化自觉意识诸方面的功能。因此，明确人文素质教育的地位、探究人文素质教育的价值、发现人文素质教育的功能，便是在开展人文素质教育之前必须清楚明了的理论前提。

第一节　人文素质教育的个体价值

从根本上来说，人文素质教育和人的尊严确立有关，它是人类在安身立命过程中对自身价值的发现和肯定，再以艺术修养、人格气质和文化行为形态表现的面貌中呈现出来。因此，从教育的角度来说，人文素质教育区别于单纯知识性和技能性教育，在完成塑造人格方面，具有直接为教育服务的性质。在人文素质教育的推广中，目前更多的是以通识教育的方式进行，使得人文素质和通识教育之间具有通约性。在这一点上，东西方是比较相似的。中国自古以来，以儒家文化思想为核心的人的教育就极其重视通识教育或者说人文素质教育，其教育目的是为社会培育大量的官员后备军，为国家意识形态服务。而强调学生的人文素质，不仅是中国传统教育的核心内容，也是西方特别是美国教育的核心内容。著名的哈钦斯理念便是美国现代大学在历史转轨期形成的，这一理念现在已经成为经典，并贯穿在美国各个大学之中。二战期间哈佛大学校长科南指出："无论在信息时代可以获取多少信息，无论在技术时代发展多少专业技术，无论数学、物理、生物科学如何发达，无论可以掌握多少外国语言，所有这些都加起来仍然不足以提供一个真正充分的教育基础。因为所有这些都加在一起仍然没有触及最基本的问题：什么是'我们（美国）的文化模式'，或什么是'传统形成的智慧'。"科南提出："现代通识教育的核心问题是继承西方古典的人文教育传统，关注的是'如果我们的文明要保存'而必须考虑的最基本问题。"从这里可以清晰地看到，美国的通识教育实际上是为"美国意识"服务的，它的目的就是要打造以"美国文化"为核心的课程体系，自觉地承担为美国现代社会奠定共同文化基础的责任。因此，从西方现代大学的建立来看，人文素质教育的地位非常重要，它直接与教育目的联系在一起。

从历史的角度来说，人文精神主要源于西方文艺复兴时代，它和人文学科密切相关，文艺复兴时期的人文精神实际上是反对神学的一统天下；从教育的角度说，人文教育随着资本主义的发展有逐渐式微的迹象，特别是随着职业化教育的发展，人文精神逐渐被边缘化，资本的大肆横行、拜金主义和商业利益的无处不在，使得西方也面临着人文精神的沦落。随着现代化进程在我国的推进，当前人文教育的提出一方面是基于职业化教育对人文精神的淡漠，另一方面是社会道德转型，特别是资本人格对人文精神的挑战引起的，这是人文素质教育引起思索的主要原因。所以从地位角度来说，人文素质教育与国家政治的关系密不可分。

其实，人文素质教育具有一种社会基础建构的意义，它还是倾向于社会人的基本素质的培养。因为人文素质教育与国家人才培养目标之间是关联的。人文素质教育与国家教育方针的指向是一致的；人文素质教育与国家人才需求预期是契合的；人文素质教育对建设和谐社会的作用是积极正面的。这几个方面关系的妥善处理，是相关人文素质教育的教育者在特定时代语境中必须注意的。因为从来就没有脱离开特定时代语境的人文素质教育，同样，反过来说，任何一个时代的主流意识形态，也必然要求其人文素质教育与其意识形态相协调，这是思考这一问题时的前提，即时代语境要求。简单地说，人文素质教育离不开历史实践的具体面貌，从来没有抽象的人文素质教育，它与国家意识形态之间有着密不可分的关系，从而成为国家教育方针的一个重要构成方面，体现着国家意志。对国家意识形态建设来说，人文素质教育具有基础性的建构意义。

总而言之，人文素质教育的地位不仅是在学术和文化上很重要，而且从政治角度来认识也非常重要，它直接关系到国家和民族精神的建构问题。当然，与国家意识形态密切相关的人文素质教育最终还必须落实在个体层面上，回答人文素质教育的个体价值问题。

一、成人的要素

马克思在《共产党宣言》中提出了未来社会建构"完整的人"的观点，他阐释出作为人类的理想，自我建构的完整性是成人的目标之一。其实人文素质教育的目标亦在于此。从中国传统文化来看，也重视人的全面发展和完善。儒家士人的塑造，早在孔子那里，便以"君子"人格为核心来构建全面发展的人，特别是其中的"六艺"，实际上便与今天所说的"素质"教育内容有异曲同工之妙。

在中华民族几千年来的文化积淀中，儒家倡导的人格理想极具人文价值，这集中体现在儒家士人人格的塑造上。翻开《论语》，随处可以见到这样的箴言隽语："君子食无求饱，居无求安，敏于事而慎于言，就有道而正焉，好学也已。""君子喻于义，小人喻于利。""君子欲讷于言而敏于行。""君子坦荡荡，小人长戚戚。""士不可以不弘毅，任重而道远。""君子成人之美，不成人之恶；小人反是。""君子忧道不忧贫。""不知命，无以为君子也；不知礼，无以立也；不知言，无以知人也。"在这些言论中，孔子实际上提出了儒家士人"成人"教育的内容。儒家士人人格的塑造，是孔子儒学建国思想的重要部分。作为国家管理的主体，对"君子"人格的要求是《论语》一书中的主要内容，"为人之道"与"为政之道""为学之道"共同构成了"论语三义"。其中，"为人之道"关乎主体人格的培养，是其他两义的承担者，具有更重要的作用。用今天的话来说，《论语》是一部关乎治国的书，它给出了书里面治国的主体"士人"君子该如何塑造自己的内容、方法和相关要求。而这些要求中，除了具体的策略外，大部分都是一种人文素质的内容，比如"仁"、比如"礼"、比如"诚"，这些范畴要求的都不是一般的技巧和技能，而是深层的人心塑造。由此可见，中国持续两千多年的儒家文化，就是典型的人文素质教育，这种教育的内容，是和"成人教育"相关的。

儒家文化的末期，面临诸多的挑战，当西方外域文明侵入中华大地的时候，这种思想还是一以贯之的。1902年，清政府颁布了《钦定京师大学堂章程》，其中有"端正趋向，造就通才为全学之纲领"的规定，1906年，又在此基础上具体提出了"忠君、尊孔、尚公、尚武、尚实"等五项高等教育的宗旨。在这些要求背后，实际上还是对人的塑造要求，就是塑造那种"上足爱国，下足立身"的人才。民国初立，蔡元培先生主持的教育宗旨中提出"注重道德教育，以实利教育、军国民教育辅之，更以美感教育完成其道德"。

可以说，此前的教育方针中，通识教育或曰素质教育的目标，大体上都是指向成人教育的目的。

在一些人反思的过程中，曾把人文素质教育缺乏的原因归咎于专业越来越细化和现代化进程中人类的工具化。从教育内容安排的角度来看，应当说这种判断是有道理的，但是仍不全面。因为教育内容是和教育方针密切相关的。我国的教育方针长期都是"培养劳动大军""培养社会主义接班人"，这样的教育方针与实际规定好的教育目的就基本决定了它的教育内容。但由于实践中的偏差，使得在造就了一大批优秀劳动者和可靠接班人的同时，也出现了一种似乎不需要独立思考、不顾及自我的人的发展偏向。从某种意义上说，这种教育实践培养的不是独立的人，而是模型格式化的人。随着经济禁锢的打破、政治环境的宽松，自由和自我意识被唤醒，人们开始思考真正的"成人"教育。但教育的发展需要有很长时期的积累，而经济的触手并不会放弃教育这一块肥地。随着教育产业化的呼声高涨以及高校扩招的实施，大学本科教育实际上已经变成了普及化教育。在这个过程中形成的高等教育和就业的挂钩关系，使得一些学校为了适应教育目的的功利性要求，在成人教育方面越来越单一和贫乏，专门化和技术化倾向越来越突出。20世纪末开始，中国社会道德和素养的现状、世界性的人文浪潮，重新触动素质教育问题，成人教育回归教育研讨的前沿。这说明，在国家总体教育目的的设计上，"成人"始终是不可或缺的要素；教育的目的首先是为人的，而不是把人塑造成技术的或者狭隘政治的工具。诚如爱因斯坦所说："用专业知识教育人是不够的。通过专业教育，他可以成为一种有用的机器，但是不能成为一个和谐发展的人。"

"成人"教育之所以重要，是因为它和一个人完整的人格形成有关。朱自清说："教育有改善人心的使命。"他认为，如果学校太"重视学业，忽略了做人"，"学校"就成了"学店"，教育就成了"跛的教育"，而"跛的教育是不能远行的"。所以，"教育者须先有健全的人格，而且对于教育，须有坚贞的信仰，如宗教信徒一般"。冯友兰在忆述清华时也说："1928年后清华还提倡所谓'通才教育'，这在当时也有一定的影响。当时的想法是，大学，特别是其中的文法科，首先要把学生培养成全面发展的'人'，其次才是成为某一方面的专家。实现'通才教育'的具体措施是，着重所谓公共必修课，主要的是文学、语言的训练和历史及一般文化的知识。在文学院，第一学年的课程，各系都是一样。到第二年才逐渐分系。到第三、第四年，各系的课程才完全分开。这对于学生的所谓'基本功'的训练，有一定的好处。"在这个回忆中，也看到了历史上对人文素质教育的关注。有识之士早已看到了它与"成人"教育之间密不可分的关联性。

二、明辨的前提

明辨是"成人"的理性要求，符合当代的时代特点。但是随着时代的变化，明辨的内容也在变化。在中国传统文化中，明辨是非是和封建的伦理道德相关的；而在西方，明辨和资本主义文明密不可分。不同的语境会造成人们判断事物、明辨是非的不同标准。而在当代中国正处于历史拐点之时，确立明辨能力的重要性及其在人文素质教育中的重要地位，非常必要和及时。因为时代飞速发展而造成的判断标准的模糊和变动，对于人的明辨能力是一个痛苦的折磨，每一种价值观都来表演，每一种价值观都有拥趸，哪些是恒久的珍珠？哪些是炫目的水滴？又有哪些是虚幻的影子？这是个问题。

为什么"成人"教育中需要人文素质元素呢？可以从清华大学刘海洋"伤熊"事件进行分析。2002年，清华大学学生刘海洋以"为了测试熊的嗅觉"为由将硫酸泼向北京动物园的5只熊，随即被西城区公安分局拘留。这件事在发生之后，引起了各方面的反响。清华大学学生会向动物园捐款11127.74元，并发出公开信："对于身边的同学做出这样影响恶劣、后果严重的事情，我们更感到十分气愤。这名同学的所作所为，完全背离了我们清华大学广大学生培养高尚道德、保护自然的共识和实践。我们坚决支持有关部门和学校对这名同学依法做出严肃处理。"事后有评价说这种反应简单地把刘海洋归到另类，而缺乏真正的关怀。

面对媒体的采访，刘海洋的母亲说："刘海洋的大学同学刚刚从我这里离开，他们力劝我不要再见任何记者。我在一个星期之内，学会了无数专业术语，比如单亲家庭带来的偏差、忽略情感教育等——这都是各个媒体教给我的。自从孩子出事，我不断地在接待记者，三四个小时地录制电视，每晚闹腾到一两点钟。刘海洋的事情对谁都是一次机会，谁都不想错过。"

事实上，各种舆论对刘海洋行为的解释成为一个难题，诸如"这是一个小学生都知道不能做的事……如果说好奇心强，怎么不找只小白鼠？""电脑死机，23日刘海洋的大脑被什么病毒搞了一下？"北京安定医院的著名精神分析专家杨蕴萍则判断"这是一次攻击性的侵犯行为，选择的则是一个安全的对象——关在笼子里的熊。作为一个被束缚压抑的个体，往往会选择极端的方式反叛"。心理测试专家武伯欣认为："刘海洋生活在一个残缺家庭，客观上使得他更加关注像小动物这样文弱的事物，关注疼痛，这是他母性家庭背景的动机外显。他的伤熊行为是积极主动的，他的意识清醒，心理指向也较清晰，但是他的动机，明显的属于游乐性动机，可能是好奇越轨。"而刘海洋曾就读的中关村中学一位老师说出了更重要的话："大家都在想——我们的教育失去了什么？"

从记者调查中可以看到，刘海洋的单亲家庭和中学时的应试教育对他的综合能力和人格塑造没有积极的影响，刘海洋的辅导员对其并没有特别的印象，他觉得其自觉性强，让人放心。"我们做学生工作，主要是'抓两头、促中间'，对天才学生和学习后进者关注得比较多，对生活特别困难和情绪不稳定者付出的精力多。但我们一直都认为刘海洋属于中间，属于正常的大多数。"

曹海翔说："如果说过失的话，我们对于生活、学习等显性的问题关注很高，对内心隐秘的危机察觉不够，平时倾心的交流还是少了。但交流又是双方面的，而我们又都太忙……"刘海洋的同学认为他们的生活都差不多，快乐不快乐很难说清，清华的学生都这么过。记者在清华时，史超华曾指着一位走过的同学说："他是我们班学习前几名，但一年不说几句话。到我们宿舍来借电话卡从来不正大光明地讲，总是把人拉到一边悄悄地问。你说这正常吗？你说刘海洋生活单调，我们宿舍有个哥们，一学期出不了几次清华大门，他不单调？我敢说，在学校里比刘海洋'不正常'的太多了。"在当时，清华大学教育研究所教授樊富珉与北京航空航天大学副教授王建中认为在大学中"有心理困扰症状的就非常多了，这些比例在所有大学都差不多"。除了心理健康外，"刘海洋"直接引发的另一个关注点则是学生的道德与人文素质教育。清华大学已经拥有10个学院，横跨理、工、文史、经管、法律、医学、艺术，在高等教育的12个门类中，除了农业和军事，该有的都有了，但培养通识人才却非院系扩张那样可以立竿见影。当时，据记者采访，清华人文学院的董士伟老师最近刚刚处理完一起研究生打架纠纷，"实际上是小事，就是因为宿舍关灯问题，因为生活习惯不同最后竟然动起手了，闹到要换宿舍的地步。清华校领导一直都很重视全面的素质教育，但很多最基本的情感教育，都要大学来完成。"一位教道德课的一线教师告诉记者，在他的课上1/3的学生用三角板画电路图，1/3的背单词，认真听课的很少。"我们的道德教材和教育内容必须改革，比如讲腐败，我的很多学生是农村的，假期回一趟家，人生观就变了。"清华大学素质教育中心去年曾经对学生的人文素质进行过一次调查。"我们出了一些题，问的都是一些基础知识，比如《论语》《淮南子》什么的。"一位参与此项调研的老师说，"结果只能是'说得过去'，但程度很不平均，个别好的摆到文科也不在话下，但差的又非常缺乏常识。"除了马列党史课和道德课外，清华的学生要在4年里修完13个文史哲基础学分，思想文化研究所每个学期要开二三十门课，其中由历史文化和文学两个课组承担。"我并不想让一个学计算机的学生去记住秦始皇的出生年月日。"董士伟希望用更活泼的形式来引起学生的注意力,他把思想史的内容用多媒体演绎,组织学生考察北京四合院,去郊外寻找资源,"我对学生说,考试并不重要,重要的是你来听。很长时期以来,我们教的一直是文史知识,而不是培养人文素质。人文素质并不是会背几首诗、知道几个人名,说到底是完善人格,培育社会良心,培育对人类和民族的使命感,它是非功利的。"

可见,单纯的知识理性教育对于把握人的发展完善这一课题是力不从心的,它把人培养成虽然精准却没有对准正确目标的机器。问题在于刘海洋本身也是受害者,真正的问题在哪里呢?也许并非他没有判断,而是他的判断出现了偏差,挑战了大众的善良底线甚至是人性的底线,究其原因,在这个事件中,他缺乏起码的明辨能力。

而好的人文素质教育则极具明辨功能。因为人文素质教育是从人的完整性出发的教育,因此更注重每个人在现实生活中,特别是在群体社会生活中的位置,更加强调"和谐人伦"的功能,它有助于提高人们的认识能力。英国哲学家培根说过:"读书使人头脑充实,讨论使人明辨是非,做笔记则能使知识精确。"它强调了人面向现实社会应取的态度,当然在培根那里,这是一种理性主义的态度,带有 18 世纪理性主义哲学盛行时期人们的价值观。在中国,孟子强调了"四端":"恻隐之心,仁之端也;羞恶之心,义之端也;辞让之心,礼之端也;是非之心,智之端也。""四端"之说实际上给人树立了基本的底线,能在两千多年里起到教化人心、醇化民风的作用。尽管它并不完全适应今天的需要。

人文素质教育的目的不仅仅是对公德的常识性的认识,从更高的角度说是培养人具有思想的力量。明辨是非,来源于思想的力量。在现实中,人人都有彷徨时,文化的普遍倾向是对人的软弱之处进行"去蔽"或"遮蔽",对生命的"无奈性"的思考以及由这种思考而来的对这种无奈的"论说"往往面对的都是"非体验"性的反驳。"消极"两个字是最简便的武器,颓废是很容易的命名,殊不知在命名的背后是致命的疏离,它对"生命感"视而不见。那些人类思想史上闪烁的群星,无不是在困境中挣扎的灵魂,他们发出的声音恰恰是对痛苦、无奈、不幸和困惑的挑战,恐惧和对不可知世界的迷惑是促使我们逃离黑暗的真正动力,正如柏拉图那个寓言——实际上,光明是在黑暗中诞生的。所以,应当给软弱、徘徊、犹豫、困惑、孤独、苦闷、恐惧以应有的空间,给懦弱和流泪以相当的宽容;从心理学的角度讲,人类的情感应该是全面的,但是社会则有其主导倾向,因此在人和社会之间就出现了裂隙,这裂隙实际上就是一个空间,对这一空间的态度决定了社会的宽容度,决定了一个时代的气度。当一个时代能够尊重每一个具体的人的情感世界,而不是以道德或其他什么的名义随意地践踏个体的内心生活时,这个时代或这个世界应该是清澈的。这样的世界色彩斑斓,有急风暴雨,也有鸟语花香,那不应该仅仅是一个童话世界。在学术性的研究领域中,有一种研究应该是带有感情的研究,甚至似乎要与学术性相互拉开一定的距离才好;这种力量将是明辨是非的感性的力量、内在的力量。在学术或知识分子的身份思考中,真正的知识分子不仅仅是突破了专业领域的"权威"这一命名的限制,不仅仅是拥有社会关怀、政治参与的意识,而且还要在国家意识的宏大抱负中,前提性地加上一个重要元素——以个人的名义向理想出发，而不仅仅是某种观念的代言人。需要信奉的是：只要思想在，拥有明辨是非的能力，人们就有足够的勇气从柏拉图的黑洞中逃离出来。这是柏拉图的悖论，却是人类的希望。

三、创新的基础

创新是引领世界的潮头，但并不是人类幸福的尺度。人文素质教育的目标则是要使创新能够在"为人类谋求幸福"的尺度内开展。人文素质教育可以从技能上培训创新的基础能力，更要在智慧上使人懂得创新的意义，它可以给人以积极进取的人文精神和文史哲修养，激励人们不断创新。可以说，人文素质教育是激发人们创新的基础。

（1）人文素质水平是创新能力的标志，它为创新指明方向。因为人文素质的目的在于人类的幸福，而在自然科学领域，创新则是科学与技术的更新，这种更新必须以人类的幸福为目标。如果没有人文标杆，创新则容易走向褊狭的道路。所以，只有单纯的科学研究是不行的，历史上，发明原子弹的美国科学家奥本海默晚年对此曾有过深深的忏悔，正说明人文素质的终极作用。在人类历史上，正是那些怀有幸福观念的科学家，为了人类更加幸福而去努力创造，面对神秘的自然和外在世界思考和发明，在他们心中，这样的幸福观念乃是创新的根本动力。

（2）依附人文素质的综合能力，是创新的前提。在人文素质基础上产生的综合能力包括合作精神、心理素质、情感力量等，都是创新必不可少的前提。科学的创新，要避免过于冷漠的情怀；不善于合作，也难以有重大的发明创造。当代的科学发展日新月异，仅仅靠个人的力量是远远不够的。协调一个团队，共同完成一个目标，不仅需要知识，还需要集体意识和共同理想，需要情感的关怀和人性的同情、理解，在心理层面，更需要开阔的胸怀。在占有自然知识的前提下，音乐、绘画和文学艺术等都有助于培养科学家的敏感性，把握自然的奥秘。正像爱因斯坦拉小提琴一样，成为创新乐章中美妙的旋律。

（3）从国家和民族的角度来说，创新也需要民族情感和共同理想。任何一个人都无法脱离开他生存的土壤，民族情感是千百年来源于血缘的内在积淀，是无法割舍掉的亲情所在，也是人之为人的精神命脉，它会成为强大的创新动力。而爱国情怀和民族情结是人文素质的重要内涵，它天然地成为人文素质教育对创新能力的前提要求和内容。我们所熟知的波兰裔科学家居里夫人，从青年时代就远离祖国，到法国求学。但是她一刻也没有忘记自己的祖国，以自己祖国命名她发现的化学元素，而这一化学元素也以"钋"这一名字印证了我们关于人文素质教育重要性的主张。

（4）在教育的具体层面，创新则需要改变教育模式。李开复在谈到创新时说："需要做些什么才能使创新更大化呢？这又回到教育制度。中国的教育方式非黑即白，只是告诉你，这个事情是一个事实，学会它，背会它。老师的职责仅限于传道解惑。但是你去美国，比如斯坦福大学、CMU（卡内基梅隆大学）去看看的话，老师的职责不只是传道解惑。当然，传道是基本，但是世界上大部分问题，并不是绝对的真理，不是靠背诵就能理解的，需要你从多方面去看，去理解，然后再学习如何去思考和解决问题，直到无师自通。哪一天，中国教育能够做到这一点，我们就可以期望，中国也许将要诞生一个微软或是谷歌。"这段话说出了今天教育模式存在的问题和为了更好地培养创新能力而应该努力的方向。

（5）在具体个人修养层面，则需要注重道德素质，这是一个人最基本的素质。严格地说，它应该在儿童时期就要养成，而不能到大学阶段才进行培养，比如"讲究卫生""遵守公共规则""交往的礼节"等就是一个公民必备的要素。智力素质，这是求知的能力，从知识的创新角度来说，基本的智力素质是必需的，它是一个人未来探索和研究的必要前提。这一素质包括一个人的智商、逻辑能力、语言表达能力、洞察力和艺术敏感力等。身心素质，即一个人的自然身体状况以及心理水平，在如今这个剧烈变化的时代，心理素质某种意义上甚至成为关键时刻的决定因素。现在在很多大学有一个口号："每天锻炼一小时，努力工作五十年。"这个口号实际上揭示出了身体素质与创造、创新之间的关系，身体是一个1，其他则是后面的0，没有这个1，多少0都是空的。劳动素质，也即实践能力。在创新面前，尤其是在技术创新面前，动手操作等实践能力尤为重要，它是一个人独立和健康发展的自然基础，也是创新的前提保障。审美素质，这是决定创新水平高低的一个要素，说到底，创新都是为人服务的。所以，一定的审美素质是必需的。这五种素质和国家教育方针是一致的，"德智体美劳"发展全面的人就是教育的目的之所在。当然，在大学阶段，人文素质教育还有一些比较具体而精微的目标。

关于创新的思考，一般来说还要注意：其一，创新不是一个绝对命令。不是什么事情加上创新两个字就具有合法性，以为有了创新就能解决任何问题。比如有些观念、认识和有些人的幸福则是以古朴为追求。这说明人文精神方面的幸福感和物质满足之间不是必然逻辑，而是应然逻辑，它和主体的心态有关。其二，创新不仅仅是技术层面的，它也包括精神领域的探索，特别是和人性密切相关的领域，也存在精神面貌的新体验；但是要特别注意的是这种体验必须和人类的幸福有关，那种以戕害人类幸福为代价的所谓新玩意、新武器、新方式，从严格的意义上说不属于创新的范畴，反而是需要人类去剔除和克服的。其三，创新的手段和技巧与人们的认识水平和实践空间有关。所以，创新的外部语境非常重要，甚至可以说，创新是由其外部的刺激出现的内部变化。

第二节 人文素质教育的社会价值

大学生作为未来社会的主要成员，他们不仅担负着劳动者的责任，而且还担负着文化传承的责任。因为他们所受过的高等教育必然使他们多了一份文化责任，以及不断提高劳动乐趣的义务。这就是大学生培养教育所具有的社会意义和社会价值。这种社会价值来源于和体现为社会需要。一个社会的稳定发展不仅来源于政治、经济的推动，而且来源于全体成员对这一社会的认同和参与程度。在个体与社会之间,社会成员的素质修养深层次地决定着个人与社会的和谐程度。因此,人文素质的程度水平非常重要,人文素质教育重要的社会意义也不言而喻。

从当代知识分子的角色地位来反思,已经由立法者的身份渐渐过渡到阐释者的角色,但是,公共知识分子的命名实际上还在起着时代意识形态建构的作用。在西方,围绕文化传承和价值关怀,一直有关于"知识分子"身份的反思,齐格蒙·鲍曼在他的《立法者与阐释者》一书中的观点值得关注:"'知识分子'一词在20世纪初刚被创造出来的时候,是为了重申并复兴知识分子在启蒙时代的社会核心地位,重申并复兴知识分子在启蒙时代的与知识的生产和传播相关的总体性关怀。'知识分子'一词是用来指称一个由不同的职业人士所构建的集合体,其中包括小说家、诗人、艺术家、新闻记者、科学家和其他一些公众人物,这些公众人物通过影响国民思想、塑造政治领袖的行为来直接干预政治过程,并将此看作他们的道德责任和共同权利。因此,'知识分子'一词乃是一声战斗的号召,它的声音穿透了在各种不同的专业和各种不同的文艺门类之间的森严壁垒,在它们的上空回荡着;这个词呼唤着'知识者'传统的复兴(或者可以说,这个词唤起了对于这一传统的集体记忆),这一'知识者'传统,体现并实践着真理、道德价值和审美判断这三者的统一。"以上这段论述中,齐格蒙·鲍曼阐释了对知识分子在当代的位置问题的理解。这一问题在中国传统文化中也存在,它涉及任何一个社会中意识形态建构的主体问题。在中国传统儒家文化体系中,"士人"集团实际上担负了国家意识形态的建构职责,体现了社会体系中思想和精神信仰的构筑功能。无论从中国古代社会状况,还是从西方古今社会面貌来看,知识分子的担当意识都是其社会责任的一部分。因此,考虑人文素质教育的社会价值,必然要从知识分子的信念与社会稳定、常识与社会进步和思想与社会批判入手。

一、信念与社会稳定

任何社会的稳定,都需要一个总体统一的价值观念和一个基本稳定的社会人群。从中国传统社会来看,儒家文化和士人集团构成了中国古代社会稳定的基本要素。在当代,社会核心价值观和知识群体就起到稳定社会的作用。因此,信仰的建立是在社会价值观念层面要思考的重大问题。每一个社会都有建立在不同的政治、经济模式基础上的主流与核心的价值规范,对于一个社会来说,信仰的稳定性决定着人们的认知水平和行为能力,也维系着社会的稳定。

大家知道,以孔子为核心的儒家价值思想建立在对周代制度建设的思考之上。在陈来先生的《古代宗教与伦理——儒家思想的根源》一书中,他谈到了儒家文化建立之初的种种思考,这些思考实际上涉及从殷商以"宗教巫术"立国到周代以"人文伦理"立国的转换。在这一思考中可以发现,两千多年来中国的超稳定结构实际上有两个重要因素:一是"儒家"文化价值观念,二是存在一个"士人""乡绅"集团,这里"士人"和"乡绅"秉承一致的儒家价值观念，有天下担当时则为"士人"，治理家族时则为"乡绅"，并且"士人"和"乡绅"的角色可以随时转换。这样一种结构便为中国古代社会的稳定提供了"信仰"——作为一套价值观念，它在青年士子的成长过程中以"儒学"为人文素质教育的内容。儒家文化在中国传统社会中的价值规范作用说明，人文素质具有历史语境性内涵，换句话说，人文素质的要素并不是一直不变的，在一定的历史时期，它的基本内涵与社会历史发展状况相关。在中国传统社会，儒家理想和价值观必然成为人文素质教育的内容。

到了当代社会，儒家价值理想已经远远落后，但是其中的模式和某些人文因素还有参考价值，比如面对急速变化的现代性浪潮，如何看待"功利性"取向、如何看待"资本"的无孔不入等等，需要在信仰层面予以思考。可以说，这个急速转轨的时代，给人文素质教育提供了机会，使得人文素质教育有了相应的价值，这便是确立信仰的价值。在过去中国社会转轨和剧烈动荡时期也是如此，许多仁人志士将信仰提到国民大计的高度去认识，说明信仰对于社会稳定的作用。其实，信仰是人文素质的一个组成部分，可以应用于对公民的塑造；同时它又是超越人文素质的，有着跨越时间、民族和历史的终极意义。毫无疑问，在信仰层面的管理和建构，能够使一个时代趋向稳定。

自1840年开始，中国持续两千多年的儒家文化体系遭到了前所未有的挑战，伴随坚船利炮而来的不仅是工业文明，而且还有与这一文明相伴随的现代观念。"德先生"和"赛先生"便成为100多年来中国人奋斗的目标。今天，如果放在民族信仰的层面看待这一问题，就会发现，"德先生"和"赛先生"的追求，实际上是一种民族信仰危机下的选择，而这一选择必须与中国的实际情况相结合才有意义，即在上文谈到的"历史语境"的意义下，中国现代意识信仰才会产生。从中国共产党领导中国革命直至胜利的历史事实中，可以发现这里讲的信仰或信念必须结合千百万人民大众的利益才有实现的可能，这一规律现象是和中国传统社会结构模式血肉关联的。由信仰到信念，应该说是打开了信仰实现的一条世俗化的道路，为核心价值观的传播提供了机会、方法。儒家价值观念因其现实性、民生性和亲和性的特点而延绵千年。当代中国的小康社会和和谐社会主张，从实际出发，考虑到了中国社会的实际状况，是一种传统理性文明的现代延续，更是我党不断拓新的深刻思考。上述思想的脉络构成了信念与社会的稳定之间的理论根据，也是大学生人文素质教育的应有价值。

二、常识与社会进步

何谓常识？孙中山在其《建国方略》（三）中曾经指出："凡欲固结吾国之人心，纠合吾国之民力者，不可不熟习此书。而遍传之于国人，使成为一普通之常识。"此处的常识，显然不同于"普通的知识""一般的知识"这样的含义。在对常识的理解上，英文中有以下几种理解："general sense""common sense""mother wit""practical wisdom"。从以上关于常识的理解中，大致可以概括出"常识"的几种意义：第一，客观的、科学的常识；第二，社会的、规范的常识；第三，传承下来的智慧；第四，实践中获取的经验。常识并不都是进步的，需要注意常识与成规之间的区别、常识与人类认识水平的关系等之间的差别。但是，总体来说，今天所特别强调的常识，更是指一种共同认识，尤其强调的是人民社会建设时期的共同常识，它在某种意义上是用来对抗反科学、反民主的知识。

任何一个社会、时代都要有常识。常识是素质教育的一大主题。中国两千多年的旧文明建立在人伦与天伦统一和谐的常识判断基础上，中国人按照春夏秋冬的自然变化管理着人间社会，包括儒家士人借此机会渗透他们的思想影响。在儒家文化价值观中，天地君亲师、仁义礼智信被塑造成常识，这是伦理的常识，它维护了以儒家文明为核心的中国两千多年的帝国时代。在民间语言上，对于践踏了伦理纲常的人，会被描述为"几于禽兽"，即几乎等于禽兽，这个判断中已经将封建伦理道德变成了日常生活的当然准则。所以，封建时代的一些制度被称为"伦理纲常"。

第三节 人文素质教育的社会功能

人文素质教育的落脚点在于培养人，培养具有"文化自觉"能力的人。人文素质教育在这一方面担负着重要的任务，这也是人文素质教育的功能所在。

何谓"文化自觉"？联系中国传统文化精神的根本，可以认为文化自觉表现为一种对本民族文化、对世界文化发自内在心理的担当意识。在甘阳、陈来、苏力主编的《中国大学的人文教育》一书中，他们认为"文化自觉"主要包括两个方面的内容："第一，今天的中国人需要了解中国经济的崛起并非仅仅只有经济史的意义，而是具有世界文明史的意义。现在全世界都把中国的崛起看成是21世纪的最大事件，认为中国的发展可能会决定性地影响和改变整个世界格局。对中国在当今世界上的这种地位，中国人必须要有自觉的意识，要自觉地从世界文明史的高度来看中国和世界，要自觉地从世界历史的大视野来重新认识中国，重新认识世界。第二，更重要的是，提出'文化自觉'是要指出，我们国家目前的文化状况与中国在世界上的地位很不相称，我们的文化基础非常薄弱，我们的文化底气严重不足，我们的文化历史视野更是相当狭隘。因此，提出'文化自觉'不是要助长文化自大狂，而恰恰是要反对文化自大狂，反对文化浮躁气，反对文化作秀风。我们所说的'文化自觉'提倡的是从非常具体的事情着手，做耐心扎实的文化奠基工作，要特别反对吹牛皮，说大话，搞花拳绣腿。"

这段话比较充分地反映了我国普遍进行文化素质教育的原因和内在动机，它说明了人文素质教育的文化公共关怀功能，所以，文化素质教育从大处看关乎国家民族的前途未来，从具体微处着眼则与人的综合素质构成有关，涉及情感与价值取向、科学精神、科学知识与科学技能等问题。或可改变封闭、狭隘的内心，进行"心力"的换回，用独立自觉的文化判断去调整教育传统等，这都是人文素质教育的功能所在。而具体到大学生，人文素质教育将在协调个体与社会、明晰思想和知识以及醇化素养和能力等方面实现它基础培养的功能。

一、协调个体与社会

人文素质教育的一些基本元素有利于协调个体与社会的关系，更好地处理自我与社会秩序之间的矛盾。人类不同于一般动物的地方，在于人类的群体性和由群体而结合的社会属性，这一群体既是使每一个个体有所依托的靠山，同时也是使每一个个体感受到压抑的力量。在个体与社会之间，这种既互利又互相挤压的现状要求从教育领域协调二者关系，人文素质教育正是解决这一矛盾的领域。

在个体与社会之间，最大的矛盾是个人自由的无限性要求和群体对这种自由的限制之间的矛盾。从人类的天性来说，追求自由是其天然属性，甚至大于生命的价值，正如匈牙利爱国诗人裴多菲所说："生命诚可贵，爱情价更高。若为自由故，二者皆可抛"。而在人的自由和人类的自由之间，又有所差异。个体的人的自由首先与自然存在着天然的对抗；其次与人类群体之间存在着利益的不均与意见的分歧；最后，作为加入了群体的个体，存在着其所属群体与其他群体之间的对抗。在这三层不一致之间，从个体角度来说，人的自由性遭到了压抑，出现了个体与社会矛盾的不同面相，这种不同面相相应地要求为协调它们之间的矛盾产生不同的办法，而这些办法必须能够从具体的每一个个体出发，也即能够从个体的意识角度解决其与社会的种种矛盾。

由上述分析，追溯东西方人类历史，可以看到一些解决途径。比如在传统中国，儒家伦理提出了"天人合一"的中庸观念，道家思想则提出"无我""坐忘"的玄学主张，禅宗思想用所谓"菩提本无树，明镜亦非台。本来无一物，何处惹尘埃"的思想大化人生。在"读书人"群体中，面对自我生命的幻化，他们也四处寻找，不说老子、庄子、孔子、孟子这些先贤们结晶的道家、儒家思想，晋代诗人陶渊明为解决个人与社会之间的矛盾采取了"积极避世"的态度，渴望"采菊东篱下，悠然见南山"，以回归自然田园的方式保持个人人格的独立，他的诗歌赞颂菊花，而菊花在传统文学和人格象征中都有了特定的意义，已经成为隐逸的象征，成为中国古代传统文人解决个体与社会矛盾的一种方法。宋代大文学家苏东坡感慨人生易逝，在《前赤壁赋》中提出了"寄蜉蝣于天地，渺沧海之一粟。哀吾生之须臾，羡长江之无穷。挟飞仙以遨游，抱明月而长终。知其不可乎骤得，托遗响于悲风"，企图从化身自然中解脱生命，成为历代读书人的楷模。在苏东坡解读人生困惑的方法中，我们看到了中国式的文人心态，这种心态维持了在专制制度下生存的人们向往自由的尊严，尽管无法和现代公民意识相比，却是那一时代一种比较妥善的解决之道。即便是在今天，苏东坡的解决之道亦成为很多人的生存志趣，正如林语堂的描写，它已经内化为民族的精神元素，不断滋养着这块土地上生存的人们。

今天，随着资本的大肆扩张，生存在当下的人们精神上普遍处于一种渴望自由又身不由己的状态，对于人们的焦虑，也产生了不同的解决办法。下面从两本畅销书的分析中会看到，在它们的叙述中，都含有对个体与社会紧张感的问题的思考。其中第一本是米奇·阿尔博姆根据真实经历写作的《相约星期二》，在这本书中，主人公叙述了自己事业有成，但是却疲于奔命的生存状态，忘记了当年初出校门时的热情和理想，对生活感觉疲惫，这不是他所情愿的，换句话说，他并不认为这种生存状态是幸福的，于是他找到了自己的大学老师——年逾七旬的社会心理学教授莫里，希图通过与老师的交流解决心中的焦虑。莫里教授与米奇畅谈生活，他们谈论的话题无所不包，是生活的方方面面、是人与社会的各种关系，如何看待世界、如何珍视生命、如何正视死亡、如何处理情感、如何谅解他人、如何面对金钱，对文化做种种反思，还有自怜，遗憾，对衰老的恐惧，对家庭，婚姻和爱的思考，莫里教授的名言是："学会与生活讲和"……他似乎在告诉我们，最好的人格特征并不是一味地斗争，而是学会"与生活讲和"。《相约星期二》不仅在美国，而且世界各地都产生了较大的影响，它和《你在天堂里遇见的五个人》和《一日重生》被称为米奇·阿尔博姆的"情感疗伤"佳作，余秋雨先生在为这本书作的序言中写道："临终前，他要给学生上最后一门课，课程名称是人生。上了十四周，最后一堂是葬礼。他把课堂留下了，课堂越变越大，现在延伸到了中国。我向过路的朋友们大声招呼，来，值得进去听听。"

另一本书是在我国影响很大的《于丹的〈论语〉心得》。该书除了有助于唤起大众对《论语》等传统国学的关注之外，对于青少年青春成长期的心理和大众化时代市民的焦虑心理还有一定的熨帖作用。在这部书中，于丹从"天地人之道""心灵之道""处世之道""君子之道""交友之道""理想之道"和"人生之道"六个方面谈起，基本思路是如何协调个体与社会的紧张关系，安置焦虑的心灵，认为，"我们的物质生活显然在提高，但是许多人却越来越不满了，因为他看到周围总还有乍富的阶层，总还有让自己不平衡的事物……其实，一个人的视力本来有两种功能，一个是向外去，无限宽广地拓展世界，另一个是向内来，无限深刻地去发现内心……我们的眼睛，总是看外界太多，看心灵太少……孔夫子能够教给我们的快乐秘诀，就是如何去找到你内心的安宁。""人人都希望过上幸福快乐的生活，而幸福快乐只是一种感觉，与贫富无关，和内心相连……在《论语》中，孔夫子告诉他的学生应该如何去寻找生活中的快乐。这种思想传承下来，对历史上许多著名的文士诗人都产生了巨大的影响。""当一个不幸降临了，最好的办法就是让它尽快过去，这样你才会腾出更多的时间去做更有价值的事情，你才会活得更有效率、更有好心情。"陶东风先生评价道，"这个快乐哲学的精髓是回避现实和麻痹自己。""好一个快乐秘诀！原来就是阿Q精神！即使你生活在最黑暗的时代，即使你看到社会的严重不公，邪恶压倒正义，即使基本的公民权利还没有得到保障，这一切都没有关系，你不必去实践现实的改革，不必去消灭实际存在的社会不平等，不必去改造制度。你所需要的只是发挥你神奇的'内视力'看看你的内心，因为那才是快乐之源。""不客气地说，这只能是'食利者'的快乐哲学，是权贵阶层的快乐哲学。一个饥寒交迫的人是不可能接受这样的快乐哲学的。而如果一个人自己享受着不合理的现实提供的美味佳肴、锦绣貂皮，却劝告草根阶层不要嫉妒，不要不满，不要牢骚满腹，那简直就是不厚道啦。如果这种快乐哲学被接受了，那么，不仅大量贫困阶层，而且我们的国家，都会在这种快乐哲学的催眠下可悲地'快乐'至死。"

由上述两本书的内容和相关评述，我们注意到其和士人情怀传统之间的差异，而协调个体与社会的关系事实上也是有着不同的思路的。人文素质教育所着力培养的个体意识并不是风花雪月的小资情调，它一定和家国情怀密切相连，是文化精神的传承，其间暗含着文化命脉的延续与自觉。在此基础上的个体与社会的关系，就不再是一种对立的关系，而是一种协调的关系，同化、协商、谈判、妥协等多种因素都在其中，最佳的结果并不是彼此的毁灭，而是"讲和"。这就是人文素质教育的功能之一。

二、明晰思想和知识

知识传授与思想倾向是不能分解的。也就是说，单纯的知识传授不能决定知识使用的方向，因此人文素质教育的功能也在于明晰思想与知识的分合关系。对于每一个体来说，知识的获得需要记忆及一定的身心感受能力和思维能力；而思想的获得则源于自由的愿望、自我意识的强度和群体社会的责任观念。在思想和知识之间有时会产生矛盾。知识具有客观性，随着人类认识水平的提高，知识的面貌存在更新。过去认为是对的知识，由于时间、空间及人类研究能力、手段的提高会发生变化，比如从普通物理学到量子力学，到宏观物理学；有时甚至是本质的变化，比如从"地球中心说"到"太阳中心说"，再到今天的"婴儿宇宙"假想理论。尽管有这样的变化，但不能否认知识具有相对的客观性。

人文素养则不同。人类的一些思想和愿望，包括人类历史上某些产生深远影响的思想、对人类无限肯定、给人们以信心的思想，其实可能是一种错误。放在历史的层面就会发现，在思想和知识之间，人类的前进道路是在鲜花和荆棘丛中走到今天的，思想和知识也都处于发展和变化中，需要细致地剥离缠绕其中的情绪的、感性的认识，看到二者统一和矛盾的方方面面，为今天的思考服务。

首先，知识体现为一种结果，它为思想提供依据；思想是一种思维和判断，它要反思知识的面貌、评价知识的水平和意义。人文素质更多的是为探求知识提供原动力，为恰当的思想提供人性的标准和思维的基础要素，包括自由倾向、感觉能力、逻辑能力等，人文素质教育的深化有助于在不同方面促进二者的发展。对于知识提高来说，人文素质的培养将注重思维能力、求异能力、抽象能力等，在思想培养上，人文素质教育将发展人类的判断力、批判力和反思能力。

其次，人文素质教育还有助于提高思想的水平和寻求知识的能力，明晰二者的不同作用。在人类历史上，思想仿佛灯塔，指引着人类前进的方向，包括知识寻找的方向，而人文素质教育将在人文的意义上强化这一观念，特别是自由的观念，这样的努力结果是把知识的地位拉回人间，避免知识理性造成对人类幸福的伤害。

总之，在人才培养中，人文素质教育有助于一个人的全面成长，它从人性深处出发的自主意识、求异的反思思维模式、感性的判断力都将有助于一个人思想、素养的提高，促进个体与社会的协调发展，也促进知识和思想趋于完善。

三、醇化素养与能力

醇化，是使更纯粹，达到美好而圆满的境界。作为人生修养的人文素质教育，对自我发展，特别是处理素养与能力的关系具有相应的功能。在此，如何醇化素养与能力，是需要思考的一个问题。要达到醇化，就要在素养和能力之间协调到最佳境界，对于一个人来说，有素养未必有能力，有能力也未必素养非凡，醇化好二者之间的关系就显得特别重要。

首先，单纯的知识教育有可能使受教者拥有非凡的能力，但是这并不意味着其素养很好，相反，若仅仅单一地强调素养，也容易走向精神领域的超越和玄想。恰当的人文素质教育，应有助于协调受教者平衡素养与能力的关系。这里的素养特别是指身心修养方面的人文素质，也指在人类精神生产产品方面的修养，尤其是在今天科技理性被大力强调的时代，要加强人文理性的关怀，比如对理想、价值观念、美的追求等的关注，从具体形态上说，比如艺术、音乐、绘画等，在人才培养中，要把综合素质的熏陶与知识教育结合起来进行，避免人才结构的单一化，避免人才培养的单面化。

其次，在人文素养方面，进行更加细密的培养，能够更好地醇化人文素养与能力的关系，要向人文要素的深处开掘。比如，音乐训练不仅是要使受教者产生音乐作品本身的感受，而且更是要在这一训练中培养感受能力；文学素养教育也不是单纯为了培养受教者去阅读和写作，更是要培养阅读者在阅读和写作中的精神提升。能力的深处是人的整体感觉，在进行人文素养训练中，从表层看是在进行具体的精神产品形态的熏陶，深层则是对蕴含在这些产品形态中的思维方式、认识方式、价值观念和感觉方式的培养。而这些方式，将成为能力转化的内在动力。

最后，人文素养有助于生活面貌的改变。在此基础上，将会大大提升人们认识的敏感性，影响人们对生活方向的选择，从而转变其能力提升的前进方向。特别是在人文科学、社会科学与自然科学研究的不同领域，人文素养有助于主体把握能力努力的正确方向。比如人与自然的关系，过去强调人征服自然、改造自然，造成了严重的生态失衡，但是近些年来，人们努力的方向转向了环保领域，开始修补自然。这一认识的转变，表层看是人类对自然灾害的反思，认识到了人对自然破坏的危机，深层却涉及人与自然关系的改变，中国传统"天人合一"、人与自然相协调等观念开始苏醒。这都是人文素养所关注的内容。

中国的英雄人物马永顺是新中国第一代伐木工人。20世纪50年代他创造了"流水作业法""安全伐木法""四季锉锯法"等方法，大大提高了木材的采伐水平，这使他成为英雄人物，甚至被写入全国手工伐木作业教科书，但是，伐树所造成的荒漠化使他晚年充满负疚感。1991年，为了完成补栽一生伐掉的36500多棵树，他带领一家三代，到荒山坡上营造义务林，终于完成了夙愿。截至 1999 年，他带领全家共义务植树 5 万多棵。这个事例说明，人文素养教育是时代所需，同时它的补充也使人获得了完善的幸福体验，这一事实是醇化素养与能力的很好例证。

第八章 人文素质教育的原则、途径和方法

如何按照人文素质教育的目标，培养具有人文精神和一定人文规格的现代化人才，需要进入实践操作的层面，而操作首先要弄清基本的准则框架。本章探讨人文素质教育的原则、途径和方法。

第一节 人文素质教育的原则

人文素质教育的原则就是在大学生人文素质教育活动中必须遵循的基本准则。它不仅在宏观上指导着大学生人文素质教育活动，而且在微观上规范和调节着大学生人文素质教育活动的各个方面和环节。

一、科学性与方向性相统一

科学性与方向性相统一原则是指人文素质教育活动既要体现科学性，又要坚持方向性，把科学性与方向性统一于人文素质教育活动中。

所谓科学性，就是指大学生人文素质教育活动所蕴含的规律性、真理性的内容要求得到遵循和满足，主要包括人文素质教育的内容客观现实性、教育规格以及教育方式方法的合理性。而方向性，则主要强调人文素质教育的价值指向性，应该合乎社会发展大趋势、主流意识形态及文化，并能对人们的正确行为发生导向作用。

从历史和现实来看，方向性要求较为容易得到贯彻，任何阶级无不从各自的政治目的出发，通过教育活动向学生施加自己的政治思想、价值观念和道德影响。孔子就主张："君子博学于文，约之以礼，亦可以弗畔矣夫。"唐朝韩愈说："师者，所以传道受业解惑也。"宋朝周敦颐提出"文以载道"。同样，在当代中国，对大学生进行人文素质教育的目的就是通过提高大学生的人文素养、人本精神，使之具备适应当代社会发展的思想政治品质，其中，核心目标就是增强大学生的主流价值意识和政治敏锐力，即坚定走中国特色社会主义道路的信心，树立实现中华民族伟大复兴的崇高理想信念等。相对而言，科学性要求则不易达成。

而大学生人文素质教育坚持科学性与方向性相统一，具有较强的客观必然性和现实意义。其一，唯有如此，才能保证与社会主义高等院校培养目标的一致性。高校不仅要培养

适应现代社会、能求得生存和发展的人，更要培养社会主义现代化事业的合格建设者和可靠接班人，只有这样，大学才能不辱使命，社会主义现代化事业才会后继有人。其二，科学性与方向性的统一，有利于优化人文素质教育的效果。坚持统一的方向可以坚定信心、激励斗志，使人文素质教育活动有精神动力支撑；坚持科学性可以保证教育活动的有效开展、人文素质的有效提升。忽视任何一方面都会使人文素质教育目标的实现大打折扣，甚至使教育活动出现负效果。

特别是在当今社会条件下，由于市场经济大潮的冲击，部分大学生的人文精神淡漠了，人文意识弱化了，个人主义、享乐主义、拜金主义大有蔓延之势，故此，大学生人文素质教育更需要坚持科学性和方向性的统一。因为人文素质教育不同于科学教育，其主旨是通过人文学科的知识传授和精神引导为大学生解决人生困惑并寻求信仰的支撑。所以，人文素质教育不能仅限于知识传授，更重要的是对学生人生观、价值观、世界观的塑造。它面对的是人的精神世界，要构筑人的灵魂家园。故既要贯彻方向性，使全体师生认识到人文素质教育的价值指向，并在教育互动中不断调整，又要讲求科学性，将内容的真理性与方法的灵活性有机地结合起来，努力探寻社会目标和个人目标融汇一致的契合点，努力使人文知识、人文精神有机地渗透到大学生生活的方方面面，做到教育的有效接受，达到殊途同归的效果。

二、理论与实际相联系

理论与实际相联系，是唯物辩证法的基本要求，是指导人类认识或学习活动的普遍规律之一，也是任何教育教学活动必须遵循的普适原则。古今中外不少教育家都对理论联系实际做过深入探讨。中国古代荀子就提出："知之不若行之，学至于行之而止矣。行之，明也。""知之而不行，虽敦必困"。在西方，古希腊智者曾断言："没有实践的理论和没有理论的实践都没有意义。"大学生人文素质教育坚持理论与实际相联系，包括两层含义：一是在人文素质教育中，教师把基础理论与现实生活实际联系起来，把教育普遍规律与学校人才培养目标、课程体系、师资状况、学生来源和特点结合起来，因地制宜地制订符合自身实际的人文素质教育方案，使学生真正理解和掌握基本理论；二是在实践教学环节，特别是在大学生的人文素质教育实践中，要坚持理论知识的主导作用，因为理论知识反映了自然界、社会和人类思维发展的最普遍规律，对实践具有广泛的适应性和指导作用。理论联系实际，体现着理论和实际的相互关系，理论教学与实践活动协调统一，互相补充、互相促进，既通过联系实际掌握理论，又要把理论应用到实际中去，这是大学生人文素质教育取得成效的根本途径。

一切真知均来源于实践。作为大学生人文素质教育主要内容的人文社会科学知识是对社会实践经验所做的高度概括和提炼，对大学生而言，属于间接经验。对于这种抽象的理论知识，高校教师如果不考虑大学生的实际情况，不联系社会现实生活，不但会使学生感受不到理论知识的亲和力和真实感，还会使学生产生"厌烦"心理。因此，抽象的理论须和具体的实际有机结合，通过实践教学弥补大学生在一定程度上直接经验的不足，使学生自然、自觉地吸收抽象的人文社会科学知识。另外，理论学习和实践教育，是培养当代大学生人文知识和道德能力的两个重要组成部分。人文素养、人本精神的培育总是通过一定的理论知识影响人的思想而起作用的，先进的、科学的理论不去武装大学生的头脑，落后的、愚昧的思想就会占据大学生的头脑。因此，坚持理论教育，向大学生系统讲授人文、社会、科学等方面的知识，有利于提高大学生的认知水平和理论思维能力。人文素质教育除了理论讲授，还要注重实践体验，强调知行统一，这也是理论联系实际的一个重要方面。通过组织大学生参与人文素质教育实践活动，引导大学生接触社会、深入生活，通过参与实践来正确认识和解决现实生活中出现的各种问题，从而提高分析问题和解决问题的能力。实践证明，无论是忽视理论教育还是忽视实践训练都是不可取的。

　　如何坚持理论联系实际呢？第一，要联系实际指导大学生人文素质教育中各种理论的形成、发展过程。所谓理论，是从实践中来又经过实践检验的认识，是人脑对客观事物及其规律的正确反映并按其内在逻辑组成的一定体系。科学理论能够揭示社会发展的规律，预见未来，帮助人们把握社会发展的方向和历史进程，能够提供正确认识事物和解决事物的方法。因此，高校教师讲授这些理论时，要综合运用多种方式引导学生确切了解理论的形成、发展过程，用于论证理论的材料必须真实、准确，具有典型意义，还要有说服力，这样，学生理解起来就不会那么枯燥、晦涩、难懂。第二，要联系当代大学生的具体实际。根据大学生的实际情况有针对性地进行人文素质教育，也就是因材施教。由于市场经济和西方社会思潮的冲击，一些大学生不同程度地存在政治信仰迷茫、理想信念模糊、价值取向扭曲、诚信意识淡薄、社会责任感缺乏、艰苦奋斗精神淡化、团结协作观念较差、心理素质欠佳等问题。因此，教师首先要了解学生的这些思想实际，精心准备和运用相应的教学内容、教学手段、表达方式开展人文素质教育，以培育学生的人文素养和精神品质等。另外，联系实际还要了解学生的个体差异、生活状况、专业背景、知识能力等。只有联系当代大学生的具体实际，才能最大限度地保证教育的实效性。第三，要联系高校教师的实际。人文素质教育的实效如何，主要取决于教师。如果教师仅仅局限于把理论讲清，把内容讲完，只能使学生理解、明白，未必能使学生有效接受。人文知识、人文精神要做到被大学生心甘情愿地接受，教师必须在"情"和"理"上下功夫。教师自身要明理，掌握真理、信仰真理，同时，对教学要有真实的情感投入。人文素质教育要引导大学生树立正确的世界观、价值观、道德观，提高大学生的人文素养和人本精神，是直接以育人为目的的活动。教师面对的是有血有肉、有思想、有情感的大学生，如果教师自身没有饱满的情绪和真挚的情感，学生是很难受到感染，而产生接受的内在需要的。如果教师乐于现身说法，用自己的亲身经历、心路历程例证某些理论，则会产生很大的感染力和说服力。

三、专业教学与人文素质教育相融合

专业教学与人文素质教育相融合，就是在专业教学过程中，在使学生掌握一定的专业知识和专业技能的同时，对学生进行人文素质教育，提高学生的文化品位、审美情趣、人文素养及人本精神。专业教学与人文素质教育不是平行推进的，也不是有先有后、分层次进行的，而是有机地融合在一起的。如果教师仅仅单纯地进行专业教学，就不能有效地解决学生的思想困惑、道德困境、做人问题，也就不能提高学生的道德觉悟、人文素养。对于高校教师教书育人职责来说，这样的教学不能算是成功的教学。在专业教学和人文素质教育之间考量，人文素质教育也应是"重头戏"，专业教学的落脚点是为培养大学生适应社会、学会做人、造福人类的能力服务，教师应以专业教学为载体对学生进行人文精神的培育，把专业知识转化为学生的理论武器和认识能力。意大利诗人但丁曾说过这样一句名言：一个知识不全的人可以用道德去弥补，而一个道德不全的人却难以用知识去弥补。

人文素质教育要遵循人的思想发展规律，融合到各种专业教学内容和方式中，以循序渐进和潜移默化的状态进行。大学生人文素质教育融合、渗透到专业教学中去，具有重要意义。其一，可以形成教育合力，产生新的综合性、具有感人气息的教育力量。这种教育合力，可以产生一种"整体大于局部之和"的综合功能效应，人文素质教育融入专业教学中，就等于高校专任教师都参与到人文素质教育工作中，正像恩格斯所言的"许多人的协作，许多力量结合为一个总的力量，用马克思的话来说，就是造成'新的力量'，这种力量和它的一个个力量的总和有本质的差别。"其二，可以产生"春风化雨，点滴入土"的效果，促进大学生思想发展的良性循环。人的思想都是在知、情、信、意、行五个要素的反复循环中形成发展的，高校人文素质教育实际就是促进大学生思想的良性循环发展，通过与专业教学相融合，能让大学生在不知不觉中受到教育，在自然熏陶下得到提高，因而可以收到理想的教育效果。

在大学生人文素质教育过程中，如何坚持专业教学与人文素质教育相融合呢？第一，要协调好专业教学与人文素质教育的关系，形成合理的系统教育结构。能否坚持专业教学与人文素质教育有机融合，关键在于教师。因为人文素质教育相对于专业知识而言，有其自身的特点，专业知识教育仅仅是让学生了解、知道所学的内容，而人文素质教育涉及的是学生的思想境界、内心世界，通过影响学生心灵，触发其思想转变、心灵净化、境界提升。因此，每一位专业教师都应当明确专业教学并不仅仅是传授完知识了事，还包括育人层面，要提高学生的思想觉悟、精神品质和人本精神。第二，专业教学要紧密联系学生的思想认识问题。随着市场经济的深入发展，我国社会经济成分、组织形式、就业方式、利益关系和分配方式日益多样化，大学生思想活动的独立性、选择性、多变性和差异性日益增强。高等学校各门课程都具有育人功能，所有教师都负有育人职责。教师在教学中要注意观察学生的课堂反应，紧密围绕大学生普遍关心的重大问题以及个别学生的思想认识问题,做好释疑解惑和教育引导工作。这类问题尽可能地在课堂上即时解决,可以达到事半功倍的效果。第三,在人文素质教育中,要批判分析西方文化思潮和价值观念。伴随着全球化浪潮和互联网的迅速发展,西方思潮和价值观念对大学生的冲击难以避免,大学生价值观念呈现多元化发展趋势,人文素养、人本精神呈弱化趋势。因此,高校教师在课堂教学中,要严肃认真地对待西方思潮和价值观念,进行客观的分析批判,从正面晓之以理、动之以情,有效地提高学生自觉抵制错误理论观点和错误价值观念的影响的能力,同时提高大学生分析批判社会思潮的能力。

四、教育与自我教育相呼应

教育是指在人文素质教育中,教师通过一定教学内容影响大学生,力图使大学生接受教学内容所承载的思想观念、道德品质、人文精神,并内化为自身的品德意识的过程。自我教育就是教育对象自己教育自己,自觉地进行自我剖析、自我管理,主动地接受正确的价值观念,形成良好的行为习惯的过程。教育和自我教育相呼应体现在人文素质教育过程中就是价值引导和自我构建相统一。人文素质教育的关键在于培养教育对象的自我教育意识、自我教育习惯,使其在价值多元化的开放社会中依据教育者所传递的主导价值观进行自我选择和自主构建,并对自己的选择切实地承担相应的社会责任。

坚持教育和自我教育相呼应,符合内化与外化辩证统一的教育教学规律。大学生人文素质教育的过程实际上是一种内化与外化辩证统一的过程,因此,要增强人文素质教育的实效,教育者在教育实践中必须遵循内化、外化规律,实现内化与外化的辩证统一。一方面,教育者要积极引导和帮助大学生接受人文素质教育内容所承载的思想观点、价值观念和人本精神并转化为自己的个体意识,自觉地将这些元素作为自己的价值准则和行为依据,从而为外化过程奠定坚实的基础;另一方面,教育者还要善于引导学生的外化过程,促进学生将个体意识转化为良好的行为习惯,产生良好的行为结果,这就是外化过程。内化与外化是辩证统一的。内化是外化的基础和前提,外化是内化的目的和归宿。高校人文素质教育要顺利地实现学生的内化和外化,离不开教育者的积极影响、悉心指导,更离不开学生主观能动作用的发挥,也就是说既离不开教育,也离不开自我教育,要求坚持教育与自我教育相结合。在人文素质教育实践活动中,教育者的作用是提供一个良好的外部条件,把教育内容所承载的精神实质通过恰当的方式传授给学生。学生的自我教育意识和自我教育能力,需要在教育者的影响下形成和发展。教育者提供自我教育的起点和动力,决定着自我教育的氛围和导向。自我教育既是衡量人文素质教育是否有效的一个标志,又是人文素质教育最终落实的归宿。现代社会,自我教育之所以重要,与社会的开放性,价值取向的多元化,思想活动的独立性、选择性加大有很大的关系,这些都增强了大学生的主体性,对自教自律提出了更高的要求。

坚持教育与自我教育相呼应,要做到以下几点:第一,要充分发挥教育者的主导作用。

要防止和反对人文精神培育的"自发论"。开放、多元的现代社会对高校教师提出了更高的要求，教师要充分意识到自身的责任与使命，以身作则，率先垂范，增强自身的人格魅力，以帮助塑造学生的理想人格。第二，要善于启发、提高受教者的自觉性和自我反思能力。受教者的认识活动是一种自觉、能动的思维活动。在人文素质教育实践中，教育者如果重视启发人们的自我意识，重视培养提高人们积极思维的自觉性，受教者就能在自觉的基础上增强自我教育能力。古人云："学而不思则罔。"讲授给学生的知识没有经过学生的思考、反思，就不能被学生真正掌握和接受，学了新理论、新知识，却不会运用理论思考，不能用来解决自身的实际问题，这种理论、知识就没有转化成相应的能力，也就毫无意义。因此，教师在人文素质教育中必须避免那种以为"灌输得越多，效果就越好"的误区，应该多给学生独立思考、表达见解的机会和时间，最大限度地增强学生的自我教育能力和面对复杂社会的应对能力。第三，要充分发挥学生的集体自我教育的作用。集体自我教育是同龄群体通过互相影响、互相启发、互相学习而实现互相教育。集体自我教育的积极作用不容忽视。大学生的主体意识较强，对于教师关于人文精神方面的教诲可能会有"抵触"心理和"逆反"情绪，而同学之间，由于年龄相仿、背景相似、兴趣相同，容易沟通并产生共鸣。高校应充分利用条件，开展丰富多彩的第二、第三课堂活动，在活动中激发大学生集体自我教育的需要，并以同学之间良好的情感、情绪为保障，把人文素质教育转化成当代大学生的一种生存方式和自我发展的内在需要。

第二节 人文素质教育的途径

要实现大学生人文素质教育的目标，达到人文素质教育的规格，就必须明确人文素质教育的途径。人文素质教育的途径是对教育平台、空间、载体的选择和整合。近几年，一些研究高等教育的专家学者提出了"四个课堂"的概念，将传统上以课室为教学阵地的课堂统称为"第一课堂"，以校内课堂外的空间称为"第二课堂"，校外的学习实践阵地称为"第三课堂"，虚拟网络平台称为"第四课堂"。这"四个课堂"的教育功能在高校是客观存在的，也是重要的、不可或缺的大学生人文素质教育的重要平台、空间和载体。要科学地、系统地对大学生进行人文素质教育，必须坚持整合"四个课堂"的理念，树立"四个课堂一盘棋"的思想，发挥"四个课堂"彼此互补、合作、协同教育的功能。

一、第一课堂：人格综合塑造

第一课堂是"传道受业解惑"的主阵地，也是人文素质教育的主阵地。专业教育的任务主要是"受业"，是学习一种"术"，而人文素质教育主要是"传道"，是学习"道"，强调做人与做事的统一，属于精神层面，重点是使学生精神成人，对学生进行人格综合塑造。人文素质教育必须充分发挥第一课堂的基础和核心作用。

（一）突出人本精神的通识教育

就性质而言，通识教育是高等教育的组成部分，是所有大学生都应该接受的非专业性教育；就其目的而言，通识教育旨在培养积极参与社会生活、有社会责任感、全面发展的社会的人和国家的公民；就其内容而言，通识教育是一种广泛的、非专业性的、非功利性的基本知识、基本技能和基本态度的教育。通识教育与人文素质教育虽然有一定区别，但是本质上是相通的，两者最终的目的都是人的全面发展。通识教育的目的不在于提高学生专业知识和技能，而是让学生首先学会做人。参与制订原子弹发展计划的哈佛大学原校长柯南特说，人文通识教育的能量比原子弹还大，因为原子弹是由人控制的，原子弹掌握在什么人手里，会产生完全不同的后果，而人是由教育的目的和方向决定的。

通识教育的重要性，其一在于通识教育对完善大学生的智能结构、提高他们的审美情趣、加强他们的创造性和适应性、促进他们的和谐发展有着重要意义。和专业教育相比，通识教育传授的是更为基础和普遍的知识，是一种更为重要的知识。通识教育不仅关心如何做事，还关心如何做人、如何生活。20世纪70年代哈佛通识教育改革的设计者罗索夫斯基认为："通识教育的好处可能会随着年龄的增加、身心的成熟、世事的洞察和生活的经验而越发显著。最重要的是，通识教育是专业学术能力在其最高层次的实施中所不可或缺的。"其二在于通识教育追求人全面发展的教育本然价值。作为一种教育理念，通识教育起源于亚里士多德提出的自由教育——强调发展人的理性、心智以探究真理。作为对时代和社会变迁的一种反映，尽管通识教育的名称和内涵会随着时代和社会的变迁有所变化，但不变的是它对教育本然价值的追求，这个价值就是人的全面发展——强调把受教育者作为一个主体的、完整的人而施以全面的教育，使受教育者得到自由和谐的发展。其三在于通识教育对培养创新型人才有十分重要的作用。通识教育的目的不在于教给学生多少具体的知识，而是教会学生学习方法、思维方式，让他们学会怎么去自主学习，怎么进行独立思考。通识教育的任务，就是让学生通过学术的熏陶，养成科学和文明的精神，从而具备理性的力量，使学生能够最终摆脱监护而获取独立、自由的精神走向社会。通识教育的目标是培养完整的人，即具备远大眼光、通融识见、博雅精神和健康情感的人，而不仅仅是某一狭窄专业领域的专精型人才。其四在于通识教育可以拓宽视野。在通识教育模式下，学生通过融会贯通的学习方式，综合、全面地了解人类知识的总体状况。学生在拥有基本知识和教育经验的基础上最后理性地选择或形成自己的专业方向，同时发展全面的人格素质，以提升人的生命价值及生活品质。

通识教育的有效载体是通识课程，因此，一个完善的通识教育体制还应包括合理的通识课程设置。通识课程除应该按照教育主管部门的要求开设好思想政治理论课、英语、体育、计算机等必修课程外，还应设置包含人文知识、自然科学知识、社会科学知识三个方面的选修课程。虽然通识课程涉及的知识面已经远远超过了人文知识的范畴，但是其最大的优点就是通过广博的、多领域的知识传授来开阔学生的视野，从而提升学生的人文素质。

要发挥第一课堂的作用就必须本着加强学生全面素质、创新能力、个性发展的培养原则，构建一个科学的通识课程体系。

从当前高等教育的现状来看，通识课程至少应包含以下8个系列：

文学、艺术教育：含中外文学经典赏析、艺术欣赏、美学概论、影视欣赏等课程。主要在于发挥文学、艺术得天独厚的人文优势和美育功能，从作品中体现的人格精神、深挚情感和形象意境等方面陶冶学生的情操，铸造学生品格，开发学生形象思维，进而培养学生的创新意识和人文精神。

历史、哲学教育：含中外简明史、中西方哲学史、马克思主义哲学等课程。主要在于培养洞察社会、认识事物规律和本质的能力，并进而培养学生科学的思维方式和求真务实的探索精神。

心理、健康教育：含心理学概论、青年心理学、创造心理学、大学生健康教育等课程。主要在于培养学生良好的心态和健康的心理，引导学生探索新知、勇于质疑的创新思维，努力培养学生的创新人格。

科学、技术教育：含科技发展概论、现代媒体与传播、信息采集与发布等课程。主要在于加强学生对科学技术工具性价值的理解与把握，弘扬科学精神，提高大学生的科学素养和科学探究精神。

社会、文化教育：含社会学、中外文化概论、中国传统文化、东西方文化比较等课程。主要在于加强大学生对社会关系、社会行为、文化发展、文化功能的认知和理解，培养学生的社会责任感、文化归属感。

管理、法律教育：含管理学概论、法律基础等课程。主要在于让学生掌握必要的管理学知识和法律知识，培养学生现代管理理念和民主法制意识，以更好地适应经济社会发展和个人可持续发展的需要。

语言教育：含演讲与口才、社交礼仪等课程。主要以书面语言和口头语言的综合应用为训练核心，着重培养大学生在做人与做事等方面的技能与技巧。

综合教育：含职业规划、学习实践等课程。主要对大学生的学习和生活给予理论上的指导和实践上的探索。

（二）蕴含人文气息的专业教育

在专业课教学中渗透人文精神、蕴含人文气息，并不是要求专业课教师必须讲授人文知识，而是指在专业教学中要向学生介绍学科产生发展的历史及前辈为该学科所做的努力而产生的科学精神；鼓励学生思考，培养学生的科学精神和创新意识；把人生观、价值观、思维方法、思想作风、治学态度传授给学生。

目前我国大学教育仍然以专业教育为主，通过专业训练，培养学生专业素质，其主体是科学知识和科学文化的教育。因此，实施人文素质教育的关键和支撑点就在于挖掘专业本身所蕴含的人文精神，教会学生正确做人、做事、做学问的态度。教育必须以科学教育为基础，同时又必须以人文精神为价值导向。科学只有与人文结合，并接受人文的价值导向，才能使科学真正服务于人类；人文精神与专业教育的结合，可以达到实事求是、勇于创造的科学精神和为国家富强、人民富裕而奋斗的献身精神的统一。

1. 寻找专业教育与人文精神培养间的"视界融合"点

这里的"视界融合"，是指任何学科思想的发展都不是封闭、孤立的，而是会进行交流的，师生会在这种交融中形成新的理解。科学与人文虽然有各自的内涵，但在精神这个最高层面上，两者是统一、融合的，都是对人的灵魂的教育，而非理智和知识的简单堆积，"化性为德"是它们共同的终极目标。所以，把专业教育的某一具体内容进行理性抽象式的"问题化"设计、分解，使之具备人文精神方面的创造性、分析性、思辨性和批判性等特质，就是专业教育与人文精神培养相融合，同时又能与学生达成主体理解的"视界融合"点。

2. 探索在专业教学中渗透人文教育内容的方式

在专业课教学中渗透人文精神，并无明确的一成不变的做法，不同的课程可以有不同的组织结构和传授重点、不同的传授视角与传授方式。重点可以通过以下几点来实现：

第一，通过科学哲学教育，使学生树立辩证唯物主义的基本观点和正确的发展观、价值观、自然观等，注意把各科学的内容融入科学知识的理解、形成和应用的过程之中，为学生提供一个认识科学进步的辩证发展背景，以利于学生透过对科学知识的学习，学会用辩证统一和联系发展的观点研究科学的基本问题。同时，在教学中，教师要引导学生将科学与人类、自然、能源、环境等紧密联系起来并加以综合研究，使学生学习、掌握和认识科学、认识自然的基本方法，养成关心人类、保护自然的行为习惯，树立正确的自然观。

第二，将相关专业的科学方法论和科技发展史纳入该专业课的范围，培养学生思考问题的方法。科技发展史可以使学生领悟到科学活动是活生生的人的活动，科学的理论和知识是由人创造的，不仅是人智力的结晶，也是情感和意志的产物，凝聚了科学工作者的理想与追求，也是他们崇高品质的体现。这样在科学知识呈现在学生面前的同时，也使他们的价值追求和精神气质得以复生，人在科学知识中被凸现出来，科学知识也被赋予人性。此外，每个专业领域都有自己的研究方法，将知识、方法及其发展历史结合起来，建立综合性的课程结构，确定共同的学术目标，可以将科学与社会、知识与责任、专业与历史联系起来，给学生更加广阔的视野，促使大学生对那些在人类发展进程中起过重大作用的科学事件和思想，从学科起源、本质、发展及其社会应用价值和由此产生的伦理和社会问题的角度进行思考。

第三，加强科学精神和科学道德的培养。爱因斯坦在纪念居里夫人时说过："第一流人物对于时代和历史进程的意义在其道德品质方面，也许比单纯是才智成就方面还要大。"在专业课程内容教学中，介绍学科发展中优秀科学家献身真理的感人事迹，以激发学生产生崇高的正义感与社会责任感；介绍学科中与当前国计民生密切关联的知识，以激发学生献身于造福人类与社会的热情。所有这些在帮助学生掌握人文知识、培养人文素养方面都起到了很好的作用。同时，穿插一些科学发现的故事，向学生揭示自然奥秘是如何被揭开的、怎样提出问题、怎样解决问题、中间有些什么磨难等等，都会极大地鼓励学生从事科学研究的热情，帮助他们树立高尚的科学道德，掌握一定的科学道德规范，树立对国家、社会、科学的责任感、正义感和荣誉感，形成学生良好的科学伦理意识。

第四，提高专业教师的人文素养。由于施教者是教师，首先应当要求专业教师具有较高的人文素养，认识到在自己所从事的专业领域里充满着人文因素，并能潜移默化地在自己的教学中用这种人文精神感染和熏陶学生。为此，应该鼓励专业教师通过多种途径来提高自己的人文素养，尽可能多读一些古今中外的文、史、哲、艺方面的名著，寻找科学中本身就蕴含着的深刻的人文精神，想得"大"些、"广"些、"深"些，注意在自己的教学中加以贯穿。

（三）外化行为模式的实验实训体系

实验实训是实验教学和实训教学的统称。实验是为了解决社会和自然问题，在其对应的科学研究中用来检验某种新的假说、假设、原理、理论，或者验证某种已经存在的假说、假设、原理、理论而进行的明确、具体、可操作、有数据、有算法、有责任的技术操作行为。实训则是专业技能实际训练的简称，是指在学校能控制的状态下，按照人才培养规律与目标，对学生进行专业技术应用能力训练的教学过程。

实验实训是高等教育重要的培养途径。在人文素质教育中，实验实训也发挥着重要作用，是整个人文素质教育教学过程中理论联系实际、培养学生实践能力的重要环节之一。

其实，实验实训中蕴含丰富的人文素质教育内容。

其一，通过实验实训树立人与自然协调统一的观念。现代科学自然观是整体论和有机论的统一，它坚持人与自然的相互限定、相互依赖和相互包容，坚持人与自然的密切联系，它们是内在统一、不可分离的。如果通过实验实训将科学主义和人文主义有机联系，这必将有助于人与自然和谐统一自然观的形成。通过实验实训，掌握大自然规律，将来更好地利用大自然，让大自然为人类服务，通过物质组成、结构、功能、运动、规律的教学，使学生得出世界是物质的、物质是运动的、运动是有规律的等辩证唯物主义观点。

其二，通过实验实训了解人与社会的关系。科学包括基础科学、技术科学和应用科学，它们具有内在的联系，有许多实践领域能用科学知识和价值观分析一些社会问题，如人口、能源资源、生态环境问题，并做出正确的决策。

其三，通过实验实训学会正确处理人与人的关系。实验实训中有许多涉及接触自然、了解社会、培养团结协作精神以及社会活动能力的内容和环节，在收集处理信息、获取新知识以及分析解决问题过程中，必然要与人合作交往，创设良好的人际氛围，只有这样，才能收到较好的教学效果。

其四，通过实验实训加强学生的爱国主义、辩证唯物主义的教育和培养。通过实验实训可以帮助学生了解中国在自然科学方面取得的伟大成就，从而激发学生的爱国主义热情，激励他们献身科学、立志为国争光。实验教学中所体现出来的科学态度、唯物史观、合作精神、遵守纪律、爱护公物、环保意识等等，都是典型而又实际的德育。如果教师因势利导，通过实验做相应的思想教育工作，不仅可以激发学生爱国、爱科学的热情，而且有助于学生树立攀登科学高峰、振兴中华的远大志向。因此，教师在实验教学中，应注意结合自己所教学科的特点，发掘其中内在的思想教育题材，以提高学生的整体素质。

其五，通过实验实训培养学生的科学精神。做实验可以引导学生探索科学知识、掌握相关的技能、学习科学的学习方法。由于教学上的实验往往就是教材上的难点内容，因此，通过实验有助于学生突破难点，将感性认识上升为理性知识。在做实验的过程中，能培养学生实事求是的学习态度、一丝不苟的工作精神及良好的生活习惯，从而提高学生的综合素质。通过对观察、分类、归纳、科学实验、科学调查等的介绍，引导学生建立参与意识，积极探讨现实问题，让学生理解科学研究工作是如何进行的，科学成果是如何获得的，科技工作者是如何建立自己的价值观、世界观、知识观的，以培养学生的科学态度、科学精神。

因此，应该着力构建蕴含人文精神的实验实训体系。

其一，在实验实训目的上要注入人文素质教育元素。当前，科学教育中普遍存在忽视人文素质教育目标的现象，重教育的知识性、轻教育的人文性；重教师主导、轻学生主体；重科学程序、轻灵活变通；重理论知识的传播、轻情感经验的积累；重理智控制、轻情感沟通；等等，这势必难以收到良好的教学效果。因此，要加强人文素质教育，首先就要确立正确的教学目标，充分发挥科学的特点及其多元价值，重视学生知识、技能、心理、文化、审美等方面的差异，明确人文素质教育目标，加强教学过程人文环境意识，使科学教育与人文素质教育有机融合。

其二，在实验实训内容上挖掘人文因素。实验实训内容不仅是一个科学知识的逻辑体系，更重要的是通过知识反映出它包含的科学思想方法，反映其文化价值，充分挖掘自然科学的人文因素，创设情境诱发学生的学习兴趣，激发学生的灵感，尽可能地结合教学内容开展艺术、审美教育，注意教给学生学习中华民族文化、汲取民族精神的方法，培养学生的竞争意识、合作精神和坚强毅力；通过挖掘人文因素，使学生学到坚定的科学信仰、实事求是的科学精神与严谨、严密、严肃的科学态度。

其三，在实验实训中强化人文环境建设。要将人文精神的培养落到实处，必须高度突出实践的教学环节，创设民主、开放、活泼的情境；保证学生自探、自求、自创的时间，体现学生学习主动性、灵活性、创造性，实现教学的民主性、启发性、多样性。为此，在教学过程中应努力做好教师与学生、学生与学生之间的交流与沟通，大胆地把信息技术和心理科学的成果应用于教学改革实践，根据实验实训教学特点和人才成长的需要，建立活动式、参与式、发现式、探索式、创造式的人文素质实验实训体系，引导学生独立思考、敢于争辩、勇于探索和实践，使学生的科学知识、技能素质和人文素质得到自由、充分、和谐的发展。

其四，不断改进实验实训方法，注意体现科学中的人文价值。在实验实训过程中引导学生体验人类追求真善美的精神,感受生命的意义和生活的真谛。在实验实训中的求"真"教育,主要体现为科学精神的培养和求真方法的教育,具体体现为科学探索的热情、勇气、相互合作的精神和献身于探索真理和捍卫真理的精神,掌握探索真理的方法、技能,培养学生的创造性。求"善"教育主要是指通过对学生的道德认识、道德情感和道德能力及道德责任感的培养,使学生自觉地养成善待生命、善待自然、善待科学、善待技术的世界观和方法论,用人文精神中的"善"去抵御科学发展带来的"恶",用"可持续发展"的理念去追求人与自然的和谐共处、协调发展。在实验实训中,教师还应注意"美"的教育,一方面教师应善于从纷繁复杂的科学理论中发掘、提炼出简洁、整齐、对称、有序的科学美,对学生进行审美教育;另一方面,应让学生明确美与真的联系,美可以引真,形式美可以成为科学家的一种直观判断,有助于科学的发现,良好的审美能力可以促进科学创造。

实验实训的着眼点和落脚点已不是知识、理论本身,而是营造一种现实的场景、单纯的氛围,帮助学生理解、感受和领悟,通过观摩、对比、分析、思考、评估,使之做出适宜的行为选择,并在多次重复中得到固化,逐步成为思维定式和行为习惯。

二、第二课堂:校园文化洗礼

第二课堂是第一课堂的补充和延伸,主要体现为师生共同设计参与的校园文化活动,以及营造的特定文化氛围和精神环境。一所现代化的大学,必须有很高的文化品位,构筑一个富有活力的高尚的文化环境,形成一个朝气蓬勃的浓厚的学术氛围,充满求真的科学精神与求善的人文精神,教育人、启迪人、感染人、熏陶人、引导人,"和而不同",充分调动人的主体的自觉性与积极性,促进优秀人才的成长。因此,良好的校园文化,可以发挥环境氛围对于人的潜移默化的洗礼作用,同时展示独特的人文精神。具体表现如下:

(1)物质文化。物质文化形态是校园文化氛围的外在标志,是育人的物质基础。校园里建筑布局、绿化卫生、创意雕塑与人文景观的设置,构成了校园的物质文化形态,这是校园形象和精神风貌的物质依托,它所蕴含的"精、气、神"体现了一个学校的文化内涵,对于增强凝聚力、陶冶情操、享受美感、塑造心灵、升华精神起着极其重要的作用。大学生每天都生活在校园中,环境的变化与他们的切身利益息息相关,要利用好校园的绿化、美化,使校园环境的主题充满人文教育的文化品味,为人文素质教育服务。

(2)媒体文化。媒体文化形态是校园文化氛围的直接体现。它包括校报、校刊、广播、电视、画廊、黑板报、宣传标语以及校歌、校训等等。发挥大众传媒信息量大、覆盖面广、影响力强的优势,对学生将产生直接而深远的影响,有利于提高学生的道德水平和思想境界。各种格言警句醒目地挂放在广场、花园、草坪、教室中,每个局部环境都与整体人文环境相映衬,内容与形式协调一致、美观大方、富于艺术感,洋溢着文明、健康、奋进、向上的氛围,对学生产生有效的浸润、熏陶作用。

(3)文化活动。文化活动形态是校园文化氛围的内在表现。它通过各类的演出、竞赛、讲座、沙龙等形式，让学生在其中发挥自己的特长，发展自己的个性，不断增强自信、勇于创新、勇于竞争、经受挫折和磨炼，不断优化自己的思想心理素质，从而促使自己综合发展、全面提高。加拿大阿尔伯塔大学名誉校长罗德里克·弗雷泽博士针对目前中国将创新人才的培养列为国家战略，强调指出，大学要关注学生的全面发展，除了知识、娱乐、体育、课外活动也非常重要，它们对大学生的人文素质培养将起到辐射、带动、诱导的作用。

（4）精神文化。精神文化形态是校园文化氛围的灵魂所在，也就是常说的"大学精神"。它主要体现学生在各种校园活动中所表现出来的特有的风格，涉及学生理想的追求、观念的转变、道德的修养、人格的塑造、行为的自律、心理的优化、纪律的约束等各个方面，从而成为激励学生向上的精神力量，虽然不像学科课程组织得那么严密，但它时时处处都在影响着学生，不知不觉地渗透在学生的意识中，促使他们"精神成人"。当前的大学教育应该创造氛围，通过开学典礼、毕业典礼、校史教育、校园电子地图等具有特殊教育意义的形式，让学生由知校而爱校、由爱校而誉校，由此不断丰富校园的人文内涵，对学生进行"人文洗礼"。

为配合人文素质教育，校园文化氛围的营造可以从以下几方面入手：一是开展广泛的读书活动，督促学生"读好书、精读书、会评书"，学校依据学生年级和专业的不同推荐人文学科阅读书目，并由教师予以引导，培养学生的人文底蕴。二是邀请校内外知名专家学者举办文、史、哲、艺等人文素质教育讲座，引导学生热爱知识，追求真理，端正人生态度。三是积极开展各种校内学习活动。人文知识的积累主要依靠学习，但知识内化为人文精神主要靠学生的体验和领悟，这些都需要在实践过程中完成，一方面是通过各种学生社团展开，另一方面还有集体组织的青年志愿者活动、社区援助活动、勤工俭学活动和社会调查活动等。四是适时开展相关探索创作竞赛活动，引导和鼓励学生的人文志趣，开发展示其人文特长，锻炼提升其人文素质。学校要为学生各种实践活动的开展提供必要的条件，鼓励学生社团的成长和学生参与实践的热情，并予以适当的指导。

三、第三课堂：行为践履强化

校外社会实践向来被称为高校的"第三课堂"，这个课堂既是求真的过程，也是获得体验、熏染感情的途径。大学生通过实践活动，既可以检验、应用所学知识，又可以开阔视野，锻炼各种能力，从而提高人文素质和科学素质，达到重建自我文化与社会本质要求的统一。因而，学生走出校门投身社会实践活动，让各种人文知识积淀接受社会现实的检验和磨砺，有助于内化到精神世界，促进其人文素质外化为行为。

其一，社会实践可以使大学生对当今社会的现状有一个理性的认识，了解国情、社情、民情，吸取时代精神的养料，批判更新各种不合时宜的观念和行为模式，有利于从整体上提高大学生的人文素质。

其二，社会实践可以使学生在实践中认识社会、改造自我、促进自身健康发展，反思人生价值观念，促进自我意识成熟，以达到人文素质培养与人文精神提升的最优化。这有赖于开发利用各类社会实践活动在学生自我表现、自我教育、自我管理、自我提高过程中的积极作用。

其三，社会实践可以帮助学生增强求知欲和责任感、使命感，在具体的工作环境中锻炼实践能力，培养敬业精神，加强文明修养，培养服务意识和奉献精神，并运用所掌握的知识为社会服务。反过来，此过程有利于加深学生对当今世界政治、经济、文化、社会等问题的理解。

其四，开展社会公益等社会实践活动，有利于深化课堂教学，拓展人文教育的空间。从某种意义上说，这种来自现实社会实践的人文教育比在学校的教育更直接、更深刻也更持久，更能有机地将感性教育与理性教育结合起来，让学生在同民众的交往和参与社会公益活动中，吸收传统道德的精华，养成善德，锻炼善行，具备善心，学会理解人、与人沟通与协作，在活动中培养大学生的公德意识和良好情操。学生通过公益活动，不仅熟悉自然的、人为的或社会的工作对象，学会如何分析问题和解决问题，学会如何做事，而且还可广泛接触不同文化背景、不同文化习俗的人群，学会进行跨文化交流与合作，学会与人共处。从这样的实践活动中，学生通过交流、比较、思索、磨炼，就会逐步建立起健康的思想感情和合理的价值观念，使自己成熟起来。

其五，社会实践可以巩固和加深学生学习到的各种知识、扩大知识面、发展独立思考的能力，更重要的是可以让学生在实践中提炼和强化人文素质的行为，发现社会行为，验证和发展社会行为，强化行为践履能力。

四、第四课堂：虚拟网络历练

第四课堂是在"三大课堂"基础上衍生的一种网络虚拟课堂。随着以计算机、通信技术和以信息技术为支撑的电子信息网络在全球的高速发展和日臻完善，网络早已不只是一种简单的信息传递工具，它参与了现实社会生活的构建，为人们塑造了一个新的社会生活环境，使人类逐步踏入一个新的实践空间——网络空间。在网络空间里，人文精神的发展不仅迎来了前所未有的机遇，同时也面临着极其严峻的挑战。目前来看，当代大学生由于存在对网络价值、网络社会规则及其特点认识的不准确，导致在网络社会中价值标准失范、道德评判弱化的问题。要改变这种现状就必须切实加强大学生网络人文素质教育。

网络虚拟课堂虽置身虚拟环境，面临虚拟人群，但并非空对空的虚无，而是针对三大课堂覆盖不到的灰色地带，发挥着实实在在的影响作用。实际上，现今网络时代突出地暴露了严重的人文精神缺失与人文价值倒挂问题，必须植根于现实的网络社会文化土壤，在与网络时代的政治、经济、文化的互动过程中寻找人文素质教育新的生长点。从这个角度看，高等学校网络人文素质教育的基点是为学生指明积极向上的网络应用方向，提升他们的网络社会境界，陶冶他们的网络情感，帮助其了解网络社会，认清网络世界中的自我，从而形成内化于主体精神深处的网络人文品质、对网络社会的正确认识和责任感，引导学生的网络行为，使其更好地在游走于网络社会的同时学会认知、学会做事、学会共同生活、学会生存。网络人文素质教育的内涵应该是更为具体、丰富和现实的，应当是生动活泼、贴近社会实际、贴近生活、贴近学生的，要针对大学生网络人文素质缺失的主要表现而有所取舍。

开展第四课堂人文素质教育，要做到以下几点：

其一，实现网络历练，首先要认知与把握"网络之真"和"网络之善"。"网络之真"和"网络之善"在于其基本精神即所谓自由、平等、资源共享。互联网本是一个推崇开放的世界，包容了多种文化元素，吸引了全球数亿人的眼球。它的出现让人们有可能更方便自由地了解自己想要了解的资讯，最大限度地延伸自己的眼界和生存空间，更重要的是可以让人们自由地发表自己的见解，摆脱宗教的、政治的、社会地位上的束缚。这一切如果没有诚信作为基础是无法达到的，因为网络所体现的是无边的、开放的、变化的、分工却又相互协作的互动关系，自由、平等和真诚的交流是网络的真正精神，只有用这样的精神作为指导，才能使对话沟通成为可能，才能最大限度地解放人的精神世界，才能创造出新的思想和新的思路。大学生只有做到对"网络之真"和"网络之善"有准确认知与把握，才能形成对网络社会的责任感，才会转而自觉地共建和维护现实社会的"真"和"善"。

其二，实现网络历练，要对网络中的观念和行为加以有效引导。美国著名社会学家曼纽尔·卡斯泰尔说，信息技术的发展使得"地域性解体脱离了文化、历史、地理的意义，并重新整合进功能性的网络或意向拼贴之中，导致流动空间取代了地方空间。当过去、现在与未来都可以在同一则信息里被预先设定而彼此互动时，时间也在这个新沟通系统里被消除了"。其结果，"流动的空间"与"无时间的时间"正在成为新文化的物质基础。网络上的意识形态摆脱了民族、国家或社会的界限，外来文化的精华与本土优秀传统文化的创造力在这里碰撞并以多样复杂的方式结合在一起，应当怎样去面对？怎样进行消化、吸收？网络中哪些信息能陶冶我们的思想和情操？哪些信息对我们是健康有价值的？哪些是虚假不可信的甚至是陷阱？应当怎样辨别、剔除糟粕取其精华、去伪存真？当代大学生无法回避这些问题，需要在网络人文素质教育中加以重视和引导。

其三，实现网络历练，要着力于大学生网络道德的培养。网上的一切活动以及人们的道德和文化素质难以跟上数字化的发展。网络的虚拟性使网络社会中的道德具有非控性、开放性、自主性、多元性，现实生活中的传统道德准则无法约束网上言行，易导致大学生网络道德意识低下，也将对大学生的传统道德观念及日常行为产生较大的负面影响。所以高校网络人文素质教育应阐述传统道德与网络道德的关系，明确网络道德是传统道德的发展和延伸。每一次网络言行都是在营造新的网络文化，因为既然网络和现实生活有关，所以网络本身所具有的人文精神，就一定会与现实生活的某种方式有联系，数字化时代的到来和数字化所能提供的生活方式，都不能独立于现实生活之外。网络既然是高度发展的文明社会的产物，它就必须有文明发展的规则。应以网络人文素质教育使高尚的网络道德行为准则深入人心，以指导大学生文明上网。

其四，实现网络历练，要加强对大学生网络心理的疏导。网络给大学生带来积极影响的同时也可能对其生活方式、心理行为产生负面影响。因过度使用网络而导致诸如情绪障碍、社会适应不良等心理行为问题的案例日益增多，引起了社会的广泛关注。保持健康的网络心理，已成为大学生心理问题的一个焦点，也是高等教育工作者所面临的新课题。所以高校网络人文素质教育必须重视网络对大学生心理发展与健康的影响，适当干预网络性心理障碍，破解网络性心理障碍的成因、危害，研究解决如何预防网络心理问题等。

其五，实现网络历练，要力补大学生网络法律观念的缺失。尽管网络是虚拟空间，但其中的行为仍然是实在的，丝毫没有脱离开人类社会，只是具体行为方式发生了改变。因此，网络上的任何言行必然受到现实中的法律制约。网络法律问题产生于网络的应用之中，大学生在网络上也应有法律意识。近年来，网络所反映出来的法律问题呈上升趋势，有关的案例不断增多，这与上网者的网络法律意识普遍淡薄不无关系，而法律意识的缺失归根结底在于人文素质的缺失，故可以用人文素质与网络法律意识相配套，两手抓、两手硬。

第三节 人文素质教育的方法

人文素质教育方法是教育者为了实现人文素质教育目标、传递人文素质教育内容，对受教育者采取的思想方法和工作方法。人文素质教育的方法有宽有窄、有点有面，涉及方法论方法、研究方法、教学方法、学习方法等。前述人文素质教育的原则和途径，实际上也是一种人文素质教育的方法，是人文素质教育的一般方法和基本方法。本节着重从教育者角度，以选择教育内容入手，就实施教育的方法进行阐述，主要包括学科交叉法、中西融合法、古今搭桥法和就地取材法。

一、学科交叉法

所谓学科交叉法，是指在人文素质教育过程中教育者充分挖掘和整合不同学科中有利于受教育者丰富人文知识、提升人文素质、形成人文精神素材的方法，即高校教师在实施教育时需有多学科的视域，从学科上进行比较透彻而全面的领会和思考，并聚焦于文与理、文与文等不同学科的交叉结合，从中研究寻找人文素质教育的素材和资源。

学科交叉是科研思想的来源。因为传统单一学科发展到一定时期，会遇到瓶颈甚至极限。当代科学技术发展的一个重要特点是综合化和交叉发展，许多新学科都是在两个或多个学科的交叉点生长和发展起来的。随着学科交叉融合的进一步加快，科学家再不能局限于本学科领域方面单纯的研究，必须注重跟其他学科领域的科学家共同探讨、共同发展、交叉融合、共同合作，将一个学科发展成熟的知识、技术和方法应用到另一学科的前沿，进而产生重大的创新成果。

学科交叉也是人文素质教育的方法。高明的教育者善于利用自身积累的知识优势，发展学科交叉的切入点，及时开辟新的教育内容和方向。更新教育内容意味着突出现代、反映前沿、追踪发展和学科交叉。教育者不能只看自己所在学科的教材和图书，而应关注相邻学科及其结合部，不断学习相关学科和交叉学科知识，建立交叉学科教学项目，着眼从单一学科角度无法充分分析的主题的学习研究，形成一种学科交叉的教育视角。

学科交叉方法的优点如下：一是有助于教育者扩充教育视域，更新教育内容，提升教育层次，达到人文素质教育的新颖性、前沿性、学理性；二是有助于培养受教育者即大学生学科交叉的思维习惯，赋予未来的公民以足够的知性，分析、评价及综合不同来源的信息以得出合理的决定。

对学科交叉方法的质疑主要集中在认为这种方法缺乏综合性，即教育者选取多学科的视角，却没有进行充分的指导以克服学科间的冲突，获得对问题的综合认识，且只有少数学生才具备所要求的知识和智力的成熟性。对这种方法的质疑虽值得重视，但不可因噎废食地对方法加以否定。

二、中西融合法

中西融合法是指人文素质教育者充分挖掘和整合中外文化中精华部分和积极因素，获取人文素质教育素材的方法。

一个大学的人文素质教育承担着传承和光大民族文化传统的责任。这种传统的伟大之处之一即在于帮助参与其中的人们将传统生活化、日常化，从而建立属于自己的文化认同。而文化认同的建立应该有海纳百川的胸襟，而且往往是像卡尔维诺在《为什么要读经典》中指出的那样，从经典文本教育开始，然后逐渐向历史哲学延伸，向古今中外纵横，也就是钱钟书先生提倡的古今中外的"打通"。"打通"的目的在于创造扎实的学术基础、健全的人格以及有趣味的文化生活。

然而人文素质教育的全部功能不仅仅在于传承培养传统、建构文化认同。在了解传统、确立自己的身份之后，反过来更有可能鼓励文化多元，培养国际视野。尤其是当中国学府、学生出现在国际交流的舞台上，便更加迫切地需要接受人文素质教育并以此了解"文化多元"的意义。合格的人文素质教育带来的文化认同，在全球化的语境下，多多少少带着"文化多元"的色彩。因此，中国的人文素质教育者应关注西方通行的现代科学教育与人文素质教育的融合的精髓，引导学生主动发现所在学科的人文性，欣赏国内外名家的人文论述，开发具体学科中的人文内涵，这是培养学生人文精神的有效途径之一。在教学过程中，可以结合教学内容向学生展示中外学者对学科知识、实践的人文性的不同观点。由此，人文内涵不是仅以中国独有独大的东西被简单地推崇，而是将其合理地搁置于现代学科教育的框架之内，作为专业教育活动的一种有机构成要素被吸收、消化、融合。

三、古今搭桥法

古今搭桥法是指人文素质教育者以传承和扬弃的态度，从历史典籍和传统文化中充分挖掘和整合不同历史时期人文素质教育素材的方法。

有人说"通于古者窒于今"，也有人认为知今便难通古。而如果能融汇古今，善于在历史与现实之间来回穿梭，则可能通古今之变，成一家之言。首先要知古守根。现实是历史的延续，它本身也要演变为历史。在很大程度上，人文素质教育必须回归、再造传统，到历史中去寻找可资批判继承与参考借鉴的人文遗产。作为一个有着悠久历史的文明古国，中国传统文化中有着取之不尽的人文素质教育资源，产生过众多杰出的圣贤，他们怀着卓绝的理想，持有坚定的信心，表现出了自强不息、超凡脱俗的精神境界。重新激活这些资源，让它们在现代大学的人文教化中发挥作用，是现代教育弘扬人文精神的重要内容，也是富有时代意义的课题。在现代大学校园中，应保留教育理想，使人文素质教育有憩息、舒展、生长的空间，从而为大学保留一片学习园地。教育者应该有针对性地改革教育的僵硬模式，在及时反映当代中国马克思主义发展的最新成果的同时，将人文素质教育的精华融入其中，并不断丰富教学形式，以增强教育的吸引力和感染力。在中国历史上，非宗教的、具有浓厚理性主义和人文精神的儒家文化占据着统治地位，科举考试以古典人文学科知识为主要标准；宋代以后各朝统治者不仅右文左武，以文臣出相入将，而且公开标榜"以文教立国"。民国以后，西学取代中学，科技教育逐渐占据主导地位；20世纪50年代院系调整后，人文教育进一步受到削弱，以致许多理工科大学生缺乏人文知识和修养。现今加强大学生的人文素质教育，力求兼收学习人文知识、陶融人文精神之效。特别是在经济全球化、文化多元化的时代背景下，外来文化不断侵蚀着我们的文明，应该"和而不同"，在吸收外来文化的同时，我们首先要保住源远流长、博大精深的中华民族文化的根本。在现在的大学生中，民族文化的根底太浅、太贫乏，而且整个社会普遍趋于浮躁。倡兴国学，资人励己以传民族大义显得尤为紧迫和重要。其次要知今守望。要把人文素质教育与当代社会现实及大学生实际紧密结合起来，从实际出发，根据学生知识结构和接受心理，有计划、有针对性地进行循序渐进的教育，并在教育方式上有所调整和创新。在教学内容上，要打破传统的程式化条块分析模式，注重挖掘人文精神，使学生在潜移默化中受到优秀古典人文精神的熏染，将传统文化与学生人文素质培养结合起来，充分发挥人文素质教育的功能，用传统文化的麟髓凤乳滋养学生的精神生命，使其内化为学生的精神品格、气质修养。在教育手段上，要采用现代教育技术来普及传统文化，一些古典人文作品可能文字艰深，不宜全盘口述，而以图像、声音、动画配合文字，则更有助于加强教学的直观性和生动性。以图而言，中国古代丰富的文化遗迹，如甲骨文、帛书、绘画、雕刻、封建王朝的疆域版图；以声而论，如诗词诵读、古曲演奏、古典戏曲片段等，都会得到生动直观的展示，从而增强教学效果。让学生在接受西方文明的同时能感受到与之相比毫不逊色的中华优秀传统文化，掌握学术知识之余也提高自己的精神修养，其作用是"润物细无声"的。

四、就地取材法

就地取材法是指利用当地文化资源进行人文素质教育的方法，即高校教师在实施教育时应注意发掘本国、本省、本地、本校的教育资源，选取师生身边的典型文化载体、事件、人物，加以去粗取精、去伪存真、由表及里的分析评判，以达人文素质教育特定效果。

传统文化中的各地地方文化，如乡土地理、民风习俗、历史人物、生产和生活经验等，是中华文化的重要组成，是中华文化形成和发展的土壤。正如著名民俗学专家陈勤建教授所说："我们民族文化的 DNA，存在于民俗、民间文化之中。"地方文化就是基因文化，它具有独特性、亲切性、实践性。利用地方文化资源，有利于建构以人文素养为目的的课程体系；有利于焕发出融入灵魂深处的文化基因；有利于在文化的继承与发展中形成各自特色。在高校人文素质教育中，地方文化资源应该值得我们去发掘和利用。

利用就地取材法可以实施一种内容极为广泛、密切联系地方实际的有鲜明地方特征的人文素质教育。可依据当地的政治、经济、文化、民族等发展需要，利用地方人文资源而开发，反映地方社会发展实际及其人才培养的需求，实现与学生的现实生活发生多方面的、多层次的联系，重建学生的精神生活，真正赋予学生生活意义价值，让学生成为学习活动的主体、个体生活的主体和社会活动的主体。

由于各地经济文化发展的不平衡和自然环境的千差万别，城市与农村、发达地区和欠发达地区的教育资源的拥有量也不相同。因此要尽可能就地取材，选择资源方向、确定指导力量、获得信息资源的途径、采用合适的办法，从贴近生活、贴近社会、贴近学生出发，丰富和修订教育资源，突出中华民族的优秀传统，同时从文史哲等方面精选学习主题，让学生在走进自然、走进社会、走进人生的过程中，学会正确处理个人与自我、个人与自然、个人与家庭、个人与社区、个人与学校、个人与国家、个人与世界的关系，逐步形成正确的人生观和价值观。

在此过程中可以开发、利用以下资源：地方人文资源，如文化古迹、革命历史遗址、风景名胜等；专业职能部门或机构的资源，如大专院校、科研机构、企事业单位的专家、学者、研究人员及相关设备等，实现多种资源的交融；文献资源，如电影、电视、广播、录音带、录像带等；社区文化机构资源，如博物馆的收藏品，书店、图书馆的书籍、报纸等；科普教育职能机构的资源，如省市、地县（区）科协、学会的专家、青少年活动中心等校外教育基地的教师及设备等；大众视听传媒资源，如博物馆、体育馆、美术馆、文化宫、展览馆、公园等；电子信息资源，如计算机网络、多媒体课件等，实现资源共享。

在就地取材法的实践中，从第一课堂来说，可通过在人文素质课程体系中增加地方文化选修课、在编写有关人文素质课程的教材中利用地方文化素材、在人文素质课程教学过程中融入地方文化元素以及鼓励和引导学生自主探究地方文化精髓等方式让地方文化资源

"进课堂",从而优化人文素质教育课程结构,丰富教学内容;从第二课堂来说,可通过开展以地方风情为题材的书画、摄影竞赛和作品展,组织以民俗采风为内容的征文比赛和文学交流活动,将地方民歌、地方剧种搬上校园舞台等方式让地方文化资源"进校园",从而丰富校园文化内容,提高活动吸引力和同学们的参与热情;从第三课堂来说,可将社会实践活动和地方文化资源结合起来,开展"三下乡""四进社区"活动,有针对性地安排学生深入农村、深入地方、深入名胜古迹,面对既熟悉而又从未深究的地方文化,让学生去观察、考察、调查、体验、访问,为学生提供更为实际、更为真实的学习情境,将书本知识与学生生活、社会实际有机整合起来,操作起来既经济又简便易行。

  实施就地取材法要求查阅相关资料,查检出有关地域人文、文化习俗等史料;走向社会调查访问、实地考察和上网收集资料,并对这些资料进行初步的筛选、摘录和整理;走访村镇中的群众,了解相关古老传说和奇闻逸事。这样积累大量的直接或间接的资料,由于比较原始,需要对这些资料进行整合,使之与学生的实际和教学的实际相符合;将学生收集到的资源进行整理,并对这些资源按照一定的类型和逻辑顺序进行组合、整编和归类,使之更加有序。通过这种手段,把来自各个渠道的资料加以考证、比较、增删,以达到去粗留精、去伪存真,使之更具系统性。

第九章　人文素质教育与健康心理培养

第一节　心理健康教育课中人文素质教育

心理健康教育和人文素质教育都属于素质教育的重要内容。相对于"应试教育",素质教育注重学生的全面发展,重视培养人的思想道德素质、能力、个性发展、身体健康和心理健康教育等。国内学者大约从 20 世纪末开始了人文精神、人文素质(素养)相关问题的讨论。从人文素质概念的界定,到人文素质教育的具体实施,从理论层面到实践层面,内容涉及非常广泛。而同样作为素质教育重要组成部分的学校心理健康教育,根本宗旨在于提高学生的心理品质,增进学生的心理健康,进而促进其整体素质的提高和人格的健全发展,这些理念实际贯彻着人文精神。我校的心理健康教育以课堂讲座形式为主,咨询、团体辅导等形式为辅。本节将从教学实践的角度来谈一下如何在大学生心理健康教育课中进行人文素质教育的渗透。

一、心理健康教育课体现和实践着人文素质教育

(一)人文素质教育的内涵

所谓人文,是指人类社会的各种文化现象。人文素质是指做人的基本修养。它体现一个人对自己、他人以及社会的认知态度和行为准则,是一个人文明程度的综合体现。人文素质可分为三个层次,即人文知识、人文态度、人文精神。其中人文精神是人文素质的最高形态,而人文精神主要是通过一个人的人生观、价值观、世界观、人格特征、审美趣味等体现出来。人文素质教育就是教会学生"如何做人",也就是培养学生人文精神的教育。开设人文社会科学课程是在高校进行人文素质教育的常见方式。

(二)心理健康教育课贯彻着人文精神

心理素质在人的整个素质系统中处于基础地位,心理素质的优劣深刻影响着一个人整体素质的发展。心理健康教育提倡一种发展的理念,提倡全人发展、全体发展和潜能开发,这些都贯彻着人文精神。学校心理健康教育就是要以学生成长发展的需要为出发点,关注的是每个学生的健全人格培养、积极的自我意识和潜能开发。心理健康教育要根据青少年

身心发展的阶段性特点，帮助他们渡过成长中的危机，顺利成长，为其终身发展与最终的自我实现奠定内在基础。

心理健康教育是我国素质教育的重要组成部分，开展的形式多种多样，如心理咨询、心理活动课、团体心理辅导等等。可以课堂讲座形式为主，这区别于中小学生活动为主的课堂模式，也符合大学生的心理发展规律和学校的实际特点。通过这种专题讲座形式的教育活动，教会学生自我领悟，教会学生一种生活的智慧和态度——如何实事求是、客观地看待这个世界、看待他人、看待社会、对待自然，尤其在非常重视人文的今天，学生将来在工作中需要真正做到敬畏生命，热爱生命，关心民众疾苦，用自己的行动体现"仁"的本质，构建与人为善、助人为乐的优秀品质，培养热爱自然、洒脱豪放、与自然和周围的人和谐相处的理念。这些都是人文素质教育和心理健康教育共同的教育目标。

在课堂教学过程中，结合学生将来的职业特点，要积极探索并进行人文素质教育的渗透。

二、人文素质教育在大学生心理健康教育课中的渗透

（一）强调"人本主义"的理念

人本主义学派心理学家罗杰斯首倡患者中心疗法，他以心理治疗和心理咨询的经验论证了人的内在建设性倾向，认为这种内在倾向虽然会受到环境条件的作用而发生障碍，但能通过医师对患者的无条件关怀、移情理解和积极诱导使障碍消除而恢复心理健康。他指出，人类有机体有一种天生的"自我实现"的动机，所有其他动机都是这种自我实现的不同表现形式，自我实现指的是一个人发展、扩充和成熟的趋向。人文素质教育的目的就是让学生"学会做人"，也就是培养学生的人文精神，这里的人文精神已逐渐成为一种含义广泛的融合的概念，既包含狭义的科学精神中所有的求真、求实、创新、存疑的精神，又包含狭义的人文主义中的求善、求美、自由、本真的超越精神，它是对人的生命价值的尊重，是对生命的一种敬畏，它追求一种"全人观"，它是一种普遍的人文关怀。这种内涵反映着"人本主义"的精髓。所以在教学中，我们特别倡导人本主义的理念，注意营造一种宽松无条件接纳的课堂环境，融入更多的交流互动元素，这样每一位学生都能积极、主动、愉快地参与到整个课堂教学中。由于常规教学模式的影响导致很多学生习惯被动吸收，课堂参与的积极性不高，这就需要教师一开始就调动起学生参与的热情，给予更多的鼓励和接纳。这样不仅会增加心理健康教育课的课堂效果，而且在潜移默化中，人本主义的一些精神会被学生所接纳吸收，而这些精神恰恰能为学生的人文素质的构建添砖加瓦。

另外，心理因素、社会因素、环境因素对人体有越来越多的影响。医学界非常重视"生物—心理—社会"因素的相互作用对人的健康和疾病的制约。因此在课堂教学中需要让学生意识到，人自身具有巨大的自我修复和自我实现的潜能，在今后的实践中，要融入人本主义的精神，给予他人丰富的人文关怀。

（二）充分引入文、史、哲等人文知识

理工学生大多有重理轻文的倾向，或者由于专业课负担沉重，导致很多学生无暇顾及人文方面的修养。课堂中，充分利用心理健康教育课的优势，在讲解一些原理、方法的时候，恰当引入相关人文方面的典故、寓言，让学生进一步接受人文经典智慧的洗礼，重新激发对人文知识的浓厚兴趣。在素质教育的大背景下，通过典型"高分低能"人物的介绍，促使学生改变固有的"重专业，轻文化"的错误观念，激发学生重视人文知识、发展多方面能力的热情。

文学作品来源于生活，优秀的文学作品更是人文精神的载体和精华，和其他人文科学著作的不同就在于，它蕴含着道德伦理的是非观、美好丰富的情感。在课堂上，教师可以选择与授课内容相关的好作品介绍给大家，尤其一些已拍成电影、电视剧的作品更可引起学生的强烈反响，作品中的某个人物、某个情节、某段描述都可以成为我们课上的案例，或借以宣泄某种情感，或解释某种心理现象，或者可以做一次心理分析。这样一来心理学的方法理论就更容易被学生理解吸收，使心理学知识与生活紧密联系在一起，也可以引导学生从文学世界中开阔自己的视野，汲取有益的生活智慧，从而丰富自己的人文修养。

心理学起源于哲学，心理学的很多内容本身就蕴含着深刻的或通俗的哲学智慧，例如课上教授大家利用"合理情绪疗法"来调试平时的负性情绪，提示大家多角度看待问题，用辩证的思维来应对生活中遇到的困扰。中国传统哲学思想当中蕴含着丰富的心理调适和心理治疗理念。目前社会中存在的"急功近利""急躁""焦虑"等问题也不可避免地波及大学校园，很多大学生没有明确的人生定位，又受到方方面面问题的困扰，从而陷入了种种心理失调当中。针对这种现状，笔者向大家适当介绍老子的哲学思想。老子生活在春秋时期，当时诸侯混战，统治者强作妄为、贪求无厌、肆意放纵、违背自然规律、社会规律，即"有为"，在这种情形下，老子极力呼吁统治者为政要"无为"，实行"无为而治"，建议不要过多干涉老百姓的生活。老子的"无为"并不是什么都不做，并不是不为，而是要顺应客观态势、尊重自然规律地"为"，不妄为、不乱为。老子的"无为"思想基于对人与自然相互关系的深刻理解，它启发我们每个人都要树立一种超脱的忘我的思想境界，抛掉太多的顾虑，全身心投入当下，以这样的心态去工作、学习和生活。

史学的魅力同样可以在课堂中表现出来，例如在讲情绪与健康关系的时候，"七情"是人体正常的生理反应，而"七情"过激就会给人体造成损害，为大家所熟知的一些历史典故就可以作为案例，像春秋时吴国大夫伍子胥过昭关，一夜之间须发全白；诸葛亮两军阵前大骂王朗，使其羞怒交加被气死而跌落马下；中学时候一篇课文——《范进中举》，范进中举后喜极而导致精神错乱……这些典故不仅可引起学生广泛的回应，而且加深了对所授知识的理解。再如在讲解大学生性心理这一专题时，为了让大学生在多元文化和价值观的冲击下建立恰当的性观念，应首先向学生介绍我国性学历史发展情况，以及西方的性自由、性解放的历史，再结合目前国际国内各种性观念和经典案例的介绍，让学生自己建

立一个恰当的性观念。这样一种授课的安排，不仅便于学生认可我们的主流道德观、价值观，而且更能领会到"读史使人明智"，唤起学生对历史的浓厚兴趣。

（三）加强教师自身人文修养

从教育的目的与功能看，教育的最高目的就是培养人、唤醒人、提升人的精神，而教育的"产品"就是能够适应社会、积极地参与社会及为社会做出贡献的人。如果教师的专业素养形成中忽略这种精神或教师本身缺乏人文素养，其结果是不可想象的。身为心理健康教育工作者，本身就需要具备良好的人文素养，这样才能将人文元素自然地融入每一堂课。首先，教师需要具备对心理健康教育工作的热情，这样才能不断地丰富自己、完善自己，这种丰富和完善不仅包括知识层面的，更包括心灵层面的，最重要的是要做到认识自我、悦纳自我，只有在此基础上，在面对周围的人，尤其是自己的学生的时候才能做到自然地接纳、和谐地相处。其次，教师也要更多地与学生接触和交流，了解他们的想法，及时获得授课情况的反馈，这样做不仅可以调动学生听课的积极性，而且能挖掘出学生的独特资源，对教师的教育教学工作产生有益的补充。值得一提的是，教师自身人文修养的提高同样需要一个长期的过程，在工作、生活过程中也会遇到方方面面的障碍，我们每一位教师都需要保持乐观积极的心态，勇敢迎接每一项挑战。

总之，大学生心理健康教育课是一个进行人文素质教育的非常好的途径，我们通过观察和调查发现，大学生对心理健康教育课表现出极大的热情，课堂参与度相对较高，课后很多同学也非常愿意和教师主动交流，这对他们的顺利成长和人文素质的提升是非常有益的。所以我们应该好好利用这一途径，给学生更多的资源和启发，使大家都拥有丰富美好的人生。

第二节　心理素质教育中提升大学生人文素质的途径

人文素质主要包括人文知识、人文精神、人文行为三个方面。人文素质教育不仅应该包括"知"——了解人文知识，更应包括"行"——践行人文精神、修正人文行为，这样才符合人的全面发展思想的科学内涵价值，帮助大学生在接受人文教育的同时能够使其深入思考人生的本真，进而实现自我的升华。大学生心理素质教育课作为一门注重体验、讲究应用性与实践性的课程，不仅有利于人文知识的普及，更有利于人文知识的实践。

一、心理素质教育中渗透人文教育的可行性

人文素质体现着一个人对自己、他人以及社会的认知态度和行为准则，是一个人文明程度的综合体现。它的最高表现形态就是人文精神，主要是通过一个人的人生观、价值观、世界观、人格特征、审美情趣等体现出来。人文素质教育的目的就是要教会学生"如何做

人"。在这一点上，人文素质教育与心理素质教育课是相通的。大学生心理素质教育课并非是心理学的专业课程，不以讲授心理学专业知识为目的，而是根据大学生心理发展的特点，从教育与发展模式出发，让不同年龄的大学生了解成长过程中可能遇到的问题，掌握处理心理问题的态度与方法，引导学生形成正确的精神需要，指导学生发挥自身潜能，最终获得心灵的成长、学业的成功。

大学生心理素质教育课的内容更多指向大学生关于自我意识、人格发展、人际关系、个人成长、生命等主题的意识活动。心理素质教育课程的意义就在于满足大学生来自精神层面的心灵追求，让学生懂得修身是齐家、治国、平天下的基础，是促进社会和谐之根本；让学生懂得唯有心灵的满足，才是真正的幸福。大学生心理素质教育课体现了人文素质教育的灵魂——对人心灵的培养，可以加强大学生对人生意义、生命价值的认识。因此，大学生心理素质教育课就成为人文素质教育中最重要的部分。

二、心理素质教育中培养人文素养的途径与策略

（一）转变教学理念，以人本主义学习理论为指导

心理学家罗杰斯的人本主义学习理论指出人类生来就有学习的潜能，教育应以学习者为中心，充分发挥他们的潜在能力。因此，教师应以大学生为中心，充分发挥每个学生的潜在能力，倡导人本主义的理念。首先，注意营造一种宽松无条件接纳的课堂环境，使学生在教学情境中感到自信、轻松和安全。其次，当学习涉及信念、价值观等内容，由于这些内容涉及学生的自我概念，会与学生的自我认识形成冲突，学生往往会采取防御抵制的态度。但如果在一种相互倾听、理解、支持的环境里与大学生进行平等的探讨，他们就能够在主动参与中识别与体验不同的意义，并试图把它们组合起来，价值观念的教育就自然而然取得了进展。再次，真正体现出学生的主体地位。重视学生的主体地位和学生内部需要、动机、兴趣、能力、知识经验，让学生主动地、负责地参与到学习过程中，进行自我探究、自我发现、自我创造、自我评价。学生成为课堂的主导者，教师成为"催化剂"。对涉及学生自身的情感、兴趣、需要等学习内容，自我参与的学习效果最深刻、最持久。最后，构建真实的问题情境十分必要。为使学生由衷地认可某一观念，就必须让大学生面临与他们自身的意义或价值有关的问题。切忌将问题概念化、与大学生的现实生活隔绝开来，要让他们经历将来会成为其真正问题的情境，以真实的问题情境来引发他们的动机，促使他们从内心寻求改变。

（二）依托团体活动，在活动中提升人文素质

团体活动是在团体情境下进行的一种心理辅导形式，是为吸引团体成员积极投入与参与，引发成员互动与成长而设计的活泼有趣的讨论、游戏等活动。团体活动不仅注重活动过程中的参与，更强调活动结束后的交流与讨论。通过鼓励和引导成员分享多样化的观点和资源，产生思想的碰撞，获得内心的感悟，从而达到澄清观念、提升认识、改变行为、

促进成长的目的。因此，以团体活动作为人文素质教育的载体，将某些人文主题设计成团体活动，将空洞的人文概念转化为现实的体验情境，通过团队互动、活动、体验、分享、讨论等形式将人文知识内化为人文素质。以培养合作精神的团体活动为例。在团体活动中，将大家分成若干小组，以小组的形式共同完成某项任务，通过小组成员之间的相互关心、信任、支持、交流、协作，令大家感受到彼此的关心和尊敬，建立起直接的社会支持、共享的亲密关系、关怀。通过活动中切实的感受将这种积极的体验与关系内化为内心的信念、价值观。

（三）善用心理剧，在角色扮演中提升人文素质

人文素质属于人文社会学科的内容，与自然科学有着本质的区别。比如，社会对个体所承担的角色提出了相应的规范与期望，即角色的权利和义务对角色行为范围的限定。然而，在现实社会环境下，个体往往会根据社会文化、社会环境、时间等因素的不同而做出不同的行为选择，因此，一种人文素质内容就可能产生多种的变式。这就给人文素质的教育造成一定的困难，人文素质教育若不能体现出差异化，便容易导致内容空洞、高高在上、脱离现实。而心理剧可以解决这一难题。心理剧也称社会剧，是一种团体心理咨询与治疗的形式。让个体扮演某种角色，使其重新经历情绪冲突的体验，在指导者的引领、支持和帮助之下，探索个体的人格特征、人际关系、心理矛盾等，使心理问题得到解决，心理剧并中最主要的技巧是角色扮演。将社会中的现实人文问题演绎成心理剧并呈现在舞台上，让个体在角色扮演的过程中，把观念、行为模式表达出来，与剧情产生共鸣，重新审视内心深层次的自我，从角色中受益。心理剧可以将人文问题变得更加形象化、生活化、深入化，能够整合个体的认知观念和行为模式，帮助个体建立正确的行为模式，形成健全的人格。

人文素质教育应践行知行合一的教育理念，将人文知识转化为具体的行为、理念，达到人文素质教育的终极目标，即人的全面发展。而心理素质教育中的理念、教育活动能够成为人文素质教育的有力保障，让学生在活动体验中明确个人的社会责任、学会宽容与合作、树立积极的人生态度。

第三节 大学生思想政治教育中的人文关怀和心理疏导

大学生进入大学后，由于成长过程中主客观因素的影响，个人已经形成了基本的价值观，各自性格独立，具有不同特性，从这个层次分析，高校的思想政治教育应该建立在对大学生个人特点有所掌握的前提下。教师制订教学计划时，要按照学生心理特征，将学生置于学习的主体地位，进行必要的人文关怀与心理疏导，在精神上给予学生无穷的力量。高校思想政治教育与我国特色社会主义事业发展息息相关，不仅对社会经济发展与趋势有深远影响，并且对大学生个体也能够带来不同影响。现代高校教育中，进行必要的人文关

怀与心理疏导，是思想政治课程教学计划完成的必要手段。基于此，从大学生心理特征角度分析，加强人文建设，提升大学生高校思想政治意识，有较强的时代性。笔者认为，大学生人文关怀与心理疏导可以从以下几个方面着手：

一、树立以人为本理念

大学阶段是与社会接轨前的最后一个阶段，也是学生价值观自我升华的终止阶段。大学生作为国家未来发展的主要力量，担负着国家发展重大责任。现代大学生因为知识面拓宽，对外界信息接收速度较快，价值导向具有新时期特性。面对新时期学生特性的转变，教师要在教学中贯彻以人为本的根本理念，摒弃一概而论的想法，因材施教，结合大学生心理特征进行思想教育，鼓励学生个性发展，从学习与生活的各个层面关心学生，让学生能够感受到温暖校园的关怀。

二、提高校园生活质量

思想政治教育与其他课程相比，不仅仅需要简单的知识传授，更应该在学生日常生活中潜移默化带领学生往积极向上的态度上发展，学生日常生活环境会严重影响到课程教学效果。要推进思想政治教育队伍进入校园生活中并使其发挥重要作用，可将生活辅导员队伍安排到生活园区内，这是思想政治教育工作的主体力量，对学生的教育和引导起到重要作用，同时也能及时地了解和掌握学生在生活中的思想动态，对于一些细节性问题，能够尽早解决。

三、改善高校文化环境

大学生思想政治教育任务的完成与实现，要求学生学习环境有所优化，教师与相关部门要积极创建和谐文化氛围。高校是大学生培养的重要基地，为确保大学生有良好思想政治熏陶，优化校园环境势在必行，校园环境的和谐有助于大学生人文关怀与心理疏导的进行。和谐的学习环境和氛围是学校潜在的建设，设置环境过程中，要注重显性环境与隐性环境的结合，发挥积极的环境影响。学生长期学习过后，无形中就会受到自然环境的影响，个人意识与观念方面也会潜移默化地转变，不断提升自身素质。

四、深化心理健康教育

思想政治课程较早就被确立为校园教学课程，传统思想政治工作在教学方面还有一定欠缺，对学生心理状况没有充分了解，造成思想政治教育效果未能达到预期效果。部分学生甚至对思想政治教育产生排斥心理，因此，教师在教学过程中要结合学生的心理健康状况，跟学生谈话，协助学生处理问题，升华其思想境界，为高校思想政治教育工作打下坚实的基础。

五、完善相关教育体系

想要全面贯彻落实大学阶段的思想政治教育工作的人文关怀与心理疏导，学校就要建立起科学合理的相关教育体系，这是保障学生学习过程中能够得到人文关怀与心理疏导的基础。我国传统的教育方式缺乏多样性，忽略局部教学任务，过于注重宏观方面的学习目标，与实际有所背离。基于此，教学工作者想要优化思想政治教育模式，就要健全相关体系。该体系的完成与优化，要确保系统设计科学合理，规划完善，注重整体性，确保教学体系的有效性，构建完善的服务体系，创建高效的服务平台。

六、提升教师人文素质

思想教育工作的设计是从教育者开始的，人文关怀与心理疏导的主要实施者也是教育工作者。想要达到人文关怀与心理疏导实施的效果，相关教师必须要积累丰富的经验，提升个人素质。大学生在校学习期间，由于与辅导员接触频繁，这就使辅导员的作用变得举足轻重。为有效加强大学生思想素质的培养，高校辅导员师资队伍建设就被提上日程，并且日渐重要，同时应确立相关的举措，以期不断完善大学校园师资队伍。然而，通过笔者对大学校园教师工作的了解，以及个人工作经验的总结，发现大学辅导员日常工作相对繁重，同时还要分心进行班级管理，时间方面并不充分，待提升之处未能及时通过培训等方式得到提升。另外，因为忙于工作，师生互动机会较少，对学生心理状况等缺乏具体的掌握，所以，提升辅导员素质就成为人文关怀与心理疏导落实的必要举措之一，这对大学生的思想政治教育效果能够产生巨大影响。

随着我国教育体制的改革，我们不仅仅是要关注学生的学习成绩，还要重视学生的心理健康与发展。大学生思想政治教育人文关怀与心理疏导对于其大学生涯的顺利完成有重要作用，而该目标实现的关键就在于要时刻牢记学生的主体地位，创造和谐的学习氛围，强化学生的心理健康教育，从细节处完善人文关怀与心理疏导体系，进一步提升教师综合素质。做到以上所述几方面，我国大学生的思想政治教育就可以收到良好的效果。

参考文献

[1] 李宪芹.高职院校大学生心理健康存在的主要问题及成因分析[J].承德职业学院学报,2007(2):12-14.

[2] 王世伟,马海珊,李阿特,等.积极心理学视野下的高校心理健康教育模式建构[J].中国校外教育,2019(12):90-91.

[3] 罗新兰.大学生心理健康教育[M].杭州:浙江大学出版社,2014:8.

[4] 房宏驰,王惠.心理学视角下高职院校体育教学改革的思考[J].教育现代化,2019,6(50):33-34.

[5] 翟亚丽.论家庭因素对大学生心理健康状况的影响及对策[J].卫生职业教育,2015,33(3):154-155.

[6] 郝颜.职业院校大学生心理健康不良的产生原因分析及对策[J].课程教育研究,2019(15):34-35.

[7] 向芬.大学生思想政治教育与心理健康教育的整合:基于协同视域[J].学理论,2016(7):248-249.

[8] 贾宝莹.高校大学生网络心理健康教育与创新咨询方式研究[J].科教文汇,2019(2):157-159.

[9] 黄欣荣.大数据时代的思维变革[J].重庆理工大学学报:社会科学,2014,28(5):13-18.

[10] 张艳.高校贫困生心理问题分析与救助[J].江苏高教,2012(01):133-134.

[11] 刘伟,丛小玲.大学生人文素质培养与实践[M].沈阳:东北大学出版社,2015.

[12] 戴丽红,潘光林.立德树人 全面实施素质教育——大学生素质教育研究与实践[M].西安:西安电子科技大学出版社,2017.

[13] 袁进霞.新时代大学生素质教育新论:基于应用型人才培养的视角[M].北京:地质出版社,2018.

[14] 解梅,陈红.理工类高校人文素质教育研究[M].兰州:甘肃文化出版社,2013.

[15] 李国强.心理健康教育课程设计与开发[M].湘潭:湘潭大学出版社,2017.

[16] 邬向明.素质教育知行录[M].北京:人民教育出版社,2012.

[17] 郭小平.高职学生心理健康教育研究与评价[M].天津:天津科学技术出版社,2013.

[18] 赵晓和，张国定. 大学生文化素质教育研究与实践 [M]. 合肥：合肥工业大学出版社，2010.

[19] 闫颖. 高职大学生职业人文素养 [M]. 天津：天津大学出版社，2014.

[20] 王国雨. 经典与修身大学生人文素养读本 [M]. 杭州：浙江工商大学出版社，2014.